O FILÓSOFO EM VOCÊ

Os superpoderes da filosofia na vida cotidiana

Simonetta Tassinari

O FILÓSOFO EM VOCÊ

Os superpoderes da filosofia na vida cotidiana

Editora
Ideias & Letras

Tradução
Alessandra Siedschlag

Preparação e Revisão
Hanna Késia dos Santos Lima
Thalita de Paula

Diagramação e Capa
Danielly de Jesus Teles

1ª impressão

Avenida São Gabriel, 495
Conjunto 42 - 4º andar
Jardim Paulista – São Paulo/SP
Cep: 01435-001
Televendas: 0800 777 6004
vendas@ideiaseletras.com.br
www.ideiaseletras.com.br

Dados Internacionais de Catalogação na Publicação (CIP)
(Câmara Brasileira do Livro, SP, Brasil)

T213f Tassinari, Simonetta

O filósofo em você: os superpoderes da filosofia na vida cotidiana / Simonetta Tassinari ; traduzido por Alessandra Siedschlag. - São Paulo : Ideias & Letras, 2022.

272 p. : il. ; 15,7cm x 23cm.

Tradução de: Il filosofo che c'è in te: I superpoteri della filosofia nella vita quotidiana

Inclui bibliografia e apêndice.

ISBN: 978-65-87295-32-9

1. Autoconhecimento. 2. Autorreflexão. 3. Filosofia no cotidiano. I. Siedschlag, Alessandra. II. Título

2021-4618 CDD 150.1943
CDU 159.9.019.4

Elaborado por Odilio Hilario Moreira Junior - CRB-8/9949
Índices para catálogo sistemático:

1. Autoconhecimento 150.1943
2. Autoconhecimento 159.9.019.4

A qualquer pessoa é permitido conhecer a si mesmo e ser sábio.

HERÁCLITO

As argumentações filosóficas que não abordem terapeuticamente o sofrimento humano são inúteis.

EPICURO

Se corrigires a mente, o resto da tua vida entrará nos eixos.

LAO-TZU

Dedico este livro à minha família, que me apoia se não respondo porque estou escrevendo, e porque às vezes estou ali, mas é como se não estivesse – pelo mesmo motivo.

Dedico este livro a Francesca Cappennani, minha editora, que esteve tão próxima a mim com sua sensibilidade, seu profissionalismo e seu toque que eu não hesitaria em chamar de "mágico".

Enfim, dedico este livro a Giuliana Bernardi, minha agente – não só agente, porque é também uma companheira de contínuas aventuras intelectuais e espirituais, além de uma grande amiga. Foi entusiasmante ouvir os conselhos e as observações de Francesca e de Giuliana e conversar com as duas, em várias ocasiões, sobre *O filósofo em você*, em uma busca sincera, aberta e comum... Realmente muito, muito filosófica.

Sumário

1. A filosofia é uma atividade "natural"

Dissipemos o mito: a filosofia *não* é para poucos

Se você nunca estudou filosofia, ou então, se estudou na escola, mas lembra dela como um labirinto sem saída, provavelmente você tem certeza de que a filosofia consiste de uma linguagem complexa e de teorias geralmente complicadas, tem um cheiro de pó e de mofo e está cristalizada no mármore dos bustos e na expressão severa e solene dos pensadores. Mas a filosofia não nasceu como uma matéria que se ensina nas escolas e que, eventualmente, para poucos corajosos, é aprofundada na universidade. Ao contrário, por muito tempo nem mesmo se chamava "filosofia" (literalmente, em grego, "amor pelo saber") – na realidade, não tinha nem um nome preciso.

Uma pessoa me disse: "A filosofia que se estuda na escola é a pior; faz com que qualquer curiosidade se dissipe. Consiste apenas de uma lista árida de nomes, de correntes e conceitos. Nunca encontrei nela nada de importante para a minha vida".

Se você também pensa assim, algo está errado. Aliás, muito está errado, mas isso nem me surpreende; a culpa, quase sempre, é nossa, de nós que a ensinamos, e de quem a ensinou a nós. São quase sempre os "especialistas" que fazem com que essa ideia surja – e até mesmo, às vezes, que provoquem uma verdadeira rejeição. Durante os meus anos de universidade (faz muito tempo...) dizia-se que os únicos estudantes imediatamente reconhecíveis, dentre todos, eram aqueles inscritos em cursos de engenharia e de filosofia. Os futuros engenheiros porque andavam por aí com uma pasta sob o braço e esquadro e régua desde o primeiro dia do primeiro ano, como se precisassem projetar um prédio ou uma ponte naquela mesma tarde ou precisassem calcular, pelo caminho, a quantidade de cimento armado dos edifícios que atravessavam; os futuros "filósofos", por sua vez, porque sempre tinham à mão (de forma que os outros pudessem notar) pelo menos *A crítica da razão pura* de Kant ou *A fenomenologia do espírito* de Hegel, possivelmente em alemão (sem nem conhecerem meia palavra dessa língua), livros estes nada pequenos, aliás, o mais volumosos possível, bem à mostra enquanto andavam de ônibus ou estavam na fila do bandejão da faculdade. Não há dúvidas de que um aluno de filosofia acredita pertencer à elite da cultura, uma espécie de ser iluminado. Se vocês tentassem, hoje mesmo, perguntar para um aluno de filosofia "O que você estuda, precisamente?", a resposta imediata, e bastante autocomplacente, seria "É, bom... é difícil explicar", onde estará subentendido "explicar aos profanos", o que significa, grosso modo: "O que eu estudo é tão incomensurável, tão inacessível para a grande parte das pessoas, tão raro, precioso e misterioso que realmente não consigo comunicá-lo de forma imediata e compreensível a quem não é como eu".

Essa imagem quase oracular da filosofia faz com que, do exterior, geralmente ela seja julgada como uma disciplina inútil (no melhor dos casos) ou um pouco esnobe, reservada a poucos, abstrusa, inconclusiva, com uma linguagem críptica.

Mas não é assim, absolutamente.

Na verdade, a palavra "filosofia" traduz, com um termo técnico, a atitude imediata que caracteriza a nossa espécie: *o exercício do pensamento racional.* Antes mesmo de nos expressarmos com gestos tentando nos comunicar, antes mesmo de articularmos palavras, antes mesmo de escrevê-las, nós *pensamos* e, no fim das contas – apesar de os resultados práticos do nosso pensamento poderem se revelar, como frequentemente acontece, bem desastrosos –, esta é a atividade que tem mais sucesso nisso, sem a qual não apenas não nos poderíamos definir *Homo sapiens sapiens*, mas nem mesmo *homo*. Porque para existir como homem eu devo, sem dúvidas, caminhar, comer, beber, dormir, sorrir, ouvir, sentir calor e frio, e, todavia, estas ações não são *contínuas, persistentes e determinantes* como o pensamento; o nosso ser coincide com o pensar, de forma que pode-se dizer "existindo, penso".

Não se pode dizer "caminho, logo existo", nem "como, logo existo", mas "penso, logo existo" – o famoso *Cogito ergo sum* de Descartes – sem dúvidas pode ser dito.

A filosofia não é só ensinar e repetir algo que foi dito por algumas pessoas (e, de fato, neste livro você não vai encontrar uma *história da filosofia*).

A filosofia é uma atividade natural.

Pode-se filosofar sem pertencer a nenhuma fé religiosa, ou então considerando-se praticante, professando uma "fé" unicamente pessoal ou excluindo qualquer "fé", sem saber absolutamente nada de ciência, sem sair de casa, sem precisar revelar os próprios (eventuais) fracassos a ninguém. Todos os homens são filósofos, não só "este" ou "aquele", e desde sempre.

> *"Saibam ou não, todos os homens têm uma filosofia. Claro, pode acontecer que nenhuma das nossas filosofias valha grande coisa, mas a sua influência sobre os nossos pensamentos e ações é grande e geralmente incalculável. Todos os homens são filósofos porque, de uma forma ou de outra, assumem uma atitude perante a vida e a morte."*[1]
>
> KARL RAIMUND POPPER

1 POPPER, K. R. "Come io vedo la filosofía". *La cultura*, (4): 396, 1976 (Bolonha, il Mulino). Karl Raimund Popper (1902-1994), de origem austríaca, mas naturalizado britânico, dedicou-se à filosofia da ciência e à filosofia política. Seu pensamento é comumente conhecido como "racionalismo crítico".

Poderíamos adicionar que não apenas os "homens", mas também os rapazes, até mesmo as crianças são filósofos. Foi observado que a idade em que geralmente começa-se a fazer erguntas de sentido é aos catorze anos, a idade em que se descobre o "Ego" e o mundo exterior e tenta-se, com dificuldade, compô-los; tais perguntas surgem sem que tenhamos estudado nada de específico, menos ainda ouvido falar de filosofia; geralmente partimos do conceito de certo e errado, tão vivo naquela idade, sugerido talvez de um fracasso na escola, e lidamos com os temas da vida e da morte de modo diferente daquele das crianças. Porém, há tempos existe e pratica-se também uma forma de filosofia para a infância (a chamada *philosophy for children*, nascida na área anglo-saxã e muito bem aplicada e teorizada também na Itália), voltada às crianças, mesmo as muito pequenas, para potenciar suas funções lógicas e impulsioná-las a dialogar, a contar suas experiências, a se conhecerem melhor.

> *"Ninguém, quando jovem, deve demorar a filosofar, ninguém, quando velho, deve se cansar de filosofar: porque para alcançar a saúde da alma ninguém jamais é imaturo ou maduro demais. E quem diz que a idade para filosofar ainda não chegou ou que já passou, é como se dissesse que a idade para ser feliz ainda não chegou, ou já passou."*[2]
>
> EPICURO

Se somos todos filósofos, como é que nenhum de nós escreve tratados de filosofia e não cria uma visão de mundo sua, particular e original?

Porque uma coisa é falar de disposição, outra coisa de talento particular, habilidade e dedicação. Eu também sei desenhar um

2 EPICURO. "Lettera a Meneceo". *Opere, Frammenti, Testimonianze*. Ed. Bignone E. Roma/Bari: Laterza, 1986, p. 31. Epicuro de Samos (séc. IV a. C.) fundou uma escola em Atenas, chamada de "o Jardim". Com seus escritos e seu ensinamento propôs-se a responder às necessidades de sua época – o Helenismo, a época da diminuição das certezas precedentes e de profunda crise espiritual –, oferecendo novos pontos de referência para governar a angústia e buscar a felicidade.

homenzinho com bigode, mas a minha disposição pessoal para o desenho acaba aqui. Talvez eu pudesse aprender algo a mais e me dedicar a desenhar a casinha com persianas verdes e tijolinhos vermelhos, ter uma mão mais firme, melhorar meu gosto pelas cores – e já seria muito –, mas eu jamais me tornaria um Giotto. De resto, todos nós estudamos a matemática desde o ensino elementar, e também a gramática e a sintaxe, mas nem todos nós nos formamos com louvor ou formulamos um teorema. E um leitor voraz não necessariamente é capaz de escrever um ensaio, um romance, uma comédia. Na realidade, todos nós somos capazes de fazer aquilo que apenas alguns fazem muito bem; a diferença está no *grau* e na *intensidade*, na *qualidade* e na *quantidade* de alguns dotes naturais e de algumas capacidades adquiridas com o estudo, o esforço, a dedicação. De resto, em *todas* as atividades *naturais* podemos ser mais ou menos bons, mesmo naquelas mais óbvias. Sem dúvidas, comer é uma atividade *natural*, mas nem todos sabem fazê-la bem; e assim também correr, dormir e até mesmo respirar. Ninguém se espanta com o fato de que existam à venda manuais para melhorar os próprios dotes atléticos ou até mesmo para aprender a respirar melhor, então é totalmente admissível que se possa tentar ensinar a *filosofar melhor*.

> *"A diferença dos talentos naturais dos diversos homens é na realidade muito menor do que se supõe [...] e a diferença entre os caráteres mais diferentes, por exemplo, entre um filósofo e um carregador de rua, parece não ser devida tanto à natureza quanto ao hábito, ao costume e à educação."*[3]
>
> ADAM SMITH

---

3 SMITH, A. *La ricchezza delle nazioni*. Turim: UTET, 1987, p. 93. Adam Smith (1723-1790), escocês, é geralmente considerado o "pai" do liberalismo econômico. O seu otimismo de fundo se repercute tanto na visão geral do relacionamento entre os homens, baseado na "simpatia", quanto na sua doutrina econômica, baseada no pressuposto de uma "ordem natural" favorável à prosperidade humana.

Quero dizer que o meu pressuposto é que você não quer se tornar um especialista, mas está apenas buscando a maneira para reconhecer, afinar e potencializar a sua filosofia pessoal para que isso traga benefícios à sua vida.

A FILOSOFIA JÁ ESTÁ EM SUA VIDA

Se você ainda se assusta com o fato de ter em mãos um livro que fala de filosofia, gostaria de lembrar que até agora você nunca teve a necessidade de procurá-la na sua vida com uma lanterninha: por assim dizer, você sempre teve a filosofia presente na vida e tropeça nela continuamente – só que quase sempre se tratava de uma filosofia inconsciente, assim como a respiração é inconsciente.

> *"O material filosófico bruto vem diretamente do mundo, e da nossa relação com ele, não dos escritos do passado."*[4]
>
> THOMAS NAGEL

Sem dúvida você sabe o que é um contador de passos (antigamente era um pequeno instrumento que se pendurava no cinto, mas há algum tempo é muito mais usado um *app* bem comum para baixar no celular). A OMS (Organização Mundial da Saúde) recomenda "dez mil passos ao dia para estar bem", e os estudos científicos afirmam que, desses dez mil passos, a pessoa mais sedentária percorre cinco mil, mesmo sem perceber.

O importante, portanto, "para estar bem", é percorrer ao menos outros cinco mil.

Agora imagine que exista um contador de passos filosóficos, baixe-o da sua mente como se fosse um *app* e ligue-o; com o contador de passos filosóficos à disposição, vamos revisitar juntos o seu (e o meu) dia. Você

4 NAGEL, T. *Una brevissima introduzione alla filosofia*. Milão: Il Saggiatore, 2014, p. 5-6. Thomas Nagel (1937), de origem sérvia, mas naturalizado estadunidense, é considerado um dos maiores filósofos vivos, além de um ótimo divulgador. Por muito tempo, ocupou-se da filosofia da mente. Veja por exemplo: www.filosofico.net/nagel.htm.

acordou, de manhã, como um ser humano, ou melhor, como uma criatura pertencente a uma espécie cuja essência é pensar. Já a partir dos seus primeiros gestos – procurar os chinelos, ir até o banheiro, dar a descarga, dirigir-se à cozinha para preparar o café – você não parou de pensar e seguir um determinado plano, que é racional ou, pelo menos, possui uma lógica própria. Trata-se de ideias, programas, deveres que você preestabeleceu ou estabelece naquele momento com uma motivação depois de ter feito uma espécie de pesquisa interna que lhe forneceu seus critérios (programar o despertador para uma certa hora, tomar café da manhã com alguns alimentos determinados, respeitar uma prescrição médica, tomar certos remédios). Você usou uma escova de dentes barata porque, como Sócrates, que frente às barracas da feira dizia: "quantas coisas belas das quais eu não tenho nenhuma necessidade", você se sente um pouco espartano, talvez você seja um pouco pão-duro (chamemos isso de "filosofia da austeridade"); ou, ao contrário, você acredita nos conselhos do seu dentista e não poupou ao comprar uma escova de dentes elétrica de uma marca ótima. Você se lavou, trocou algumas palavras com alguém que vive com você, seu companheiro ou companheira, seus filhos, ouviu as últimas notícias dos telejornais, olhou rapidamente o seu perfil no Facebook, checou os *e-mails*, decidiu responder a uma mensagem ou ignorá-la (por prudência ou para evitar problemas). Então, vestiu suas roupas, elegantes e muito bem-feitas, se você quiser causar uma ótima impressão aos outros; ao contrário, poderia se vestir apenas confortavelmente porque, para você, as coisas importantes são outras, ou então, se se trata de uma escolha imposta pelas suas finanças, você se adaptou à realidade. Você sorriu, ou talvez tenha murmurado alguma coisa com a cabeça baixa, despediu-se de alguém que ainda ficaria em casa, ou então fechou a porta atrás de si sem tantas delongas.

Ainda antes de sair de casa você já expressou, com o seu jeito de ser e os seus gestos, posicionamentos filosóficos exatos e precisos, que diriam muito sobre você se alguém o tivesse observado; mais ou menos dois mil "passos filosóficos".

Você optou por ir ao trabalho a pé ou de carro, de ônibus ou trem, depois de ter avaliado as diversas opções e escolhido aquela que lhe pareceu mais conveniente. Com as pessoas que você encontrou pela rua, no transporte, com os seus colegas e chefes, ao chegar ao seu lugar de trabalho, você foi gentil, ou então frio e distante; ou talvez respeitoso, confidente, afetuoso, subserviente e até mesmo um pouco adulador, dependendo das pessoas, sempre seguindo um plano, o *seu*, que tem uma lógica, a *sua*.

Outros quinhentos passos filosóficos.

Continuemos com um olho no *app*.

Às dez da manhã, depois de ter bebido um segundo café para se animar – você ofereceu esse café para alguém, ou então deixou que alguém oferecesse para você, ou tomou o café sozinho, quase escondido, com medo de precisar oferecer para alguém –, você saiu da sua mesa e se dirigiu a uma reunião com os seus superiores na empresa, no último andar (as grandes salas de reunião, geralmente ansiogênicas e impessoais, são *quase sempre* no último andar). No elevador, você topou com seu rival por excelência – um cara rancoroso, invejoso, tacanho – com quem você disputa uma promoção; cuidadosamente, você escondeu o conteúdo da sua pastinha, e ele fez o mesmo com a dele –, mas provavelmente o rancoroso, invejoso e tacanho, aos olhos dele, é você. A reunião foi interlocutória, não se falou de promoção, apenas de investimentos, mas sim, foi bem custoso fazer malabarismos entre objetivos, ciúmes e suspeitas entre os empregados, contas, prospectos e gráficos.

A hora de almoço foi rápida, vegetariana, em companhia de uma colega; à tarde, ninguém viu você e você também não tinha muito a fazer, então... Conversou um pouco no Facebook no computador da empresa e deu uma olhada nas ofertas de última hora dos voos para Londres. Pegou sua pasta de couro, lotada de documentos, e voltou para casa depois de fazer um pouco de compras no mercado e decidir o cardápio do jantar.

Dois mil passos filosóficos.

Depois do jantar você decidiu ler, telefonar, papear, conversar com os seus familiares, ver TV, sair, ir ao cinema ou dançar.

Outros quinhentos passos filosóficos.

No total, desde quando o despertador tocou, você deu cerca de cinco mil passos entre os "sim" e os "não" que disse, o tom das suas respostas em geral, os telefonemas que fez ou não, a gentileza que distribuiu ou não, os apertos de mão, a indiferença que demonstrou. As contas mais ou menos bateriam mesmo que você fosse uma dona de casa, um esteticista, um professor, uma terapeuta, um idoso aposentado. Como dizer: assim, sem nem mesmo se dar conta, exatamente como acontece com o sedentário com os passos "reais", aplicamos inconscientemente um mínimo de filosofia enquanto estamos atarefados na vida cotidiana, o que nos permite dar uma certa coerência aos nossos atos e nos reconhecer neles.

Faltam os outros cinco mil passos ainda.

Esses sim fariam a diferença.

Os resultados de um saber "inútil"

Por que "a diferença"? A filosofia serve de algo?

A filosofia não nos ensina a curar os corpos, nem a plantar um pomar, desviar rios ou projetar *hardware*. Mas é a nossa atividade mais elevada por responder a uma exigência espiritual ("a ciência dos porquês", diz-se), é uma particularidade totalmente humana e por isso, em um certo sentido, *está no vértice de qualquer conhecimento e o influencia*. Devem-se também à filosofia os enormes progressos que o Ocidente cumpriu em suas jornadas milenares, e assim o nosso nível de vida e de liberdade. Não obstante a caricatura do filósofo seja aquela, como diz Nigel Warburton,

> [...] de uma pessoa que é brilhante quando tem que lidar com o pensamento abstrato [...] mas extremamente

> desajeitada quando tem de lidar com os aspectos práticos da vida: uma pessoa [...] que não sabe cozinhar um ovo.[5]

A filosofia cozinhou um bocado de "ovos": educou as mentes, condenou a escravidão e terminou por levar à sua abolição; teve uma função crítica em relação aos dogmas e às autoridades absolutas; fez com que, ao menos no Ocidente, se pusesse fim às guerras religiosas, nascessem os conceitos de "direitos naturais", de "igualdade entre os homens" e de "representatividade"; promoveu os sistemas democráticos, a proteção aos mais fracos, à infância, aos idosos e aos enfermos, a emancipação feminina; difundiu o respeito pela vida e pelas pessoas. E hoje precisamos dela mais do que nunca, porque as religiões "fortes" e também as ideologias políticas têm menos influência sobre as pessoas, e assim o homem contemporâneo é um "homem sem raízes"; porque a família tradicional foi afetada, os valores tradicionais estão em crise, o multiculturalismo nos consterna e nos encontra despreparados. Um certo retorno a si mesmo, que poderia ser benéfico, transmutou-se na cultura do fim de semana, da "alienação" e da "loucura", ou seja, do "tempo liberado" passamos ao "tempo degradado". A presença invasiva das mídias nos impõe que grande parte de nossa vida seja virtual, talvez até moderadamente satisfatória, mas virtual; celulares, *tablets* e computadores tornaram-se fins e não meios (quanto "desespero" na *web* só porque o WhatsApp saiu do ar!). A nossa sociabilidade fictícia e a perda de uma afetividade autêntica nos levam aos pronomes informais (tu, você) indiscriminados que não denotam absolutamente irmandade ou empatia, mas sim pressa, superficialidade e indiferença. A sensação, apesar da democracia, de sofrer decisões de forma passiva e regras estabelecidas alhures contribui para a perda de nós mesmos. Nem mesmo o bem-estar (como acreditavam alguns filósofos materialistas) nos liberou dos medos e das angústias, das dúvidas e das contradições, mas nos subjugou e obscureceu nosso juízo.

5 WARBURTON, N. *Il primo libro di filosofia*. Turim: Einaudi, 2007, p. 7. Nigel Warburton (1962), britânico, conhecido divulgador, ocupa-se de ética e estética.

Talvez estejamos partindo de muitos condicionamentos da natureza em virtude da ciência e da técnica, mas percebemos muitíssimos outros, infinitos. Além disso, a competitividade e os problemas do trabalho nos tornam, com frequência, pessoas atormentadas, reprimidas e descontentes, que têm ainda mais necessidade de uma verdade íntima e própria, que precisam se escutar e se compreender.

Eis aqui outro motivo para percorrer, juntos, ao menos outros cinco mil passos por dia.

A FILOSOFIA DA QUAL TRATAREMOS: "TERAPIA PARA O SAUDÁVEL"

Uma filosofia "faça-você-mesmo"?

Qualquer um pode aperfeiçoar a própria filosofia implícita?

Mesmo quem não possui – ou não acredita possuir – particulares dons de abstração e de lógica?

Sim, pode.

Se eu não acreditasse nisso intensamente, eu não estaria aqui.

Deixo claro que este livro trata exclusivamente de uma filosofia "aplicativa", de uma filosofia da vida cotidiana, de uma filosofia para viver melhor; como se se tratasse de uma "terapia", segundo a célebre expressão de Ludwig Wittgenstein.[6] Portanto, aqui você não vai

6 Ludwig Wittgenstein, lógico, epistemólogo e filósofo da linguagem, de origem austríaca (1889-1951), de rica e culta família judia (o pai, industrial do ramo de aço, era um verdadeiro mecenas), estudou engenharia mecânica em Berlim e depois em Manchester, onde pôde projetar um motor aeronáutico. Do interesse pela engenharia nasceu nele aquele mais duradouro pela matemática e pela lógica; e estas o conduziram ao estudo da filosofia em Cambridge, onde conheceu o filósofo Bertrand Russell. O próprio Russell fala do seu – memorável – primeiro encontro com o jovem Wittgenstein, o qual lhe perguntou: "O senhor poderia, por favor, me dizer se, segundo o senhor, eu sou um idiota?", ao que Russell respondeu: "Não saberia dizer. Mas por que me pergunta?". Wittgenstein então replicou: "Porque se eu for um idiota eu vou ser piloto de avião, se não, serei um filósofo". Russell então lhe pediu que escrevesse um breve ensaio, e Wittgenstein o fez; depois de ler apenas uma linha, Russell sentenciou: "O senhor não deve absolutamente ser piloto de avião". Quando seu pai morreu, por querer viver modestamente, Wittgenstein doou

encontrar as "teorias do todo", nem teorias científicas interpretativas, nem filosofias "setoriais" e especialistas, mas sim uma filosofia "prática", justamente sem a academia e o paludamento, um "cara a cara" para explorar o grande enigma que todo mundo é para si mesmo, uma ajuda e um guia concreto para o comportamento.

> *"O principal interesse da filosofia é colocar em questão e compreender ideias absolutamente comuns que todos nós empregamos todos os dias sem pensar muito... O objetivo é o de estimular um pouco mais a fundo o conhecimento do mundo e de nós mesmos."*[7]
>
> THOMAS NAGEL

Talvez não sejamos todos levados, diria Platão, a filosofar sobre "essências divinas", mas todos precisamos mediar nossas tendências contrastantes e deixar tudo claro para nós mesmos e para a nossa experiência, uma vez que às vezes somos *obrigados* a agir e a tomar decisões difíceis porque nos encontramos embrenhados (talvez nem por nossa culpa) em alguma situação desagradável.

---

aos familiares a sua parte da herança, assim como serviu ao exército austríaco durante a Grande Guerra. Sua primeira obra importante foi o *Tratactus logico-philosophicus*, publicado em duas edições, alemã e inglesa, entre 1921 e 1922, que suscitou grande clamor. Apesar disso, durante os anos sucessivos Wittgenstein se precipitou em dúvidas e se isolou para poder refletir melhor; abandonou a universidade e se dedicou ao ensino elementar em algumas pequenas cidades austríacas, levando uma vida muito próxima da pobreza; por um período, trabalhou como ajudante de jardineiro em um convento. Voltou a Cambridge aos 41 anos, e lá lecionou até o segundo pós-guerra, quando então abandonou novamente a cátedra para viver na solidão em um chalé irlandês. Morreu em um hotel de Dublin. A sua obra *Investigações filosóficas* – outros textos seus tiveram a mesma sorte – foi publicada postumamente, em 1953. A expressão "filosofia como terapia", como se encontra em Wittgenstein (ver, por exemplo, WITTGENSTEIN, L. *Ricerche filosofiche*. Milão: Einaudi, 2009), trata essencialmente da ação "curadora" da filosofia quando se analisa a linguagem e nela se descobrem os "calombos", ou "contrassensos"; aqui, porém, vamos lembrar apenas o "cunhador" da expressão, tomada, em sentido amplo, a título explicativo das possibilidades conexas à filosofia, sem relevância em relação aos aspectos mais técnicos e particulares do pensamento do grande filósofo austríaco.

7 NAGEL, T., *op. cit.*, p. 6.

Então, se é necessário decidir, que ao menos a nossa escolha seja a mais racional e meditada.

Mas o que significa "filosofia do bem viver"?

Eu digo que existem tantas "filosofias do mau viver", tanto implícitas quanto explícitas, que nos dotarmos de um antídoto pessoal é um dever. A "filosofia do bem viver", ideia certamente não nova e já presente em muitos pensadores da Antiguidade, sobretudo Epicuro, assim como nos estoicos Epíteto e Sêneca, baseia-se no princípio de que dotarmo-nos de um pouco de sabedoria não apenas torna a nossa vida melhor, mas também até mais saudável no sentido físico e psíquico, e que se poderia facilmente inverter o antigo ditado "*mens sana in corpore sano*" para "*corpus sanum in mente sana*".

> *"Não me parece que o corpo, por mais vigoroso que seja, torne boa a alma com as suas virtudes, mas que, ao contrário, seja a boa alma a colocar o corpo na melhor condição possível graças às próprias virtudes."*[8]
>
> PLATÃO

Mas a filosofia pode se revelar uma filosofia da mente, integrativa e melhoradora da existência, também para quem se considera já perfeitamente "normal" e "saudável". De resto, acontece a qualquer um de perceber, em circunstâncias particulares, um senso de desconforto existencial ou de perda, de dúvidas diante de uma escolha, e não somente a quem é vítima de fobias, conflitos, complexos ou transtornos psíquicos propriamente ditos. Portanto, a "filosofia do bem viver" é o ponto de partida para qualquer um que queira se conhecer melhor (e conhecer o mundo) por meio de uma disciplina interior que produza efeitos (agradáveis) na própria vida e nos permita alcançar, manter e consolidar um estado de bem-estar, mesmo se já nos definirmos como "saudáveis".

8 PLATÃO. *La Repubblica*. Ed. Patrizio Sanasi. Disponível em: www.ousia.it/content/Sezioni/Testi/PlatoneRepubblica.pdf. Acesso em: 28 dez. 2021.

Sem dúvidas, a sua vida pode se tornar feliz e serena por meio da prática constante da filosofia; pode aumentar o seu poder de resistência, a confiança nas suas forças, conquistar a capacidade de se adaptar aos fatos e de interpretá-los corretamente, de compreender o que viveu e obter um estado mental de calma e segurança (exatamente aquilo que somos levados a atribuir aos "sábios").

Se você começar a filosofar e tirar vantagem disso, vai ver: nunca mais vai parar.

Lou Marinoff, autor do *best-seller Mais Platão, menos Prozac*, escreve:

> Uma disposição que leva ao equilíbrio é algo que você leva consigo a qualquer lugar que vá; algo que não encontra no armário de remédios, onde pode pegá-la quando você sente um sintoma desagradável. Uma disposição assim não é algo que o torna dependente, como você pode ficar de um terapeuta ou de uma receita médica. É uma parte de você.[9]

A filosofia como "tratamento" não é comparável a um medicamento específico para uma só doença, nem mesmo a um antibiótico de amplo espectro; é mais parecida com aquilo que antigamente se definia como um "tônico" ou um suplemento, um medicamento que aumenta as defesas imunológicas. Enfim, ele não trata diretamente do sintoma, mas foca na integridade da pessoa e a ajuda a organizar melhor a mente para lidar com os problemas de modo consciente e *autônomo*. Filosofar de forma mais coerente e explícita vai exigir de você um pouco de esforço *pessoal*; em um certo momento você não vai mais precisar pedir nada a ninguém, apenas a si mesmo, então não espere encontrar neste livro respostas prontas a serem aplicadas como um teorema ou uma regra matemática – talvez algumas linhas de método, sugestões, exortações, exemplos, sim, sem dúvida, mas nenhuma resposta pronta.

9 MARINOFF, L. *Platone è meglio del Prozac*. Milão: Piemme, 2017, p. 66. Lou Marinoff (1951), canadense, é um célebre consultor filosófico. *Mais Platão, menos Prozac* foi publicado na Itália em 1999 e traduzido em 25 idiomas.

O "chacoalhão" deve vir de você.

"O filósofo", diziam os iluministas, "é um relógio que dá corda sozinho".

As diferenças entre a filosofia do "bem viver" e a psicologia

Talvez você já tenha lido diversos manuais de psicologia, mas nenhum ainda de filosofia prática, e gostaria de entender as diferenças, o que as une e o que as divide. A filosofia do "bem viver" *continua sendo* psicologia porque se trata de uma reflexão sobre si mesmo, mas a relação não é "igual", nem intercambiável. A psicologia é uma costela da filosofia, da qual se separou apenas nos anos 1800; estuda o comportamento do homem e seus "hábitos" mentais, mesmo os mais subjetivos, como emoções ou sonhos, e a atividade psíquica em geral. O órgão da filosofia é a razão e a razão examina algo que está *presente* no Eu consciente, não aquilo que foi removido. Talvez Freud[10] tenha tido razão afirmando que a razão é uma pequena parte de nós e que o resto pertence ao instinto e ao "Id", mas o instinto e o Id não se conhecem nem se dominam; os comportamentos conscientes, ao contrário, sim. A psicologia é uma ciência humana que tem muito a ensinar a todos, mas geralmente interpreta e lê o passado e não oferece referências verdadeiras e próprias para podermos governar a própria vida nas circunstâncias momentâneas. A filosofia, ao contrário, é agora, aquilo que você é agora e o que gostaria de se tornar, ela olha para o "resultado" do seu passado, é um conhecer você mesmo AGORA. Ela também olha a filosofia longe, abraça um desenho complexo que supera o momento para tirar dele um modelo de comportamento que resulte adequado às exigências pessoais e valha também para o futuro. Além disso é mais simples o "faça você mesmo" com a filosofia do que com a psicologia; quem se coloca à prova *filosoficamente* já tem tudo pronto em sua mente, talvez de forma

10 Sigmund Freud (1856-1939), austríaco, fundador da psicanálise, não precisa de nenhuma apresentação. Determinou a "revolução psicanalítica", "descobriu" o inconsciente, influenciou toda a cultura contemporânea a ele e também a que veio depois.

magmática, para organizar e reordenar, mas tudo já está lá. De resto, ouvimos "tenho uma filosofia de vida", e não "tenho uma psicologia de vida"; e certamente não tinha uma "psicologia de vida" a publicitária inglesa que se mudou para o campo, a pouquíssimos quilômetros de mim, para se tornar uma produtora de azeite e de vinho, mas sim uma corajosa e anticonformista "filosofia de vida". A minha atual vizinha – vamos chamá-la de "Wendy" – pesou e avaliou muitas possibilidades depois de ter decidido que Londres não servia mais para ela; ela percebeu que no Molise, com o mesmo dinheiro, poderia se permitir muito mais que na Toscana, que era o seu projeto inicial; vendeu seu apartamento no Chelsea, comprou um casarão e muitos hectares de terra no Molise e foi para lá.

Neste momento, porém, deixo Wendy, que mudou de "filosofia de vida", entre suas oliveiras, e assumo a perspectiva de que você está um pouco cansado de escutar discursos introdutórios, ou melhor, que está impaciente para ver, finalmente, sob a luz da filosofia, os argumentos que podem ter muito a ver com você.

Então, vamos em frente.

2. Enfrentar "filosoficamente" os grandes (e pequenos) problemas pessoais

Como se filosofa? E sobre quais temas?

Eis um exemplo "zen"[1] - e por isso breve e esclarecedor - do que quer dizer "enfrentar filosoficamente uma questão".

> Uma vez, Tanzan e Ekido caminhavam juntos por uma estrada lamacenta. Chovia muito ainda. Depois de uma curva, encontraram uma linda moça, de quimono e faixa de seda, que não podia atravessar a estrada. "Vem, moça", disse logo Tanzan. Ele a pegou nos braços e a levou até o outro lado da estrada lamacenta. Ekido não disse nada até a noite, quando encontraram um templo onde dormir. Então não conseguiu se conter. "Nós, monges, não chegamos perto de mulheres", disse a Tanzan, "muito menos das jovens e belas. É muito perigoso. Por que você fez isso?". "Eu deixei aquela moça lá atrás", disse Tanzan. "Você ainda a está levando consigo?".[2]

---

1 O termo "zen" significa, aproximadamente, "acordar": pode ser definido como uma forma particular de espiritualidade oriental. Da Índia do século VI chegou à China, e então ao Japão, provavelmente no século XII. "Foi assim descrito: um ensinamento especial sem livros, para além das palavras e das letras, que visa à essência espiritual do homem, que olha diretamente a sua natureza, que alcança a Iluminação... O Zen tem muitos significados, nenhum deles totalmente definível. Se forem definíveis, não são Zen". Trecho de SENZAKI, N.; REPS, P. (Eds.). *Centouno storie zen*. Milão: Adelphi, 2017, p. 9-10.

2 SENZAKI, N.; REPS, P. (Eds.), *op. cit.*, p. 28-29.

Tanzan filosofou; Ekido, não.

Filosofa-se raciocinando, refletindo, considerando. Fazendo-se perguntas e tentando responder, analisando e confrontando com discernimento. Monologa-se consigo mesmo e dialoga-se com os outros. Medita-se com profundidade e vale-se, sem dúvida, da ajuda dos filósofos, mas também de tudo aquilo que foi produzido pela mente e pelo coração dos homens; por isso é bom ler de tudo, o mais que se puder ler, de poesias a romances, de textos sagrados da própria religião ou de outras, até artigos sobre direito, cultura e sociedade dos *sites* da internet e dos jornais.

"Os livros", disse uma vez J.K. Rowling, a "mãe" do Harry Potter, "são como espelhos": mesmo um livro, uma publicação que talvez não trate exatamente do nosso problema em particular, até mesmo o texto de um filósofo tão longínquo no tempo, mas próximo do nosso modo de pensar, ou um pequeno artigo de um *blog* de cultura – tudo isso vai nos ajudar a nos sentirmos menos sozinhos e confusos, mostrando-nos a imensidão de percursos que podemos seguir. Filosofa-se vendo um filme, uma comédia, qualquer tipo de ficção ou enquete jornalística, e pensando sobre isso, perguntando-se qual tipo de filosofia está ali, na origem daquilo.

Onde quer que haja sabedoria, há filosofia para quem a busca.

São bem poucos os questionamentos que não podem ser definidos como "filosóficos" de algum modo, ou que não possam ser encarados com uma ótica *filosófica*.

No que diz respeito aos temas que as pessoas imaginam poder tratar por meio de uma filosofia "aplicativa", uma pesquisa da revista especializada *Phronesis*, de uns anos atrás, mostrava que as pessoas buscam um consultor filosófico sobretudo para problemas relacionados às relações familiares, às relações com as pessoas em geral, à construção de um projeto de vida próprio, ao sentimento de desconforto e de perda individuais e a dificuldades no trabalho. Na minha experiência, que não é muito diferente dos resultados da pesquisa da *Phronesis*, as temáticas mais compartilhadas são tanto as "subjetivas" – poderíamos defini-las como relativas ao comportamento, à identidade sexual, às escolhas, ao critério de moralidade e de justiça das pessoas – quanto as "objetivas", com as quais o olhar muda de si mesmo para o mundo e também para o outro, ou seja, para aquilo que os filósofos chamam de "transcendência". Em palavras mais simples: quem busca a filosofia, dependendo do caráter e das inclinações – e também, às vezes, das exigências de um momento particular –, o faz não apenas para "esclarecer em si mesmo", como já ouvi muito dizer, ou então porque se está vivendo um período de passagem, de crise, de melancolia e de debilidade, mas também para ter um direcionamento sobre questões mais abstratas (por exemplo, a existência de Deus), consideradas determinantes também para as escolhas futuras, e para dar um sentido a alguns acontecimentos, sobretudo os dolorosos.

Então, para lhe dar alguns exemplos de como se pode filosofar sobre questões consideradas "subjetivas", ou pessoais, selecionei alguns casos reais de homens e mulheres que confrontaram, e resolveram, seus problemas por meio da filosofia.

As dúvidas de Elisa sobre seu casamento

Indecisões e tormentos

Elisa tem um problema. Ela tem 38 anos, é casada há 10 com Vincenzo, tem dois filhos, de 9 e 7 anos, trabalha como professora em uma escola elementar, não tem preocupações econômicas importantes e, aparentemente, diria Michel Houellebecq, é de "uma normalidade absoluta". Porém a sua vida não lhe basta, ela se sente infeliz e manifesta um grande desconforto em sua relação de casal, à qual atribui a causa do próprio descontentamento. No passado já passou por momentos similares de revolta, durante os quais pensou em fugir, tentou se distrair com o esporte, as compras e a obstinação em se manter magra e desejável. Ela superou esses momentos sem sequelas, mas eles sempre voltavam. Entre ela e Vincenzo não existe uma incompatibilidade real e eles passaram momentos de boa compatibilidade sexual, mas Elisa acha que não está mais apaixonada e seu casamento lhe parece uma armadilha. Com Vincenzo, ela se sente velha e inveja as solteiras e as mulheres que têm apenas parceiros ocasionais; ela acha que elas são mais bem-cuidadas do que ela, mais interessantes, mais felizes. Pensa em pedir a Vincenzo – pessoa tranquila e bem ligada à rotina – um período de separação, e ir embora de casa ao menos por um tempo, para se testar. Vincenzo tende a não dar muita importância a essa crise sua; pensa que é questão de gênio; define Elisa como um pouco "instável e imatura", um pouco "fraca e sugestionável", mas seu parecer é que tudo isso vai passar, sobretudo porque eles têm dois filhos. Mas Elisa está profundamente confusa; ela não gostaria de deixar as crianças, mesmo que apenas temporariamente; entretanto, sabe que não avaliou bem o empenho e a dificuldade necessários para cuidar delas e educá-las, e sofre pela falta de liberdade que isso gerou; tende a delegar, a pedir ajuda, e apoiar-se em seus pais. Um motivo que a faz hesitar é que ela teme não poder pagar as despesas de um aluguel suplementar. Seus pais estão fortemente envolvidos no andamento da família, eles a ajudam muito com as crianças e são ligados ao seu marido, que estimam e ao qual são afeiçoados ("Um homem sólido, ótimo para você, que é lunática"). Se Elisa pedisse aos pais que a hospedassem por um período, provavelmente aceitariam, mas poderiam intervir fazendo pressão sobre ela, porque interpretariam esse seu gesto como o início de uma separação. Elisa sabe perfeitamente que ir até o fim demandaria um certo sangue frio; a ideia a angustia, ela tem medo da solidão, teme não conseguir, mas teme também ficar naquele limbo que a torna opaca e apagada.

E sabe também que, se sufocar novamente o seu mal-estar e seguisse fingindo e se comportando como se nada fosse, sentiria-se ainda mais frustrada e rancorosa.

O que fazer? Aut-aut?

Elisa acredita que as alternativas são apenas duas e se excluem mutuamente, um verdadeiro *aut-aut*: ou vai embora de casa, ou fica. Ela está, diria Søren Kierkegaard[3] – o filósofo que mais que todos os outros estudou a angústia conexa à "possibilidade" –, no "ponto zero", ou seja, perguntando-se o que deve fazer da sua vida, e sem encontrar resposta. Então, ela se sente paralisada e impotente, e não se move porque não vê com clareza em si mesma. O problema *real* é este: Elisa demonstra ter, de si mesma, um conhecimento ainda aproximativo e limitado, e se colocar a partir do ponto de vista apenas da sua necessidade *imediata*. A partir do seu relato, eu vejo, entre outras coisas, enquanto ela fala da sua vontade de liberdade, o temor de ser excluída do ciclo de amizades que tem junto com seu marido, de perder a estima de seus pais e seu respeito e um senso de inadequação que a faz sofrer, mesmo que atribua as motivações desse sentimento ao exterior e não ao seu poder de se entender e de agir. O primeiro passo está, então, em chamar a sua atenção ao fato, diria ainda Kierkegaard, de que está vivendo minuto por minuto sem um verdadeiro comprometimento consigo mesma, prisioneira de coisas que não controla, de forma que sua vida, há anos, está se reduzindo a uma série incoerente de episódios. Assim que Elisa se convencer de que, com um esforço intelectual construtivo, pode chegar à clareza e a uma decisão motivada, serão examinadas as perspectivas filosóficas mais adequadas a ela neste momento.

Um terceiro caminho, não apenas "aut-aut"

Eu a faço notar que não é verdade que não existem opções entre "o ir embora e o ficar": há também um terceiro caminho. Uma inspiração filosófica, tirada de Karl R. Popper, poderia ajudá-la a reexaminar a questão. Trata-se da possibilidade – a expressão é do próprio Popper – de "ajustar o moinho", ou seja, fazer um "ajuste" em sua relação com Vincenzo. Segundo o filósofo austríaco, a mentalidade abrangente (não apenas política), "extremista e revolucionária", que conduz as pessoas a escolhas que podem ser inéditas e perturbadoras também para o

3 Retornaremos a Kierkegaard quando falarmos dos "tipos filosóficos".

sujeito que as cumpre (no caso de Elisa, o "ir embora de casa"), nascem de uma espécie de "esteticismo", de um sonho - geralmente irrealizável - de harmonia e perfeição. Do ponto de vista político, Popper propõe a tecnologia social "gradual" (*piecemeal social technology*), uma série de intervenções e de reformas que cumpram etapas graduais, focadas e "racionais" para evitar consequências indesejadas, violentas, imprevistas e dolorosas.

> Pequenas correções que podem ser continuamente modificadas e melhoradas [...] dando um passo por vez, confrontando com cuidado os resultados previstos com aqueles efetivamente alcançados e ficando sempre atento.[4]

Transportando esse princípio para dentro das relações familiares, em vez de cortar pela raiz com Vincenzo, Elisa poderia tentar corrigir os lados que acha mais penosos, insatisfatórios, de seu relacionamento "imperfeito". Por exemplo, poderia recomeçar do diálogo, que entre eles parece bem carente. A abertura dialógica em relação a Vincenzo, que seria ótima para ela para conhecê-lo melhor, saindo daquela espécie de subjetividade em que ela parece ter despencado, poderia acontecer também sobre outros assuntos, não exclusivamente sobre a relação de casal ou sobre os filhos. Além disso, Elisa poderia se abrir com alguém de confiança, falando de um aspecto de seu mal-estar (por exemplo, com a mãe ela poderia falar sobre seu relacionamento de casal), e ainda com outra pessoa, talvez alguém da mesma idade que ela, sobre a insatisfação de sua vida sexual e sobre o seu forte desejo de fugir. Eu convido Elisa a considerar esta escolha - que comportaria uma certa motivação a querer salvar o casamento -, mas a sua reação é bem direta: "Não vale a pena", ela diz, sem hesitar, com uma convicção bastante perceptível.

Se Elisa está tão segura de que "não vale a pena", ao contrário, vale a pena indagar exatamente nesta direção: o que Elisa *não quer*.

---

4 POPPER, K. R. *Miseria dello storicismo*. Milão: Feltrinelli, 1975, p. 56.

Um procedimento "negativo"

Às vezes é bom agir por exclusão, porque é mais simples compreender *o que não se quer ser* e *o que não se quer*, uma estratégia que você também pode seguir, se não encontrar uma solução melhor. Elisa afirma que visualizar-se na mesma cama que Vincenzo, à mesa com ele, sentada no sofá ao seu lado, de frente à TV ligada, tão afastados um do outro, lhe causa um sentimento de desconforto, quase um sufocamento. É como se finalmente deixasse o seu corpo falar, sem os escrúpulos da educação e das conveniências que às vezes aprisionam a razão, o corpo que não se importa com os boletos de luz a pagar nem com o olhar de reprovação dos pais. Sem dúvidas, o corpo *não tem comportamentos "morais" a nos sugerir,* mas sim revelações profundas a nos fazer, sem dúvidas. O corpo não é uma realidade secundária, mas o nosso modo de ser no mundo. É por meio do corpo que sentimos prazer, dor, desejo, medo. Escutando o corpo, mergulhamos profundamente em nós mesmos. Enfim, o corpo é indicativo de um *estado profundo do nosso ser* que não é possível encobrir – por outro lado, dizemos *tenho náusea, minha cabeça gira, estou com um nó na garganta*, como se corpo e espírito fossem duas faces da mesma realidade. Portanto, não se pode tomar o corpo como "mestre" – ou então ele poderia nos levar a comer e a beber além da conta, ou agarrar qualquer coisa que desejemos ter – e, ao mesmo tempo, não é o caso de ignorá-lo quando se abre uma porta tão íntima assim.

A decisão de Elisa

Apesar de sua aparente confusão e a dificuldade de se desvencilhar, a hipótese de permanecer ali onde está não interessa mais a Elisa; o amor por Vincenzo acabou; interpreta o seu casamento, enfim, apenas como algo que lhe é imposto e a priva de outras coisas. Por isso, um certo tipo de intervenção "conservadora" não serve para ela, ela não se sente capaz de "ajustes" e, finalmente, admite temer mais os efeitos do ponto de vista prático e social do que o gesto em si. Ela quer ir embora e recomeçar, já se afastou de Vincenzo e de seu antigo equilíbrio com ele, mas ainda tem medo do desconhecido. Por medo do desconhecido permanecemos ancorados a situações negativas, que nos oferecem uma forma fraca de segurança; como se eu trabalhasse em um lugar em que suporto todo dia as crueldades de meu chefe, mas não fizesse nada para ir embora porque, pelo menos, no meu trabalho sei com quem é que eu lido; fora de lá, como seria?

> *"Quem é guiado pelo medo... não é guiado pela razão."*[5]
>
> BARUCH SPINOZA

Além disso, até mesmo uma forma fraca de segurança é ilusória, porque, dessa forma, não existe *nenhuma forma de segurança*, e toda escolha é risco; aceitar isso significa já se tornar mais forte. Substancialmente, discutindo e falando, avaliando hipóteses, vai aparecendo aquilo que Elisa tem em si: não se adapta à vida que está vivendo. A sua rebelião não é voltada diretamente a Vincenzo, mas sim ao casamento em si e à vida em comum. Talvez a sua disposição filosófica não a tornasse apta nem a um compromisso como o casamento nem com a maternidade, mas Elisa não percebeu isso porque jamais se questionou conscientemente, ou então sufocou essa sua disposição para agradar as respectivas famílias.

Vislumbra-se uma solução: aceitar o aspecto construtivo do "risco"

Para agir de forma mais coerente – a forma *certa* para ela – com suas ideias e seus valores, a hipótese de ir embora de casa e depois, sem pressa, de considerar se vai se sentir melhor, é o que lhe aplaca o ânimo e faz com que ela perceba um alívio. Aceitando a parte "construtiva" do

5 SPINOZA, B. *Ethica*. Florença: Sansoni, 1963, p. 527. Veja também: www.ousia.it/SitoOusia/SitoOusia/TestiDiFilosofia/TestiHTML/Spinoza/Etica/Etica.htm. Baruch Spinoza (1632-1677), judeu holandês de ascendência ibérica, de formação cartesiana e, por isso, racionalista, considerou a filosofia o único meio para dar um significado à vida humana, buscar o verdadeiro bem, a tranquilidade da alma e a felicidade. Em sua obra principal, *Ética*, escrita como se se tratasse de um tratado de geometria, conduziu uma análise "científica" do homem – compreendido como um ser natural – cujo comportamento pode ser estudado como se se tratasse de "linhas, planos e corpos".

risco, concentrando-se naquilo que quer, não naquilo de que tem medo, aceitando o desejo de mudança que está nela, mas optando por uma *transformação*, Elisa sente uma espécie de arrepio, uma sensação que não lembrava mais: a da *descoberta*. Agora, Elisa deverá achar o modo de falar sobre isso com Vincenzo, que talvez não acredita que ela seja capaz de chegar a esse ponto (nem ela acreditava ser capaz disso). De forma consciente e reflexiva, ela fez uma descoberta importante, evidenciou processos silenciosos sobre os quais ainda não tinha parado para pensar, e isso fará com que ela supere as dificuldades, até as materiais, do caminho que decidiu percorrer.

FRANCESCO, OU COMO RECONQUISTAR UMA FILHA

A maior preocupação de Francesco, um empresário de cinquenta anos, atualmente, tem a ver com a relação conflituosa que tem com sua filha única, adolescente, chamada Pamela. Francesco deixou sua mulher e está lidando com um divórcio difícil. A causa desencadeadora da separação foi seu amor por outra mulher, sua contadora. A ex-mulher, Manuela, muito mais jovem que ele, não aceitou de forma alguma ser abandonada por ele, mesmo porque não compreende como ele pode estar apaixonado por um tipo de mulher tão diferente dela e, aos seus olhos, certamente inferior. A sua rival, a contadora Serena, também tem cinquenta anos e é muito menos bela, elegante e bem-cuidada do que ela. Ver-se preterida por uma mulher que dentro de si despreza, considera "velha" e desleixada, uma "solteirona assexuada", fez com que ela se sentisse humilhada e exacerbou suas reações, de forma que Manuela apresentou um pedido de separação judicial "culposa", dificultando o máximo possível a vida de Francesco, pedisse uma quantia altíssima de dinheiro e bens (a casa de férias, além da residência, pensão alimentícia muito alta) e, particularmente, insistisse em querer afastá-lo da filha. Pamela é uma menina de treze anos, tímida e introvertida, com dificuldades no estudo diagnosticadas como "Distúrbios Específicos de Aprendizado" (DSA), ou seja, dislexia e discalculia, e por isso a escola média que frequenta elaborou um Plano Didático Personalizado (PDP). Manuela pintou Francesco à sua filha sob a luz mais fosca possível; não poupou a filha de brigas nem de trocas de acusações pesadíssimas; ela se mostrou desesperada e aniquilada como mulher, destruída psicologicamente por um homem traidor e fátuo; e, sobretudo, culpando-o do pouco afeto em relação a ela, instilou na adolescente, anteriormente muito afeiçoada a Francesco, uma verdadeira repulsa. O resultado dessa campanha tão raivosa foi que, apesar de uma sentença de guarda compartilhada, Pamela se recusa a ver, encontrar, falar ao telefone com o pai, o qual é obrigado a se comunicar com ela por *e-mail* ou WhatsApp, mensagens as quais Pamela responde com monossílabos, e apenas para pedir mais dinheiro, férias, uma *scooter*, roupas, o enésimo celular.

O percurso legal?

Francesco tem *direitos*; poderia se valer da Justiça para tê-los restabelecidos, talvez até para pedir a intervenção de um assistente social. Ele mantém Pamela, ele sustenta a filha e também Manuela, é seu pai e um adulto, e, portanto, *merece* respeito e consideração. Porém, ele não se decide; está oprimido por um sufocante sentimento de culpa e também teme que, ao pedir uma intervenção da Justiça, isso perturbe Pamela mais tarde. Francesco está mergulhado em desconforto, não sabe o que fazer, sente-se impotente, lamenta-se com seus pais, desabafa com a companheira, consulta advogados, sofre de insônia e nesse meio tempo cumpre exatamente todas as "ordens" de Pamela, e assim ela recebe em casa (sem ver o pai) tudo aquilo que lhe pede. Pamela se recusa – é compreensível – até a conhecer a companheira do pai, mulher inteligente, mas despreparada para uma história tão problemática. Serena está imobilizada, aterrorizada, teme que a recusa de Pamela repercuta também sobre o casal, não sabe como lidar com a coisa, não pode sugerir nada a Francesco, dentro de si acusa a menina de mantê-los reféns e sente em relação a ela uma rejeição, se não uma aversão. Em resumo, não consegue apoiar Francesco, mas o agita, insistindo em uma pouco construtiva e repetida reprimenda sobre o comportamento de Manuela.

Começar a argumentar, sem medo

Está claro que ambas as partes cometeram erros graves (de julgamento, de conduta, de reação), quase totalmente *irracionais*, que causaram um sofrimento inútil complementar a todas as pessoas envolvidas, desde o começo. Um casamento que dura quinze anos deveria ter revelado a Francesco alguns aspectos do caráter de Manuela – o orgulho excessivo, o amor-próprio, a vontade de se vingar, o apego ao dinheiro – de forma a fazê-lo supor que a primeira a sofrer seria a filha, por causa de um sentimento de vingança sem dúvida lamentável, mas humano e bastante frequente em um cônjuge que foi deixado. Quando revelou a Manuela sua relação com Serena e a intenção de se separar, Francesco assumiu a responsabilidade de seus atos, mas um erro lógico complementar foi o de não se abrir nem um pouco com Pamela, deixando que as únicas informações chegassem a ela pela sua mulher, e por isso deformadas, em alguma medida, pelo ressentimento e pela raiva. Um evento geralmente traumático, e ao mesmo tempo "divisor de águas", como um divórcio poderia não ter uma relevância emotiva particular para os filhos do casal, menores ou maiores de idade se, de comum acordo, os ex-cônjuges o apresentassem (mesmo isso não sendo simples, é claro) e demonstrassem vivê-lo como uma mudança necessária, ou melhor, como uma "transformação", que apenas temporariamente terá efeitos que parecerão negativos, mas que resultarão em um novo equilíbrio, uma nova composição de afetos, um novo sentido alegre da vida.

Porém, Francesco e sua mulher já ultrapassaram essa possibilidade há muito tempo; o dano está feito; entretanto, em nenhum caso deve-se crer que não exista uma solução para desenrolar esse novelo tão intrincado.

Como a filosofia pode "tratar" a situação de Francesco?

A história de Francesco parece se colocar na intersecção entre filosofia e psicologia, mas a filosofia poderá beneficiá-lo até mais do que a psicologia. A filosofia pode levar Francesco a definir a fisionomia de uma ação moralmente correta e válida sem colocar mais dor na dor, mais desconforto no desconforto, encontrando um equilíbrio entre "o honesto" e "o útil". Durante a autoanálise filosófica serão sobretudo a força terapêutica de se admitir os erros cometidos, a aceitação dos próprios limites e uma rigorosa busca de possibilidades eficazes para desbloquear a situação o que o ajudará a encontrar uma saída.

Admitir os erros e aproximar-se de Pamela

A autoanálise filosófica não pode deixar de lado as faltas de Francesco como pai, frequentemente ausente por motivos de trabalho. De fato, sua mulher ficou constantemente ao lado de Pamela e é natural que exerça, em relação à filha, uma forte influência. Para Francesco, sua filha é quase uma desconhecida. Algumas vezes trocou suas fraldas quando ela era bebê, mas Manuela não permitiu mais do que isso, como se se tratasse de uma invasão de campo indevida. Assim que ele foi informado, pela secretaria da escola, dos problemas de Pamela (minimizados por Manuela), Francesco se esforçou para lhe dar mais um apoio específico, mas realmente sabe bem pouco sobre a personalidade de Pamela, da música de que ela gosta, dos nomes de suas melhores amigas; ele se lembra, com dificuldade, apenas de uma ou outra comida de que sua filha gosta de modo particular. Sobretudo, nem mesmo no começo ele tentou *falar com ela sobre aquilo que estava por acontecer, da separação entre ele e a mãe dela, não tentou dar nenhuma explicação, ou confortá-la*. Ele deveria ter considerado que a traição à mãe foi vivida por Pamela como uma traição também em relação a ela, e quão bruscamente ela foi acordada da adoração pelo pai, "grande homem", para cair em um sentimento contrário. Freud, provavelmente, sentenciaria que os acontecimentos transferiram Pamela de um complexo de Édipo a um de identificação total e completa com a figura materna, vista como a mais fraca. Em Pamela, o apego à mãe se acentuou também porque foi Francisco a ir embora, como dizer, "plasticamente", mudando para outra casa e convivendo com a companheira, e aquele vazio lhe foi descrito da pior forma possível. Aos olhos de uma adolescente que, sozinha, já se sente incompetente e decepcionante, as atenções e insistências do pai lhe parecem falsas.

Como Manuela contou a ela sobre a vida dupla que Francesco levava havia meses, a conclusão óbvia de Pamela é que as atenções de seu pai *sempre foram falsas*.

Francesco certamente errou, mas agora tem de restabelecer seu papel de pai. Para isso, deve escutar o forte chamado da racionalidade para se dominar, não se deixar levar pelos impulsos, elaborar uma série de movimentos e escolher aquele que lhe parecer mais sensato, praticável e eficaz.

Hipótese de conduta "racional"

Parece haver, em Francesco, o dissídio entre "coração" e "razão" sobre o qual se lê em Blaise Pascal.[6] A razão encarna o "espírito de geometria (*ésprit de géometrie*), o coração, "o espírito de fineza" (*ésprit de finesse*), com o qual, entre outras coisas, segundo Pascal, consegue-se chegar às verdades mais importantes e essenciais. Quando pensa em Pamela, Francesco a vê pequena, recitando poesias de natal, enquanto se exibe no ensaio final da escola de dança; ele a vê de pijama, usando suas pantufas de Minnie, abrindo os embrulhos dos brinquedos que ganhou de aniversário, e se comove.

> *"O coração tem razões que a própria razão desconhece."*[7]
>
> Blaise Pascal

Ele tem dificuldades de reconhecê-la como uma adolescente problemática à mercê de consequências de um divórcio pessimamente gerenciado, com certeza pioradas, exacerbadas e influenciadas pela mãe. Com o "coração", Francesco *não quer fazer mais mal a ela*; pensa que, se pesar a mão para restabelecer a própria posição, Pamela sofrerá ainda mais. Com o "coração", está disposto a aceitar qualquer injunção de Manuela, para

6 Blaise Pascal (1623-1662), francês, grande matemático e físico (a ele se atribui a invenção do primeiro computador "moderno") foi sobretudo um pensador religioso. Atribuiu o significado e o sentido da vida à fé, o único modo para desvelar "o enigma" do homem e o "mistério" do mundo.

7 PASCAL, B. *Pensieri e altri scritti*. Milão: Mondadori, 2004, p. 218.

expiar suas culpas, em um certo sentido, também em relação à ex-mulher. As acusações de Manuela sobre ter arruinado a vida de Pamela abriram nele uma brecha forte a ponto de destruí-lo – e destruir também sua relação com Serena –, mas o único itinerário que ele pode seguir é o de se elevar além de sua história e de admitir, como se a olhasse "de fora", que a situação que todos estão vivendo é bem comum, que não aconteceu nada de irreparável, que se chegou a tais consequências sobretudo por causa da atitude sem consideração e egoísta de Manuela. Portanto, *ele não é responsável pessoalmente por isso*. Não existem esquemas preestabelecidos. Os fins humanos, os afetos e os interesses não são fixos e imutáveis; não é possível fazer subdivisões rígidas entre "culpados" e "inocentes". Francesco sem dúvida cometeu erros em vários aspectos de seu comportamento, mas no campo dos sentimentos não existem "verdades" nem regras universais sempre válidas e aplicáveis.

"O coração tem a sua ordem; o intelecto tem a sua... não se demonstra que é preciso ser amado expondo-se por ordem as causas do amor: seria ridículo."[8]

BLAISE PASCAL

Francesco deve, portanto, se livrar de seus medos – ele não é *culpado* por ter se apaixonado por outra mulher, nem de tê-lo dito à própria mulher, determinando o fim de seu casamento.

"[...] o conceito de um relacionamento que pode facilmente ser cortado se fracassa é tão errado quando o conceito de que tal relacionamento não possa jamais ser cortado."[9]

ERICH FROMM

---

8 Ivi, p. 220.

9 FROMM, E. *L'arte di amare*. Milão: Mondadori, 2017, p. 67. Erich Fromm (1900-1980), alemão, filósofo, psicanalista e sociólogo, "abriu" a filosofia ao grande público principalmente com essa obra (*A arte de amar*, lançada na Itália em 1963) e com *Ter ou ser?* (uma das últimas edições italianas é a da Mondadori, Milão, 2001; a primeira é de 1977).

A sua "culpa" está mais no modo com que conduziu toda a história; uma vez partindo de tal perspectiva, deve tomar um caminho cognitivo e moral. O "espírito de geometria", ou seja, a razão, pode lhe fornecer uma orientação precisa (que em certo sentido assimila e agrega também o "coração", como intuição e sentimento) para superar aquele ponto morto e medir as oportunidades.

Francesco deverá ir além dos acontecimentos particulares (as ameaças e as cenas de Manuela, as recusas de Pamela) e transformar os seus próprios sentimentos em "ações", separando o elemento sentimental do racional. Deverá cultivar paciência e tolerância e se preparar para uma espera que poderá até se prolongar no tempo, e sem garantias. O medo não vence o medo, mas causa outros medos; ele não pode ceder ao desconforto, e deve gastar tudo o que puder para reaver o afeto e a proximidade de sua filha.

Uma por vez... Manuela

Francesco poderia em primeiro lugar insistir mais para dialogar francamente com sua ex-mulher, sendo ajudado também pelas amizades em comum, alargando, portanto, o número de pessoas que "sabem" e fornecendo a elas uma versão própria do ocorrido. Se conseguir, talvez dizendo antecipadamente a Manuela que no encontro deles serão tratados também assuntos econômicos que tanto a angustiam, o diálogo deverá ocorrer de igual para igual; durante o encontro ele não poderá estar com o rabo entre as pernas, nem deverá assumir o papel do carrasco, que, para se redimir, deve se tornar a vítima e se flagelar. Deve dar um claro sinal de firmeza; aceitando as imposições dela, permitiu que Manuela fizesse outras – um pouco o mecanismo do "chantagista", que não se contenta jamais. Continuar a contentá-la só lhe concederá mais poder sobre ele. Ao mesmo tempo, decidir por uma "linha dura" e reconquistar uma posição firme lhe permitirá olhar Manuela de forma mais indulgente, ela que é uma mulher ferida e perturbada pelo orgulho, e ajudar, de alguma forma, também a ela: tornando-se um interlocutor mais firme, ela terá um senso de limite que ninguém, nem mesmo uma mulher ferida e traída, pode ultrapassar.

...e Pamela

Depois de se recusar a satisfazer novamente as reivindicações exageradas de Manuela, Francesco deve fazer o mesmo com Pamela. *Uma menina não pode dominá-lo e mantê-lo refém, mesmo que se trate de sua filha*, e por isso Francesco deve reconquistar o senso das proporções e impor a Pamela um encontro direto, cortando de forma decidida qualquer comunicação exclusiva por meio do celular, depois de tê-la feito de alguma forma saber que não mais a contentará (claro que mantendo a pensão alimentícia que a lei impõe que ele dê a Manuela). Ele pode pedir a ela um encontro em um terreno "neutro", como uma academia, a igreja, o grupo de escoteiros, a escola, um café, um restaurante, mesmo em presença, se Pamela assim quiser, de um avô, um tio, uma amiga, mas *não de Manuela, que deve ficar de fora*. Admitindo-se que Pamela se apresente recalcitrante, contra a vontade, carrancuda, durona (mesmo em um ambiente neutro), olhá-la nos olhos, perceber sua respiração, seu perfume, observar seus gestos – tudo isso lhe dará uma nova referência e lhe permitirá sair do deserto da desolação, e, ao mesmo tempo, conterá sua impaciência em querer queimar as etapas.

Quanto a Pamela, se isso acontecesse, aparentemente poderia parecer um fracasso um encontro que não decide nada, mas para ela, porém, será um início que talvez se torne *"a primeira lembrança do depois"*, *o início de uma nova relação "funcional"* que lhe permitirá separar as duas relações, a que tem com a mãe e a que tem com o pai, compreendendo que o fim do casamento tem a ver exclusivamente com seus pais.

Uma peça que *fornecerá até mesmo uma desculpa plausível para a própria mãe caso ela queira ver seu pai, uma peça que chacoalhará o seu ânimo.*

Uma vez restabelecidos os contatos, Francesco deverá tentar fazer renascer um sentimento de confiança em Pamela. Seria incorreto (e até perigoso) se lhe fosse concedida a ocasião, tentar uma desconstrução da figura materna, e ainda mais desastroso para Pamela, imersa nos laços um pouco misteriosos e ao mesmo tempo sempre conflituosos da pré-adolescência e das fortes emoções típicas da idade.

Mas agora Francesco tem um sentimento de liberação.

Carlo, em busca da fé perdida

Carlo, 45 anos, é um sacerdote, pároco de uma pequena cidadezinha do sul. Vem de uma família lombarda abastada que acolheu sua vocação – à qual ele chegou de repente, durante os estudos universitários: Engenharia Química no Politécnico –, mas não sem resistência. Os pais de Carlo lhe pediram, à época, que ele se formasse antes de entrar no seminário e de fazer seus votos, e assim ele fez. Jovem, esportista, cheio de vitalidade e de entusiasmo, Carlo, o padre-engenheiro, tornou-se bastante popular. Sempre que precisava mudar de sede, todas as suas transferências foram acompanhadas de protestos e petições. A sua passagem sempre deixa rastros positivos. Ele promove iniciativas para crianças, jovens, migrantes, idosos. Respeita as festas populares e os costumes do centro em que vive, torna-se logo "um dos nossos", entrosa-se, entende o dialeto local, diverte-se falando esse dialeto. O sentimento que prevalece em seus pais, que há muito tempo superaram a surpresa inicial, é de profundo orgulho. Porém, Carlo tem dentro de si, há alguns meses, uma angústia, um bichinho que o devora até as vísceras e está assumindo o aspecto de um autêntico drama de consciência: *a sua fé acabou*. Ele não parou de crer na existência de um Deus onipotente, bom, pai, criador, *mas não crê mais na religião católica*. Ele a considera um sistema de tradições, crenças e superstições que surgiu ao lado de uma verdade que para ele ainda é indubitável. Ele a considera um sistema para benefício dos homens, um instrumento de poder e submissão. A pompa, a cor roxa, os estandartes, as procissões, os ritos, os símbolos de sua religião agora lhe parecem corresponder àqueles dos antigos romanos, dos egípcios, dos babilônios, como se se tratasse de uma forma de paganismo que venceu os rivais. Não crê mais que Jesus Cristo – que para ele ainda é o mais sábio e santo dos homens – seja a encarnação de Deus; os dogmas cristãos, mais que incompreensíveis, ele os julga absurdos.

Sente intolerância pelas hierarquias, a estrutura eclesiástica, as autoridades religiosas.

> *"Sempre homens que me contam aquilo que outros homens contaram! Quantos homens entre Deus e eu!"*[10]
>
> JEAN-JACQUES ROUSSEAU

Porém, todos os dias confessa, comunga, dá a bênção, é um ministro do culto que atualmente rejeita. Não contou isso para ninguém; está sempre exausto, quase não se aguenta, está espantado consigo mesmo; as pernas tremem só de pensar em falar disso com seu pai espiritual, que julgaria – ele teme – suas dúvidas como horríveis e ímpias (coisa que ele mesmo faz em alguns momentos) e ele como indigno do hábito que veste. Ao fim do rito da noite, quando fecha a porta da igreja, vazia e vasta atrás de si, e se dirige ao presbitério, dom Carlo, o padre-engenheiro, tem a boca seca e um coração que lhe martela o peito.

Chora e se desespera, e não quer mais *fingir*.

Quanto mais conseguirá levar adiante a farsa? E o que fará, se decidir deixar para trás os últimos vinte anos de sua vida? E para ir aonde, fazer o quê? Trabalhar como engenheiro químico? E qual escândalo semeará nas almas confiantes dos seus paroquianos que o tomam como exemplo?

---

10 ROUSSEAU, J.-J. *Emilio: Pagine scelte*. Roma: Armando Editore, 2007, p. 202. Jean-Jacques Rousseau (1712-1778), genebrino, é chamado de "iluminista herege", porque por um lado compartilha ideias e atitudes do Iluminismo, e de outro se afasta dele. Considera o progresso um elemento de corrupção do gênero humano, a propriedade privada um mal do qual se originou a disparidade entre os homens, e teoriza uma "educação negativa" para as crianças, no sentido de não "dever ensinar a virtude e a verdade", mas sim buscar estimular as inclinações e os dons naturais.

Buscar a ordem nos pensamentos e ter em mente que não há apenas um esquema a seguir

Carlo deve antes de tudo entender que não é *um monstro*, e que a queda vertiginosa de sua fé não é uma aberração. Até mesmo Santo Agostinho, assim como muitíssimos outros santos, viveu uma crise de fé dramática e intensa, porque nenhuma grande fé é imune à dúvida, não sendo a fé uma verdade a ser demonstrada, mas sim uma *verdade a ser vivida*. Carlo deve se convencer de que a tempestade em que se encontra está ligada à sua *humanidade*, que o obscurecimento e as trevas fazem parte da própria experiência humana e não podem ser explicados pela "lógica". A "lógica", porém, mais especificamente a reflexão filosófica, pode interpretar o seu mal-estar espiritual e, analisando-o, sugerir a Carlo um certo tipo de comportamento adequado à sua posição "mental".

Carlo não perdeu sua fé em Deus: retomar daqui

Apesar de agora Carlo não saber mais muito bem quem é Jesus de Nazaré, um profeta, um santo, um iluminado, a encarnação de Deus, o essencial é que ele não perdeu a fé em Deus.

> Não confundamos a religião com o cerimonial religioso. O que Deus exige é o culto do coração e este, quando sincero, é sempre uniforme.[11]

Carlo já não dá mais valor aos aspectos de uma religião revelada que, anteriormente, aceitava sem reservas. Porém, não mudou nem o plano nem a substância do papel que desenvolve, o de "pastor de almas".

A não ação se transforma em ação: um princípio do taoísmo

Ao misterioso e quase legendário pensador chinês Lao-Tzu (literalmente o "velho sábio", o "mestre"), que viveu (talvez) no século VI a. C., atribuem-se as sentenças e as reflexões que formam a doutrina do "Tao"

11 *Ibidem.*

(que significa "o caminho", "a ordem do mundo", "o curso das coisas"). Uma teoria básica de Lao-Tzu é que a existência mais elevada é aquela que se desenvolve em harmonia com o perene tornar-se do mundo, e por isso geralmente as ações humanas, cumpridas de forma irrefletida, vão de encontro ao Tao e são inúteis, ou mesmo danosas. Geralmente é muito melhor não fazer nada – o *wuwei*, literalmente "não agir" – e a solução vem sozinha.

> Aja sem agir, ocupe-se de não-tarefas, saboreie o não-sabor.[12]

É essa, no taoísmo, a atitude do verdadeiro sábio.

> Por isso o sábio diz: 'Eu não ajo e as pessoas se transformam sozinhas, eu amo o repouso e as pessoas se corrigem sozinhas, eu não faço e as pessoas enriquecem sozinhas e retornam à simplicidade da madeira bruta'.[13]

A não ação *resolutiva*, no caso de Carlo, poderia ser a seguinte:

"Senhor, eu vos venero com estes meios, com estes ritos, com estas fórmulas e estes gestos, que têm um valor em si, permanecendo em meu lugar de sacerdote católico".

Se Carlo aceitar com naturalidade tal ponto de vista, será porque percebeu que, fundamentalmente, não quer abandonar a vida que vive em sua paróquia. A sua energia espiritual se concentra e se exalta no papel de pastor que ele tem. Ama o relacionamento que tem com os fiéis. A comunidade, que percebe como uma grande família estendida, lhe dá o calor humano de que precisa, e o senso de um objetivo. Nele, é forte a necessidade de fazer com que os outros participem da mensagem salvífica de um Deus (cuja realidade é a *substância* e a *marca*

12 LAO TZU. *Tao Te Ching: Una guida all'interpretazione del libro fondamentale del taoísmo*. Ed. A. Shantena Sabbadini. Milão: Feltrinelli, 2011, p. 473.

13 Ivi, p. 429.

de *qualquer* religião), que agora lhe parece despido de revestimentos, não encarnado, não revelado – mas não por isso menos amoroso, bom e pai. Carlo ainda aprova a moral cristã, a visão da vida, a função pedagógica dos ritos, o aspecto humano de Jesus; ele mantém intacta a fé no Evangelho como anúncio e como guia. Sempre se afirmou que a fé é um dom, uma espécie de luz; talvez a fé católica de Carlo não tenha desaparecido realmente, talvez retorne a ele. Mas se ele *quiser* permanecer sendo um pastor, se ele *quiser* permanecer em meio à sua gente e cuidando dessa gente, se ele pensa que as liturgias e as preces, para além da forma, alcançam Deus, ele poderá *não fazer nada* para superar a sua crise, e superá-la exatamente de forma independente de qualquer esforço ou iniciativa de sua parte.

Ficando em seu lugar, esperando, em silêncio e em paz, Carlo não fingirá nem trairá a si mesmo.

Melhor: aceitará a sua natureza mais autêntica.

Marianna, a solidão depois de uma vida compartilhada

Marianna tem setenta anos, está aposentada há cinco e viúva há seis meses.

Viveu o último período quase em um estado de sonambulismo; não saberia dizer, com precisão, o que fez desde que seu marido, Giovanni, morreu. A vida prosseguiu mecanicamente, sem que ela participasse, como se ela estivesse em outro lugar e se olhasse viver, arrastar-se pela casa, ir atrás de recibos, de boletos, de seguros e dos extratos de conta dos quais se ocupava exclusivamente seu marido. O relacionamento deles foi simbiótico desde sempre; cresceram na mesma cidadezinha, mudaram-se para cidade grande na época de seu casamento, mas mantiveram uma propriedade no lugar de origem, uma casa de pedra que Giovanni, geômetra, havia pacientemente reformado e melhorado. Não tiveram filhos, mas sentiram falta disso – principalmente ela – antes dos quarenta anos, depois dos quais se dedicaram intensamente um ao outro. Cultivaram juntos o amor pela natureza e participaram de atividades de um grupo de ambientalistas da LIPU,* praticaram ciclismo amador, pintaram aquarelas, organizaram feiras beneficentes. Com o seu *motor home* percorreram a Europa durante as férias, trabalharam juntos na casinha de pedra da cidadezinha onde acumularam coisas sem valor material, mas muito significativas, recordações dos lugares que visitavam, cortinas e tapetes étnicos; a ideia era a de passar ali as melhores temporadas de cada ano, e também as festas natalinas.

Para Marianna, parece que, com Giovanni, foi junto a metade de si mesma.

Ela tende a deixar-se ir, junto com a nuvem negra que está sobre ela. Não tem ânimo para voltar à casa de pedra "por causa da velhice", à praça da cidadezinha, apesar das amizades, dos parentes e das pessoas que gostariam de lhe fazer companhia e se interessam por ela. No jardim, as flores secaram, as plantas que eram cuidadas por Giovanni murcharam e caíram, os quartos lhe parecem assustadoramente vazios – como aqueles da casa da cidade grande. Quartos que ressoam, apesar de seu passo leve, enquanto ela vaga como um animal ferido, um casaquinho sobre o braço, a garrafa de leite vencido na outra mão. Ela é torturada pela ideia de que, aos setenta anos, seu marido poderia ter vivido mais, que haja algo de injusto, até cruel, naquela morte que aconteceu quando ainda havia tantas esperanças, tantos projetos, tanta vida. O *motor home*, na garagem, é só um vulto escuro atrás do portão, que Mariana jamais levanta; ela pouco precisa do carro, porque não vai nunca para a cidadezinha. Não colore mais seus cabelos, não vai às consultas médicas de controle, frequenta pouco a igreja e sumiu da LIPU; geralmente não cozinha e come um sanduíche em frente à televisão, sempre acesa, como o rádio; tornou-se ossuda, muito magra; não toca mais nos pincéis. De tarde, às vezes, olha os álbuns de fotos da vida passada com Giovanni, suas viagens, os aniversários. Observa as roupas de Giovanni penduradas no armário e seus olhos

* N.T.: Lega Italiana di Protezione Uccelli, uma associação para proteção e cuidado da natureza.

se enchem d'água. Os telefonemas são cada vez mais raros, e Marianna está cada vez mais sozinha. O médico de família lhe prescreveu um tranquilizante, mas Marianna nem o tirou da caixa. Todos admiravam sua relação perfeita, mas agora que Giovanni não está mais ali, Marianna está perdida: está convencida de que nada mais no mundo a agradará, a atrairá, a resgatará de seu torpor.

Reconstruir a própria essência humana

Marianna foi tomada por uma daquelas que o filósofo Karl Jaspers[14] chama de "situações-limite", às quais não há modo de se opor ou de se rebelar; uma situação definitiva, imutável e também incompreensível, sem apelo. Não se pode não aceitar o veredito; a morte é uma necessidade estrutural do próprio ser humano, mas nós a afastamos e a atrasamos com o pensamento, nós a apagamos em um nível emotivo profundo, o que, por um lado, é um mecanismo de defesa – de outra forma, se não fizéssemos outra coisa a não ser pensar nisso, seríamos paralisados pela não ação e pelo tormento; por outro lado, é um fator de fraqueza da nossa sociedade, a qual, no fim das contas, *se recusa a admitir que a vida tenha um fim*. Além do mais, essa atitude negacionista faz com que a categoria do "sem fim" seja aplicada um pouco a tudo, ao sucesso, à felicidade conjugal, à juventude, e que toda perda, mesmo que não tão grave, nos desnude, nos constranja, nos faça incapazes de reagir e desatentos a todo o resto que sobreviveu.

Marianna leu um livro meu (que falava de um assunto completamente diferente) e veio até mim com uma baixa dose de expectativa sobre o que poderia receber; de forma vaga, me perguntou se eu poderia emprestar-lhe algum texto de filosofia, assim, só para passar o tempo. Já é reconfortante o fato de que ela tenha decidido desabafar e pedir ajuda; ela precisa, diria Lou Marinoff, de diálogo, e não de um diagnóstico.

14 Karl Jaspers (1883-1969), alemão – voltaremos a ele quando falarmos dos "tipos filosóficos" –, cientista, médico e psiquiatra, é um dos maiores pensadores do Existencialismo. Reconhece à ciência o papel de um saber objetivo e válido, mas confia à filosofia a tarefa de considerar o ponto de vista do homem que, como "existente", emerge e se destaca do mundo.

> Infelizmente, com muita frequência a psicologia e a psiquiatria tenderam à 'patologização' (em outras palavras, a medicalização) de todos e de tudo, com a intenção de fazer um diagnóstico de qualquer pessoa que entre no consultório. É normal ter problemas, e o desequilíbrio emocional não é, necessariamente, uma doença.[15]

De fato, foi preciso pouco (e certamente não foi o meu medíocre chazinho o que a induziu ao desabafo) para que ela começasse a me falar de Giovanni (que eu conheci só brevemente). A primeira sensação é que dentro dela esteja se agitando, apesar de não ter formulado deste modo, ou melhor, ela nem mesmo formulou essa ideia, a convicção de que haveria algo de errado em seguir adiante sozinha depois de uma vida inteira em que o pronome pessoal típico não foi "eu", mas um "nós" coletivo, emblemático do amor-fusão dos dois, o que lhe concedeu anos e anos de felicidade, excluindo, porém, boa parte do mundo exterior. Marianna está convencida de que a dor da perda precisa ser levada e suportada como se fosse um dever, o mínimo que ela deve a ele; é o seu presente, póstumo, ao marido. Ela nem deseja que o tempo mitigue essa dor; no fundo ela pensa que a dor será o seu manto de espinhos, que sua obrigação seja mantê-lo sobre si, que os poucos amigos que ela e Giovanni tinham esperam isso, porque ela sempre foi, para todos, "Marianna+Giovanni", e que agora seria tarde demais – se é que ela quer isso – para reconstruir uma fisionomia própria.

O seu problema é claro: Marianna não confia em si mesma nem na própria capacidade de "recuperação". Na verdade, parece-lhe que seria quase vergonhoso que ela "se recuperasse".

No caso das situações-limite, geralmente emerge tudo aquilo que de negativo está ligado ao nosso "positivo"; em Marianna, capaz de tanto amor e dedicação, a morte do marido despertou o seu lado infantil, porque com Giovanni ela perdeu uma espécie de substituto de

15 MARINOFF, L., *op. cit.*, p. 22-23.

pai, o homem que a direcionava em tudo, que a apoiava, que lhe completava a vida. Falta a Marianna um guia. *E não considera a ideia de que poderá ser o guia de si mesma.*

Eu dou para ela ler algumas páginas de Karl Jaspers, nas quais o grande pensador do Existencialismo alemão se concentra no conceito de que para o homem a única possibilidade é a situação em que se encontra, a única possibilidade no sentido de que o homem *não pode não* aceitá-la *e não* reconhecê-la.

> *"Eu não quero o naufrágio, mas, em risco, eu o enfrento."*[16]
>
> Karl Jaspers

Sempre mediante as páginas de Jaspers eu a convido a *esclarecer a sua existência*. Marianna tem deveres consigo mesma. E a propósito do *panta rhei*, o eterno, irrefreável *panta rhei*, uma das maiores verdades jamais escritas, exatamente como não podemos nos molhar duas vezes nas águas do mesmo rio, Marianna não pode presumir ser a mesma mulher feliz ao lado de Giovanni; ela não é. Ela mudou; deve se convencer de precisar mudar novamente, de que o mundo ao seu redor mudou, sua vida mudou, sua dor já mudou; deve mudar também o seu espírito, mas sem angústia. Deve conscientemente viver uma transição, novas revelações, talvez, novas etapas, novas descobertas, novos progressos; *cada momento presente é rico de segredos que esperam para ser revelados*. Foge a ela o tanto de beleza que há no mundo, por quantas coisas vale sempre a pena viver. É difícil ainda refletir nisso, mas atrás da porta tem um mundo que a espera, os ecologistas que gostariam de tê-la consigo de novo, com a sua paixão pela fotografia, a casinha de pedra na cidadezinha onde poderia fazer cursos de aquarela e de fotografia. Talvez alguém que viveu essa mesma experiência gostasse de falar com ela, porque ela não é a única a se sentir assim; ela deveria

16 JASPERS, K. *Filosofia*. Turim: UTET, 1978, p. 1170.

se abrir também às pessoas e não manter "egoisticamente" esse peso dentro de si, concentrar-se em suas emoções e discuti-las. Marianna é, de resto, uma mulher de fé, e sua "crença" cristã lhe ensina que o espírito sobrevive ao corpo; a razão deveria impulsioná-la, então, a reavivar sua espiritualidade e nutrir essa espiritualidade com encontros e leituras; para quem crê, a fé é uma matéria-prima, constitutiva da essência, e a busca filosófica, que tenta enquadrar a situação presente dentro da concepção de vida em geral da pessoa, não pode não considerar a prática religiosa – no caso de Marianna, uma alternativa válida ao seu estado de debilidade e de passividade. Marianna deveria publicar um anúncio, *online* ou no jornal, ou então espalhar a notícia para organizar uma viagem de *motor home* para o próximo verão, para dar um sentido, uma continuidade àquilo que fez junto a Giovanni.

> *"Nada, certamente, só uma feroz e triste superstição, proíbe que nos alegremos. Por que, com efeito, é melhor apaziguar a fome e a sede do que acabar com a melancolia? [...] Nenhuma divindade, ninguém, a não ser um invejoso, tira prazer da minha impotência e do meu incômodo, nem atribui à virtude as lágrimas, os soluços, os medos e outras coisas afins, que são sinais de um espírito impotente."*[17]
>
> BARUCH SPINOZA

Viver é também aceitar o compromisso daquela que pode parecer uma vida na metade.

Mas não o é. *Jamais.*

ANDREA, QUE "QUEBRA TUDO" SE AS COISAS NÃO CORREM COMO ELE IMAGINA

Andrea tem quarenta anos e há tempos convive com Flavia, mais ou menos da mesma idade. É um homem que sua companheira tem em

17 SPINOZA, B., *op. cit.*, p. 493-494.

alta consideração, ele a trata bem e a ajuda; na casa, ele conserta de tudo um pouco, levanta pesos, pacotes, malas, cuida dos carros dos dois, faz serviços, mas em compensação é bastante possessivo e ciumento, quer "vestir as calças" e controlar até o que Flavia veste de manhã para ir ao trabalho. Não gosta do fato de que Flavia, enfermeira profissional, tenha se inscrito à bienal de especialização de ciências da enfermagem para completar sua formação e galgar posições de maior responsabilidade, como se isso tirasse algo dele e da relação deles ("Já não bastava o que você tinha?"). Talvez porque voltou a frequentar a universidade e conheceu outras pessoas, Flavia percebeu que a relação com Andrea, e a sua própria submissão (por exemplo, permitiu que ele controle seu celular, *e-mail* e Facebook, além das suas roupas), levaram-na à depressão, e que muitas coisas que ela faz são *forçadas* e impostas por ele - até a forma de eles comerem e a cidade onde moram. Sob o verniz da normalidade, a relação deles é desproporcional, "protetiva" por parte de Andrea, mas invasiva, sufocante; Flavia gostaria de ir embora, pensa nisso, mas tem muito medo de dizer a ele. Porém, quando o mal-estar que sente a leva a tomar tranquilizantes, cansada dos contínuos escândalos sempre que volta da universidade, e ela fala para ele sobre como se sente, não falha: ele reage de uma forma violentíssima. *Porque Andrea nem mesmo a deixa falar. Andrea a empurra e a agride verbalmente.* Andrea quebra tudo, abre as gavetas, acusa-a de traições inexistentes, arrebenta o armário, destrói as roupas dela, ele a insulta e lhe diz que jamais a deixará partir, que ela é dele. Flavia chora, ela está aterrorizada. Nesse ponto Andrea também muda de tom, chora, se ajoelha na frente dela, chantageia-a: "Eu vou me deixar morrer de fome por sua culpa. Será meu fim, por sua culpa". Andrea sai de casa, bebe, volta bêbado, e de manhã começa tudo de novo.

Ele nunca a deixará ir embora.

Porque ela é sua, e não pode ter parado de amá-lo.

As semanas que se seguem são extremamente difíceis, sempre à beira do vulcão. Andrea fuma sem medida, chora, se desespera, recomeça a destruir tudo aquilo que está ao seu alcance se Flavia recomeça o assunto; cada dia é um inferno. Flavia tem taquicardia, está desesperada e, neste ponto, como ele não quer ir embora, ela quer ir, mas não faz isso porque não sabe como Andrea reagirá, o que ele fará se não a encontrar em casa. Ela está convencida de que qualquer coisa, mesmo a mais louca, que Andrea fizer será sempre culpa dela, e sente o peso atroz daquela responsabilidade. Às vezes, quando está particularmente exausta e testada, pensa que jamais conseguirá se separar dele; que ela vai precisar ficar ali, viver junto dele, que jamais vai recuperar a sua liberdade de pessoa; que aquele amor, ou melhor, aquela *obsessão* de Andrea sobre ela, é uma espécie de condenação que, de alguma forma, ela mereceu.

Enfrentar a realidade, sem negá-la

Andrea tem como único modelo de união a dos seus pais, ainda muito íntimos e sem desacordos, com a figura "forte" do pai, que prevalece decididamente sobre a da sua mãe (o pai de Andrea também é um "protetor" e se presta a qualquer tipo de trabalho para sustentar a companheira, mas ele também "veste as calças"). A união de seus pais para Andrea é a perfeita, uma devoção completa e recíproca, mas *não um relacionamento de igualdade*; a mulher é subalterna de um certo ponto de vista, mas segundo ele (e seu pai), ela está em uma espécie de pedestal – e Andrea sempre manteve Flavia em um pedestal, e assim as palavras de Flavia e sua vontade de deixá-lo tiveram o efeito, ele me conta, "de uma facada, uma bala de fuzil no peito", porque, *com aquilo que ele sempre fez por ela, não poderia ter acontecido.* Ele está sendo guiado pelo rancor, pela raiva, pela posse. Mas ele fala de *dor*, de uma dor infinita, assim como seu amor, de uma dor inextinguível, assim como seu amor. Mas em relação a Flavia ele parece um animal, uma ave de rapina grudada em suas costas, e não um homem apaixonado. Ele não quer deixá-la e não quer que ela vá embora, porque ela é *dele*. Flavia prometeu que o amaria para sempre, e agora não pode voltar atrás. Todo o resto está em segundo lugar, a mãe e a irmã de Andrea que imploram que ele raciocine e não querem vê-lo nesse estado só conseguiram um resultado, que foi mandá-lo até mim, com uma desculpa. Andrea não demora a começar a falar de si (eu que trabalho com filosofia deveria entendê-lo mais que os outros, não? Porque ele acha que está certo, e acha que está ajudando Flavia a superar uma simples crise passageira, ensinando a ela o valor dos sentimentos "verdadeiros" e duradouros). Ele está pronto a manter Flavia consigo mesmo contra a vontade dela, mesmo sabendo que ela não o ama mais ("O que significa *não te amo mais*? São só palavras. É muito fácil assim"). Ele não aceita a ideia de que *impor* amor não tem sentido. Ele conseguiu fazê-la se prostrar, sentir culpa, minou a resistência psíquica dela. O sofrimento e o desconforto nos quais joga Flavia depois de cada escândalo de alguma forma o recompensam. Ele imagina que Flavia não continuará determinada, que ficará com ele, que não vai deixá-lo porque tem medo de suas reações violentas, mesmo que isso não tenha nada a ver com o amor compartilhado. Ele não considera a ideia de que aquilo que se obtém com a coerção tem seus dias contados, que em Flavia nascerá, ou melhor, já nasceu, um tipo de ódio em relação a ele, que o amor nos pega e nos deixa sem que seja possível atraí-lo ou mantê-lo; ele se satisfaz querendo e recebendo algo, mesmo que somente por "obrigação".

Um sentimento "geral" da vida a ser reformulada

Andrea não aceita que a fraqueza humana, a evolução de uma pessoa, as circunstâncias que mudam possam despedaçar uma promessa, ou melhor, fazer com que a promessa não seja mantida. Não aceita que uma relação amorosa "séria" também possa ser destinada a terminar. O terrível conflito que vive o torna indiferente ao fato de que Flavia foi absolutamente sincera quando lhe disse que o amava, e que não foi por *superficialidade* que parou de amar. Ele fala tanto de amor, mas o amor tem de ser recíproco para ser amor. Pode ser unilateral apenas em relação a sujeitos inanimados, uma teoria, uma obra de arte, uma paisagem, não por um homem ou uma mulher. O amor, quando mão única, não é amor, mas sim obsessão, mania, pensamento fixo. O amor imposto não é amor. O amor extorquido não é amor. É mercantilização, é egoísmo, é uma tortura, um esforço vão. O amor não é egoísmo, mas o contrário do egoísmo.

O abandono de Flavia é, para Andrea, algo mais do que o abandono de uma mulher. Ele se sente diminuído como homem, frente à sociedade, ao seu pai e a toda a família. *Não podia acontecer com ele.*

Ele acha que não consegue ficar sem ela, que se Flavia o deixar lhe destruirá a própria base de sua existência, esquecendo-se de que há toda uma fase de sua vida, muitíssimo longa, em que Flavia nem tinha aparecido ainda, e ele já era um homem, não era infeliz antes de conhecê-la. Eu o convido a voltar ao passado, a meditar, a se redescobrir, a entender porque está tão apegado, de forma tão doentia, a ela, do que ele precisa, carinho, sexo, compreensão, a recuperar suas lembranças anteriores, o que é que fazia com que ele fosse feliz no passado.

> *"Na realidade nenhum homem jamais se tornou tão infeliz a ponto de não ter podido conservar ao menos um pequeno resto de felicidade."*[18]
>
> SØREN KIERKEGAARD

Algo a que se agarrar certamente existe

Enquanto Andrea me conta sobre seu inextinguível amor e a crise irreversível de sua vida, me vem em mente – mesmo que as circunstâncias sejam muito diferentes – a história amorosa e pessoal de Auguste Comte (1798-1857), considerado fundador do Positivismo e da sociologia moderna. Na juventude, Comte esteve muito próximo ao socialismo, e sempre foi marcado por um temperamento altruísta e uma imaginação muito viva. Aos 27 anos ele se casou com Caroline Massin, uma prostituta (da qual era cliente) que trabalhava perto do Palácio Real de Paris, com a intenção de redimi-la. Mas seu casamento foi um desastre; Caroline

18 KIERKEGAARD, S. "Il concetto dell'angoscia". *Le grandi opere filosofiche e teologiche*. Ed. C. Fabro e G. Reale. Milão: Bompiani, 2013, p. 583.

não se redimiu, mas o traiu repetidamente. Comte, apaixonadíssimo, se afundou no desespero e na depressão, até a psicose. Ele foi internado em uma clínica para doenças nervosas; quando saiu, vários meses depois, não estava curado, até tentou se suicidar: jogou-se no rio Sena e foi "pescado" por um guarda. Ele se recuperou muito lentamente, sobretudo com a força de vontade, impondo-se um regime espartano de vida que compreendia um cuidado particular com a comida e o movimento. A crise amorosa vivida em decorrência de Caroline causou uma fratura em sua existência, e de vez em quando a depressão voltava, mesmo que de forma mais branda. *Porém, tudo aquilo de melhor que Augusto Comte produziu na história do pensamento veio "depois" daquele período tão catastrófico e turbulento*; depois de tudo, ele se tornou mais original, mais criativo, mais inovador; escreveu sua maior obra, o *Curso de filosofia positiva*. Ele tinha descoberto, com Caroline, o seu ponto fraco, o sentimento amoroso; precisava recuperar a arte da vida, devia buscar uma salvação, e encontrou ambas.

Andrea também precisa recuperar sua independência pessoal, o controle de si mesmo e uma reconciliação com a sua natureza hiperexcitável; precisa aceitar o seu gênio, que é frágil, apesar das aparências, e a sua fraqueza emocional.

Também para Andrea, como era para Comte, o sentimento amoroso é sua fraqueza, o seu calcanhar de Aquiles.

A resposta não pode ser para Andrea tentar não se apaixonar mais, mas sim empenhar-se ativamente em construir um acordo entre seus impulsos e suas ações, dominar sua vontade, compreender as consequências de suas imposições sobre outra pessoa, a quem ele gostaria de privar de liberdade. Andrea deve pensar também em si mesmo e em quanto suas exigências estéreis e inúteis, um esforço de Tântalo, fazem com que ele esteja mal – porque não pode, sensatamente, ficar contente com aquilo que impõe a Flavia com prepotência e violência.

Compreender que o amor é sobretudo "dar", mais do que "receber".

Mas o que significa "dar" no amor?

> *"O mal-entendido mais comum é que dar signifique 'ceder' algo, ser privado, sacrificar [...] [porém] dar é a expressão mais alta de potência. No próprio ato de dar eu encontro a minha força, a minha riqueza, o meu poder. Esta sensação de vitalidade e de potência me enche de alegria. Eu me sinto transbordante de vida e de felicidade. Dar dá mais alegria do que receber, não por ser privação, mas porque naquele ato eu me sinto vivo [...] sentir o amor como um ato de dar [...] pressupõe a conquista de uma posição prevalentemente produtiva; nesta orientação, o indivíduo venceu a independência, a onipotência narcísica, o desejo de explorar os outros ou de acumular, e conquistou a fé nos próprios poderes humanos, a coragem de se apoiar na obtenção das próprias metas. Na medida em que faltam estas qualidades, ele tem medo de se dar, e portanto de amar."*[19]
>
> ERICH FROMM

Andrea deve confiar em si mesmo. Quando jovem, escrevia poesias; ama ler, ir ao cinema; na academia, pratica caratê; é funcionário público. Tem colegas, amigos, companheiros de caratê cujos relacionamentos amorosos acabaram; ele precisaria olhar as pessoas perto dele não como gente que riria dele pelas costas, mas como gente que o enxerga perdido e gostaria de ajudá-lo. Existem milhões de pessoas que viveram o que ele está vivendo, mas nem todos quebram as coisas (ou então boa parte dos pontos de reciclagem estaria cheia de móveis despedaçados e de pratos quebrados). Ele deve dar confiança aos amigos, e de jeito nenhum ficar longe deles; quando precisamos de ajuda, e com espontaneidade e naturalidade a pedimos, dificilmente essa ajuda não virá.

---

19 FROMM, E., *op. cit.*, p. 37-40.

"Não precisamos tanto da ajuda dos amigos quanto da certeza de que ela chegará se precisarmos."

"A amizade percorre dançando a Terra, convidando a todos nós a despertarmos e dizermos um ao outro: feliz!"[20]

Epicuro

Ele deve refletir sobre o fato de que a vida lhe oferecerá outras possibilidades, outros amores, outras amizades. Andrea agora está em silêncio, enquanto eu falo; um silêncio complexo que me deixa um pouco tensa. Não é fácil entender se ele está de alguma forma enfrentando seus problemas sob a lente de aumento forçada pela minha presença, ou se está constrangido, ou até comovido. Ele está sem palavras, e basta. Mas depois as palavras lhe vêm de novo, um pouco fragmentadas, quase envergonhadas. Para ele é difícil; é como se ele se olhasse de fora e se visse agir, mas ainda não por inteiro. De um modo circunspecto, gira ao redor de sua alma. Eu leio para ele uma poesia de Khalil Gibran,[21] para mim uma contínua fonte de inspiração:

O amor, assim como vos coroa, também vos crucifica.
Da mesma forma que vos faz florir, vos poda.
Da mesma forma ascende até vossa altura, acariciando
[os ramos mais frágeis que tremulam ao sol
e desce até vossas raízes sacode
em seu apego à terra.
Como feixes de trigo, vos aperta em seu peito.
Vos debulha para desnudar-vos.
Vos peneira para liberar-vos das palhas.
Vos mói até que estejais cândidos.

20 EPICURO. *Scritti morali*. Milão: Rizzoli, 1997, p. 105-106.

21 Khalil G. (1883-1931), libanês naturalizado estadunidense, foi um poeta e pintor muito famoso, que alguém definiu como "lírico visionário". A sua poética, entrelaçada de tons místicos e quase proféticos, visa ao envolvimento emocional do leitor.

Vos amassa até que estejais flexíveis.
E então vos leva ao seu fogo sagrado, para que possais tornar-vos
[pão sagrado para a santa missa de Deus.
[...]
Mas se por temor procurardes no amor apenas a paz e o prazer,
melhor seria então que cobristes a vossa nudez,
que saístes da eira do amor.[22]

Aceitar o ocorrido e dar-lhe o peso justo

É implícito que uma relação pode acabar, apesar das palavras trocadas. A aceitação não se resolve na passividade: é a estrada principal para uma transformação. Andrea deve dar o peso justo ao que ocorreu: *não é uma tragédia, as tragédias são outras*, e tomar proveito de sua crise. Ele se comportou com insensatez, deixando de lado sua interioridade, e nem ele esperava uma reação tão extrema.

Mas Andrea *consegue passar por isso*. Eu lhe falo também sobre Augusto Comte, e dos resultados a que ele chegou *após* o fim de seu casamento com Caroline. Eu lhe leio uma outra poesia, de Tagore:[23]

Se não podes amar-me, amor meu,
perdoa minha dor.
Não me olhes indignada,
de longe.
Voltarei ao meu canto
e me sentarei no escuro.
Não mendigarei nem mais um dos teus olhares
se os meus te importunam.[24]

Aquele verbo, "mendigar", o afeta. Enruga a testa. Não, ele não é assim, talvez não tenha percebido que fazia isso, mas ele *não quer*

22 GIBRAN, K. *Il profeta: Il giardino del profeta*. Roma: Newton Compton, 1989, p. 23.
23 Rabindranat Tagore (1861-1941) foi um poeta, filósofo e escritor indiano.
24 Veja: https://www.pensieriparole.it/poesie/poesie-d-autore/poesia-7180.

mendigar. Não foi ele que escolheu ser deixado, mas aconteceu; ele não é capaz de mudar os sentimentos de Flavia, mas pode dominar os seus próprios.

A realidade está se desvelando a ele de um modo diverso.

Mando Andrea de volta para casa com *A arte de amar*, de Erich Fromm, e a cópia de um livro de poesias de Khalil Gibran.

GIORGIO, QUE SEUS PAIS QUERIAM QUE FOSSE DIFERENTE

Giorgio tem dezessete anos e frequenta, com resultados não muito bons, um liceu científico* de Milão. Há dois anos faz recuperação, em junho, em latim e matemática, o que impede as férias familiares, pois precisa ter aulas particulares durante o verão para passar nas provas. Paola e Roberto, seus pais, estão bem cansados da superficialidade e da falta de vontade de Giorgio. O fracasso escolar é uma espécie de vergonha para toda a família. Para Giorgio não falta nada: o *scooter*, o iPhone, a mesada, uma certa liberdade; aos sábados pode voltar para casa às 3 da manhã. A única coisa que ele precisa fazer é se virar na escola, e por que não faz isso? Giorgio fala pouco, às vezes pouquíssimo. Ele se fecha no quarto e, provavelmente, em vez de estudar (visto o resultado) fica no *chat* com os amigos. Nunca sai do celular, às vezes fica nele até à mesa, até mesmo quando os pais falam com ele, e isso é motivo de infinitas discussões (mas Paola e Roberto não ousam tirar o iPhone dele). Até que, após uma conversa de Paola e Roberto (juntos, como que para se protegerem dos golpes), uma conversa bastante desastrosa (sobre os fracassos, sobre como na classe Giorgio é distraído, ausente, indiferente), Giorgio finalmente se abre: ele está no quarto ano, mas quer trocar de escola; o liceu científico não é pra ele e está fora de discussão continuar a frequentá-lo (a menos que seus pais aceitem que ele sempre repita de ano: como todos os adolescentes, Giorgio diz "sempre" com uma certa facilidade). A escola em que quer estudar é a escola profissionalizante de hotelaria, mesmo que tenha

* N.T.: Na Itália, o *liceo scientifico* é um tipo de ensino médio com ênfase na área de exatas.

que perder um ano, porque ele quer ser um *chef* de cozinha, e não um geólogo (como o pai) ou um advogado (como a mãe).

Hotelaria?, perguntam-se Paola e Roberto. *Mas que escola é essa?* Chef? *O filho de dois profissionais liberais em uma escola profissionalizante?*

Como é que Giorgio pode pensar em trocar uma escola "boa", de alto padrão, no mesmo liceu científico que eles frequentaram (até mesmo um dos avós frequentou aquela escola) por uma escola profissionalizante?

Paola e Roberto estão frustrados, com raiva. Mas eles sempre se esforçaram para ser pais excelentes, fizeram de tudo, sempre se perguntaram qual o momento certo para parabenizá-lo ou fazer-lhe reprimendas, quando deixar ou não que ele fizesse certas coisas. Cuidaram de cada aspecto da educação e do crescimento de Giorgio desde os cursos pré-natais de Paola, desde o nascimento da criança.

E agora, o que precisam fazer?

Impedir que ele faça uma besteira, ou apoiá-lo? É tudo tão difícil...

O extenuante "trabalho" de ser pai/mãe hoje

Ser pai/mãe hoje *não é* aquele trabalho infeliz que a atual tendência à medicalização indiscriminada nos leva a acreditar. Se realmente tivesse sempre sido um trabalho tão absurdo não teríamos alcançado a incrível cifra de 7 milhões e meio, mesmo sabendo que os pais destes 7 milhões e meio não foram, e não são, perfeitos. Artigos ansiogênicos, *blogs* ansiogênicos, programas de TV ansiogênicos só nos convencem – falo sempre do nosso Ocidente – que deveríamos ter infinitas especializações antes de nos aventurarmos em uma gravidez, porque o nascimento e a educação de um filho têm características tão especiais que, se não formos *especiais*, geneticamente impecáveis, conscientes, preparados, informados, psicologicamente sólidos, financeiramente preparados, é melhor deixar para lá. Basta pensar na imensidão de exames que atualmente uma mulher grávida precisa fazer: as duas ou três ecografias de 25 anos atrás já são pré-história. As mulheres são *obrigadas* a passar por testes caros, geralmente inúteis, invasivos, aterrorizantes. Subentende-se o direito ao filho "perfeito" já durante a fase da gestação; levar uma gravidez "perfeita" exige uma manutenção acurada (e cara). Escolher a alimentação correta para o recém-nascido (à luz das teorias em voga no momento, geralmente mudadas por estudos imediatamente sucessivos, sempre pela presença do *panta rhei*, que não poupa ninguém) parece também uma tremenda responsabilidade, da qual dependerá a saúde de toda a existência do próprio filho, até seu sucesso mundano, profissional, ético. Nós nos torturamos pelas dúvidas contínuas sobre ter respeitado ou não as tabelas, as recomendações do pediatra, do psicólogo, do educador, do professor. E a mesma coisa com as brincadeiras, que são atentamente avaliadas, o ambiente em que crescerá, desde o material do chão até a ventilação – como se todo o resto, que aliás é *a maior parte*, do ar que se respira à produção alimentar industrial, estivesse sob o nosso controle. Isso para não falar dos equipamentos *mínimos* que os novos pais se sentem obrigados a comprar, equipamentos faraônicos, todo um *kit* para as papinhas que ocupa toda a cozinha (mas como faziam antes, com quatro filhos, em um simples apartamento?), três tipos de carrinhos de bebê, três de cadeirão, a cadeirinha para o carro, o "canguru", o trocador (como faziam as mães sem trocador para trocar as fraldas dos bebês?); porque tudo é determinante, tudo deixará uma marca, a professora, a escola, uma outra criança que atazana nosso filho (para algumas mães, as outras crianças são todas *bullies*, mesmo com dois anos de idade. E mesmo uma risada "banal" recai no *bullying*).

O filho perfeito, *especial* e irrepreensível, geralmente é o para-vento das nossas próprias ansiedades. Se no trabalho as coisas não vão muito bem, que pelo menos o filho seja o primeiro da classe (com todos os cadeirões que lhe compramos!). Frequentemente nos vemos como genitor único, de forma prevalente ou compartilhada, e parece que não conseguimos fazer a própria parte porque o outro genitor não coopera, não participa de forma ativa e se limita a dar mais, tudo aquilo que o filho deseja.

Parece dificílimo compreender também, simplesmente, quando é o caso de permitir ou de negar, principalmente no caso da *adolescência*, categoria que já é cultural e psicológica, antes até que biológica, categoria que parece estar sob o domínio dos pensamentos mais sombrios mesmo que só por causa de uma espinha no queixo. A gente gostaria de uma varinha mágica para fazer aparecer a escolha mais *perfeita*, aprovada totalmente por nutricionistas, psicólogos, pedagogos, sociólogos, que como imensas sombras nos envolvem. Além do mais, os atuais pais de adolescentes são os "netos" do doutor Spock, criados em um princípio de autoridade já bem brando e mudado, normalmente não preparados para usá-lo. Principalmente exercer autoridade não lhes parece democrático, correto, *justo*.

> *"O pai se acostuma a se tornar parecido com o filho e a temer os filhinhos, e o filho, a se tornar parecido com o pai e não ter respeito nem temor em relação aos pais... em um ambiente parecido, o professor teme e adula os alunos, e os alunos ignoram os professores e também os pedagogos."*[25]
>
> PLATÃO

Os "poderes" da adolescência

John Dewey[26] atribui à adolescência a "imaturidade" e a "plasticidade", mas considera ambas sob uma ótica positiva. A *imaturidade* implica o *poder* de crescer, e a *plasticidade* indica a extraordinária adaptabilidade dos sujeitos muito jovens às circunstâncias, e, portanto, a capacidade de aprender com a experiência com base nos resultados de ações precedentes (Dewey também deseja que o adulto "cresça em infantilidade", ou seja, mantenha-se disponível e disposto a um contínuo desenvolvimento e a uma certa dose de incerteza).

Porém:

---

25 PLATÃO. *Repubblica*. Bari: Laterza, 1994, p. 174. Para as notas biobibliográficas sobre Platão, um dos mais influentes filósofos da história, veja a parte relativa aos "tipos filosóficos".

26 John Dewey (1859-1952), estadunidense, sobre o qual falaremos nos "tipos filosóficos", foi também um grande pedagogo.

Os jovens [...] são propensos aos desejos e levados a fazer o que desejam [...] São mutáveis e logo se saciam de seus desejos e, assim como desejam intensamente, da mesma forma param rapidamente de desejar; de fato, suas vontades não são fortes, mas são como a fome e a sede dos enfermos. E são impetuosos, facilmente sentem ira e seguem o impulso [...] E facilmente são enganados [...] porque facilmente têm esperança."[27]

ARISTÓTELES

Um adolescente é facilmente enganado também porque viu pouco demais, ouviu pouco demais. Pela sua natureza e sua essência, o adolescente não pode fazer muitas comparações, ele não conhece as jornadas humanas em sua totalidade, as interações. Mesmo o mais *racional* mantém ainda a mentalidade um pouco mítica da infância, ou melhor, em um certo sentido a sua busca ainda é pré-lógica. Enfim, o *substrato original infantil* ainda está ali, que é a sua raiz, que é contíguo com a sua pessoa - Giorgio, nesse caso –, apesar do aspecto, o 1,80 m de altura, os ombros largos, os sapatos 44, a voz portentosa; por isso um adolescente *não pode* tomar em primeira pessoa decisões que *são de seus pais*. A mente de um adolescente é uma espécie de magma; as pesquisas da Temple University da Filadélfia provariam que, até os 25 anos, as relações entre os neurônios do cérebro são bem pouco estáveis, o que explicaria, ao menos em parte, a submissão da juventude e o estreito controle sobre ela que acontecia no passado (sem muitas pesquisas científicas, empiricamente essa verdade devia estar bem presente também nas culturas mais antigas). Os adolescentes têm numericamente mais recursos do ponto de vista neuronal em relação a um adulto ou a um idoso, mas conseguiriam, sempre segundo algumas pesquisas, desfrutá-las menos; mesmo que se lembrem, percebam, captem muito mais que um adulto,

---

27 ARISTÓTELES. "Retorica". *In*: VÁRIOS AUTORES. *Opere di Aristotele*. Ed. A. Plebe. Milão: Mondadori, 2008, p. 893-894, vol. II.

são também muito mais instáveis que um adulto – claro que estamos falando de uma média, aqui.

Por isso *não nos deixamos dominar por um adolescente*, nem por todas as suas exigências.

Não fazer isso é *um dever* dos pais.

Permitir ou não a mudança de escola?

Todavia, Paola e Roberto deveriam moderar a indignação e mostrar que estão levando em consideração as motivações e as propostas de Giorgio, escutá-lo. Frequentemente em um adolescente um pensamento puxa o outro, junto a várias fantasias. Pode ser também – mas é pouco provável – que tornar-se um *chef* seja uma aspiração real de Giorgio; é plausível suspeitar que ele tenha sido influenciado pelo prestígio extraordinário de alguém que hoje, na TV e na internet, goze de uma excepcional consideração. O *chef* está ali, belo, jovem, dinâmico, fascinante; se ele não é belo e também não é tão jovem, é simpático, sabe fazer as coisas, ganha bem, comunica-se, é bem recebido em todos os lugares (entre os adolescentes, o *chef* superou o jogador de futebol). Talvez Giorgio se veja assim, queira ser assim; queira que, em uma noite com amigos, alguém diga "Eba, chegou o Giorgio para cozinhar para a gente os seus pratos secretos", e que as meninas fiquem todas perto dele. Tudo isso, porém, pode não dar em nada, revelando-se a atitude passageira de um rapaz submetido talvez a um excesso de expectativas, um pouco distraído, um pouco superficial, intuitivo mas sem muito apego pelo estudo, ao qual, porém, não quer renunciar – de resto, ele sabe muito bem que seus pais se recusariam a deixá-lo abandonar a escola superior para trabalhar. No fundo, Giorgio sabe também que tem as costas quentes e que, se perdesse um ano, talvez seus pais o mandassem a um psicólogo, mas não para trabalhar como aprendiz em algum lugar. A discussão com Paola e Roberto começa por uma questão específica: *por que é que querem, a todo custo, que Giorgio frequente o liceu científico?*

Partir de uma ótica filosófica para responder

Uma maneira de enfrentar o problema é perceber que existe uma disparidade de juízos também na avaliação e na escolha da formação cultural e escolar do filho. Na classe social deles, com o nível intelectual deles, para Paola e Roberto, o liceu parece obrigatório; da mesma forma, por exemplo, em um ambiente anglo-saxão, ou na Suíça, esse ponto de honra, a certeza – absolutamente não provada – de que o filho receberá ali uma instrução melhor em relação a outras escolas não seria compreendida de forma alguma. Paola e Roberto não deveriam manter-se reféns de uma mentalidade que lhes foi inculcada, atribuindo preferências pessoais a um rapaz de uma geração sucessiva. Enfim, já se vão os tempos em que Paola e Roberto frequentaram aquele glorioso liceu científico milanês. Naquele liceu não se encontraria, hoje em dia, nem mesmo uma molécula de quando estudaram lá eles dois e seus amigos, nos anos 1980. Não lhes faria mal reconsiderar com atenção o relativismo dos sofistas.[28]

> *"A medida de todas as coisas é o homem: daquelas que são, enquanto são, daquelas que não são, enquanto não são."*[29]
>
> Protágoras

Para Protágoras não existe uma verdade absoluta em nenhum campo; não existe um bem absoluto nem um mal absoluto, não apenas nas grandes questões morais, mas também na vida cotidiana; é preciso tomar as resoluções à medida que os problemas se apresentam. Por "homem", Protágoras quer dizer também "cidade" ou "grupo social", e

---

28 Os sofistas (lit. "sábios", séc. V-IV a. C.) foram mestres itinerantes – entre os primeiros a serem pagos, o que escandalizava Platão – que trabalharam sobretudo em Atenas. Interessavam-se por leis, educação, dialética e retórica, e ensinaram um certo relativismo dos valores. Protágoras (486 a. C.-411 a. C.) foi um dos mais célebres.

29 GIANNANTONI, G. *I presocratici: Testimonianze e frammenti*. Roma/Bari: Laterza, 1983, p. 891, vol II.

é evidente que, na burguesia milanesa – o grupo de que Paola e Roberto fazem parte –, o liceu científico é considerado *trendy*, mais dinâmico, mais moderno, mais aberto do que o liceu clássico – e a melhor oportunidade de formação na escola italiana. Aos treze ou catorze anos, no momento da inscrição, Giorgio tinha as ideias um pouco confusas; tinha citado vagamente o liceu artístico, o liceu linguístico – porque sabia que a sua escola *tinha que começar* com "liceu" –, mas o científico não; ele nunca tinha falado desse expressamente. Paola e Roberto que sugeriram, repetiram e convenceram. A consciência de Paola e Roberto de ter imposto a Giorgio, mesmo com as melhores das intenções ("Pensávamos no futuro dele, na formação completa"), o horizonte de experiências deles não significa abdicar da persuasão de que o liceu científico seja a melhor instituição escolar italiana, mas se afastar da ideia de que seja a única, e avaliar como *possíveis* outras oportunidades de instrução. Isso permite que eu prossiga com Protágoras, que, coerentemente, após ter afirmado o seu "relativismo", questiona-se: se dentro dos diversos grupos os diversos pontos de vista se equivalem, qual poderia ser o critério de uma escolha racional? A sua resposta é que o critério mais "lógico" é o do útil: seria o caso de sustentar a opinião que seja mais útil para todos. Então qual poderia ser a solução do problema, a solução que permita que Giorgio obtenha uma certa satisfação e que Paola e Roberto se tranquilizem? *Chef* ou não, parar agora o liceu científico ou esperar o fim do ano escolar? Abandonar um ano escolar na metade não é conveniente; significa, com certeza, perdê-lo; para entrar em uma outra escola, Giorgio deveria passar por exames de matérias totalmente estranhas a ele, mais estranhas ainda do que o latim e a matemática. Então a solução mais vantajosa para todos seria terminar o ano escolar com a menor quantidade de danos possível, ou seja, passar de ano em junho.

Depois disso, se Giorgio ainda estiver com a mesma ideia, durante o verão ele vai se preparar para ser admitido no quinto ano do instituto de hotelaria, ou então – alternativa, pouco a pouco – ele pode decidir que, no fim das contas, consegue ficar no liceu científico no ano seguinte e, depois do exame final, para continuar os estudos, poderá escolher uma escola culinária de alto padrão.

Giorgio concorda com convicção; poderá demonstrar o que vale ao se empenhar em uma escola da qual sairá (se é que sairá).

Mas agora estudará, mais intensamente e com mais prazer: *porque quer fazer isso.*

3. As questões que nos fazem pensar

Para "alargar a visão", basta um café

Do "concreto" ao "abstrato"

Exatamente por nossa essência ser o "pensar", é difícil que nos limitemos a perguntas cuja resolução tenha apenas uma imediata solução prática. Somos constituídos de forma a poder abraçar, com o pensamento, passado, presente e futuro; temos expectativas e projetos; tentamos teorias interpretativas, mesmo que sejam erradas. Assim, as questões mais abstratas, que se referem a problemas não urgentes ou presentes, integram-se em nós com as mais concretas, *como se fosse inevitável que nos interroguemos sobre certos assuntos, e nos fosse impossível ignorá-los ou silenciá-los.* Gostaríamos de encontrar um ponto de referência, uma orientação comum; gostamos de falar disso, trocar ideias, e isso explica também o sucesso dos "cafés filosóficos", nascidos na França nos anos 1990, criação de Marc Sautet, o autor do célebre *Um café para Sócrates,*[1] e espalhados por quase todos os lugares (na França, os *café philo* são cerca de duzentos, boa parte em Paris, mas também há muitos na Itália). Para organizar um "café filosófico" não é preciso necessariamente um "café", basta um lugar bastante espaçoso para

1 SAUTET, M. *Socrate al caffè: Come la filosofia può insegnarci, con semplicità e soddisfazione, a capire noi e il mondo.* Milão: TEA, 2007. Marc Sautet (1947-1998), professor, filósofo, consultor filosófico e escritor francês, estudioso de Nietzsche, difundiu a ideia do "café filosófico" em todo o mundo.

acolher gente que possa ficar comodamente sentada escutando e intervindo, e para isso serve uma biblioteca, uma sala paroquial, uma livraria. A discussão é coloquial, sem termos especialistas demais, animada por um moderador que se mova com desenvoltura entre os métodos e os conteúdos da filosofia (geralmente o moderador é também quem propõe o tema, mas não necessariamente: a temática pode também ser estabelecida ali mesmo, em comum, como eu já vi algumas vezes). A única condição para ter a palavra é: *argumentar de forma racional, ou melhor, filosófica, sem levantar a voz ou subir o tom, ouvindo os outros quando for a vez deles.* Eis alguns exemplos de temática do café filosófico: "A vida humana é um valor supremo?"; "Qual o valor do cidadão nas democracias atuais?"; "A violência de gênero é universal?"; "Por que não consigo me dar bem com ninguém?"; "Quais os aspectos que melhor fazem compreender o grau de civilização de um país?"; "É possível alcançar a felicidade?".

A atmosfera de um café filosófico é única. Tem-se a sensação de estar fazendo algo de importante, de estar reunido ali, com pessoas que se conhecem, ou então que não se conhecem (e que, quase sempre, não conhecem a filosofia "acadêmica"), para aproveitar o máximo possível as melhores qualidades humanas. Fica-se atento, curioso, ativo e não passivo – como frequentemente ocorre em encontros culturais como os "clássicos" lançamentos de livros. Tem espera, participação; busca-se uma resposta coletiva; toma-se nota do que se fala, resume-se o que se fala: é incrível o quão bem e lucidamente é possível raciocinar quando se está motivado e interessado nas opiniões alheias; o resultado supera qualquer expectativa. Conduzi vários cafés filosóficos e organizei discussões, e por isso decidi focar, neste capítulo, em algumas questões escolhidas com base nas preferências que encontrei nesse "campo".

Vamos dizer que é como se nos encontrássemos em um café filosófico virtual, em que eu me questionasse sozinha, respondesse sozinha e sintetizasse as respostas.

Como posso conhecer a mim mesmo, construir uma personalidade e me aceitar como sou?

O meu trabalho me coloca continuamente em contato com os adolescentes, mas erraria quem acreditasse que "construir uma personalidade" seja uma exigência típica de jovens.

Falhas no autoconhecimento, incertezas nos comportamentos, oscilações, contrassensos, incongruências que desencadeiam conflito interior, arrependimento e raiva - enfim, tudo aquilo que converge no conceito de "falta de personalidade" ou de "personalidade fraca" - são evidentes em pessoas de qualquer faixa etária. Com o passar dos anos, é mais fácil imputar a culpa das desvantagens e frustrações causadas por ainda termos - talvez aos quarenta e, por que não, até aos sessenta anos - uma identidade incerta ao azar, ao próximo, à conjuntura, à corrupção, às mudanças climáticas e à imigração.

Por "identidade" eu quero dizer aquilo que nos faz dizer ainda "eu", apesar do fato de todos nós sermos continuamente afetados por um processo de desenvolvimento - o *panta rhei* de Heráclito,[2] o "tudo passa" - que, com a sua potência, afeta também o homem e não só o mundo que nos acolhe e que, às vezes, nos ameaça.

> *"Nos mesmos rios descemos e não descemos, somos e não somos."*[3]
>
> Heráclito

Porque a personalidade é, sem dúvidas, em contínua transformação, fluida, vibrante, mas pode ser comparada a uma pequena pilha de lenha na lareira. As chamas que a consomem mudam continuamente de direção, à direita, à esquerda, fazem com que os galhos crepitem e provocam centelhas, mas a pirâmide não se consome e permanece intacta.

2 Na realidade a fórmula do famosíssimo *panta rhei*, que tão eficazmente resume o pensamento de Heráclito, deve-se aos seus alunos.

3 GIANNANTONI, G., *op. cit.*, vol. I, p. 207.

Então existem algumas características estáveis em qualquer personalidade, enquanto outras tornam-se, mudam.

A personalidade é aquilo que não pode ser tirado de você sem fazer você se tornar um outro. Aquilo que o distingue como indivíduo único e inconfundível, mesmo enquanto você se desenvolve e progride.

É a sua, e basta.

É característica, porque é única.

Ela distingue você, proclama você.

Ela pode ser definida como uma espécie de "patrimônio", a nossa força de base; em parte é hereditária ("Você tem o mesmo temperamento da sua mãe"); o resto é todo nosso; e o resultado depende também de quanto cuidado lhe dedicamos. Não tem muito sentido dizer "Eu não tenho personalidade"; *todos* têm uma personalidade, assim como todos têm uma filosofia própria; trata-se apenas de reconhecê-la, dar-lhe fôlego e expressão. Quem está satisfeito com a própria personalidade não teme mostrar-se como é; não se esconde, não tem medo de ser o que é; adequa-se aos contextos, mas é coerente ("Eu esperava isso de você"), porque mantém ligados todos os fios da razão, do sentimento, das emoções e das reações, e esses fios têm uma fonte reconhecível, o seu "eu". Quem está satisfeito com a própria personalidade se distingue claramente dos outros; deixa uma memória específica; não se desvirtua e não se deturpa segundo as circunstâncias; pode estar em acordo ou em desacordo com os outros, mas mantém a sua marca original e isso lhe dá uma segurança maior (por exemplo, a de ser escutado quando fala, ou, no mínimo, ser levado em consideração). Os outros têm por ele um respeito instintivo: sabem com quem estão lidando, enquanto a personalidade fugidia, ao contrário, desorienta e afasta. Existem personalidades salientes, mas silenciosas, que estão por contra própria – mais que por timidez ou altivez, por escolha; penso em Heráclito, em Baruch Spinoza, em Schopenhauer, amantes da solidão (e, no caso de Heráclito e Schopenhauer, para dizer a verdade, bastante arrogantes, enquanto que Spinoza tinha um temperamento muito humilde e doce). Outros indivíduos, igualmente de personalidade decidida, são mais loquazes e participativos, mesmo que não precisem se perder em longas conversas para se impor com naturalidade, exclusivamente em virtude de sua força interior (aliás, alguns a têm até demasiada; são aqueles que nos subjugam, nos atropelam). Quem está satisfeito com a própria personalidade encontrou um centro gravitacional, às vezes espontaneamente, às vezes por meio de uma luta, até bem dura.

> *"A satisfação consigo mesmo é realmente a coisa suprema que podemos desejar."*[4]
>
> Baruch Spinoza

De acordo com a personalidade, até mesmo a percepção do mundo externo muda, ou melhor, os mesmos fenômenos, os mesmos acontecimentos, o mesmo ambiente são vividos de forma diversa, como se se tratasse de mundos diversos, porque os efeitos disso derivados são diversos.

> *"[...] para a felicidade do indivíduo, até mesmo com todo o seu modo de ser, a coisa principal será evidentemente o que se encontra ou se produz nele [...] Por isso as mesmíssimas circunstâncias, os mesmíssimos acontecimentos externos impressionam cada indivíduo de um modo realmente diferente e, embora todos possam estar no mesmo meio, cada um vive em um mundo diferente [...] o mundo em que se vive depende do modo de entendê-lo, que é diferente para cada cabeça; segundo a natureza das inteligências, ele parecerá pobre, insípido e vulgar, ou rico, interessante e importante."*[5]
>
> Arthur Schopenhauer

4 SPINOZA, B., *op. cit.*, p. 505.

5 SCHOPENHAUER, A. "Aforismi sulla saggezza nella vita" – Liber Liber https://www.liberliber.it/online/autori/autori-s/arthur-schopenhauer/, p. 7. Arthur Schopenhauer (1788-1860), alemão, reconhecidamente misantropo e introvertido, defensor de uma filosofia pessimista, centrada no domínio que uma força irracional, a "Vontade", exerce sobre todos os seres, em suas obras chamadas "menores" – mas mais populares – como "Aforismos para a sabedoria da vida", contida em *Parerga e paralipomena*, oferece aos leitores uma série de ensaios, conselhos e considerações argutas para "suportar" melhor a vida e torná-la mais agradável. Veja também as citações a respeito de Schopenhauer nos "tipos filosóficos".

Se, então, a nossa felicidade, a nossa satisfação, derivam da nossa individualidade, caso você acredite não ter uma personalidade forte (ou então não sabe com certeza, não conhece os seus limites), o que é que se pode fazer?

Se não temos uma personalidade inconfundível, se ainda a buscamos, os outros, porém, nos atribuem uma: então, vale a pena que nos preparemos. Todos têm uma ideia sobre nós, às vezes imprecisa, porque algo de específico e de particular nos foge de alguma forma. Mesmo que você possa ter a impressão de ainda estar em um "anonimato identitário à espera de", um aspecto, uma pincelada, uma certa constância ao repetir alguns gestos ou comportamentos, de alguma forma, identificam você. Esse Avatar que lhe é (às vezes erroneamente, segundo você) atribuído tem uma certa função tranquilizadora; serve talvez a lhe dar um revestimento, a corroborá-lo, o que desencadeia um círculo vicioso. Algo transparece em você; você se adapta ao juízo dos outros, se conforma, mais ou menos serenamente se dispõe a vestir aquela personalidade que é como uma roupa de chumbo, que para entrar no seu corpo você tem que estender o pescoço e abrir bem os braços para que ela deslize sobre você. Mas trair a si mesmo por tempo demais, para se contentar com uma personalidade mais ou menos postiça, pode levar à impossibilidade de que você manifeste ainda *aquilo que resta da sua autêntica individualidade*. Todavia, poderia-se até dizer que, exatamente ali onde sentimos a falta dela, ela exista um pouco mais; em certo sentido, quem não se contenta, quem se sente incompleto e explicitamente faz referência à fraqueza de sua personalidade, e busca para isso uma explicação e um remédio, já está no caminho certo. Não há um começo melhor do que reconhecer esse fato; é o posicionamento de Sócrates[6] sobre a ignorância; o ignorante, ou melhor, aquele que admite ser ignorante, segundo Sócrates, é

6 Sócrates (470 a. C.-399 a. C.) é um ponto de referência para todo o pensamento ocidental, apesar de ter escolhido não escrever nada (preferia a oralidade e o diálogo, que considerava mais vivos do que qualquer página escrita). Entre suas maiores doutrinas: uma vida sem busca não é digna de ser vivida; a verdade é coletiva e sempre em movimento; faz o mal quem não conhece o bem, de forma que não existem verdadeiros "malvados", mas pessoas que ignoram qual é o verdadeiro bem.

o verdadeiro sábio exatamente porque percebe não saber, o que "coloca em movimento" a busca, enquanto que quem supõe possuir a verdade filosoficamente já está morto.

Mais do que "construir" uma personalidade, mais do que adicionar, seria melhor "demolir", "retirar" os obstáculos; seguir as tendências que nos são inerentes, escolher o estilo de vida, as condições, as ações mais condizentes conosco, empregar mais tempo para nos cultivar; entender que é *esta* a nossa grande riqueza, porque não será tirada de nós por ninguém, enquanto que, no exterior, os bens mutáveis que nos esforçamos por alcançar reluzem, mas não são ouro de verdade.

Mas não chegamos lá se não nos conhecermos, apesar de ser certamente mais difícil avançar no conhecimento de si mesmo do que no conhecimento do mundo exterior.

CONHECE-TE A TI MESMO

estava escrito em uma epígrafe do templo de Apolo em Delfos, e tal máxima, derivada provavelmente dos lendários Sete Sábios, foi adotada por Sócrates, pelos estoicos[7] e, em parte, por todos os filósofos que se concentraram na interioridade humana. Conhecer a nós mesmos, os próprios limites, a própria natureza, explorando a nossa alma, nos ajuda a equilibrar o mundo exterior com o nosso interior, nos imuniza; o contrário é a fonte principal de sofrimento.

"O conhecimento de si é o objetivo mais alto da investigação filosófica."[8]

ERNST CASSIRER

---

7 Fala-se quase sempre de "estoicos", no plural, porque o Estoicismo foi uma escola de pensamento, de longa duração (do séc. III a. C. ao séc. II d. C.), tradicionalmente dividida em "Estoá Antiga", "Média" e "Tardia" (ou "Romana"). O nome deriva de "*stoà*", "pórtico", porque os primeiros estoicos se reuniam sob o pórtico pintado de Atenas para escutar as aulas de seu mestre Zenão de Cítio (336 a. C.-263 a. C.). São caracterizados por um grande interesse pela lógica e pela ética, pela espessura moral e pelo altíssimo nível da figura do "sábio", que se esforçavam para emular.

8 Reduzido de CASSIRER, E. *Saggio sull'uomo: Introduzione ad una filosofia della cultura*. Roma: Armando Editore, 1968, p. 45. Ernst Cassirer (1874-1945), judeu alemão, foi um ilustre estudioso e crítico da cultura humana e da atividade espiritual em geral, sobretudo referente a linguagem, mito, arte, ciência.

> *"Compreender os seres humanos é inteligência,*
> *compreender a si mesmo é sabedoria."*[9]
>
> LAO-TZU

O conhecimento de si é o "ponto de Arquimedes"; e a pergunta, por isso, se aperfeiçoa: como se faz para conhecer a si mesmo?

Por meio de uma investigação direta e indireta: a introspecção, o estudo dos efeitos dos nossos comportamentos, um confronto, um autoexame das nossas emoções, sensações, pensamentos, sentimentos; tentando explicar as nossas ações, até as mais simples, conscientes daquilo que provamos, sem nos sentirmos errados; sem obstinação pelos hábitos, sem temer as mudanças, sem ficar para trás por relutância, sem esperanças em acontecimentos milagrosos que nos façam "ir para fora".

Não precisa ir para fora.

Eis aqui uma outra "história zen":

> Daiju visitou o mestre Baso na China. Baso perguntou: "O que buscas?". "A iluminação", respondeu Daiju. "Tens a tua sala do tesouro. Por que andas por aí a buscar?", perguntou Baso. Daiju perguntou: "Onde está a minha sala do tesouro?".
>
> Baso respondeu: "Isto que estás perguntando é a tua sala do tesouro". Daiju foi iluminado! A partir daquele momento, exortava sempre os seus amigos: "Abram a sua sala do tesouro e usem aqueles tesouros".[10]

Se quisermos não "construir" a nossa personalidade, mas apenas tirar-lhe o véu, devemos também escutar o nosso corpo, *que não mente jamais*. No fim das contas, ninguém consegue nos obrigar a fazer aquilo que absolutamente, talvez "até com as vísceras", não aceitamos; com a mesma obstinação deveríamos nos opor, se quisermos realmente nos

9 Ver: www.aforismieaforismi.it/autori/aforismi_Lao_Tse.asp?page=3.

10 SENZAKI, N.; REPS, P. (Eds.), *op. cit.*, p. 44.

despir, também àquilo que pareceria não influente ou pouco influente, ou seja, nas pequenas coisas – uma pequena coisa aqui, outra acolá –, talvez porque não queremos desiludir alguém, ou queremos dar uma impressão falsa, esperando uma vantagem, fingindo; tudo isso são pequenos atentados a uma identidade que correrá o risco de se esfarelar ao primeiro conflito apenas um pouco mais sério. Sem dúvida existem sempre obstáculos que não permitem que nos tornemos límpidos e claros nem mesmo ao espelho de nossa alma, mas o importante é não chegar ao ponto de nos sobrecarregarmos completamente e não nos reconhecermos mais; realmente é terrível aquela frase que frequentemente se escuta: "eu não me reconheço mais". Todavia, se quisermos, nada está perdido; se afirmamos "não me reconheço mais", isso quer dizer que *existe algo a ser recuperado.*

Tudo está entregue a você. A sua personalidade é tanto a sua história subjetiva quanto a tendência a escrevê-la para o futuro, não é um sistema determinado e fixo. Afiná-la é um processo liberador, consolador, exaltante, um modo para desenvolver os dons naturais que podem estar latentes em nós.

A personalidade deve ser cuidada, respeitada, exibida com orgulho, aperfeiçoada; e a tarefa nunca está completa.

OS PONTOS DA PRÓPRIA PERSONALIDADE RECONHECIDOS COMO "FRACOS"

(resultados tirados de uma amostra de 150 indivíduos de ambos os sexos, entre 17 e 75 anos)

- A insegurança e uma falta geral de confiança em si mesmo;
- O medo do futuro que se repercute no presente e bloqueia as potencialidades deste;
- A tendência a imitar os outros e a fazer coisas em que não se acredita, ou com pouquíssima participação emocional;
- Um sentimento insuficiente de independência e a incapacidade de estar sozinho;
- Ceder a compromissos demais, enquanto a própria disponibilidade é mal-entendida e interpretada como fraqueza.

O que as pessoas dizem de si mesmas durante os encontros filosóficos

– "Quanto mais passam os anos, mais me sinto refém de dúvidas e de medos. Parece que eu sempre agi de forma incoerente, arrastada pelos outros. Gostaria de ser diferente do que sou."

– "Em certos dias eu me pegaria pelos cabelos por causa da minha incapacidade de dizer e de demonstrar que eu também existo."

– "Gostaria de ser uma espécie de 'intocável' do ponto de vista moral, mas as opiniões dos outros me desencadeiam sofrimento e angústia, e por isso quase sempre eu recuo."

– "Sou condescendente demais. Digo sempre 'sim'. Falta-me a força de dizer 'não' e eu sei disso, mas não consigo, e deixo que qualquer um roube um pouco do meu tempo."

– "Tenho constantemente a impressão de ter sido colocada de lado. Talvez eu mereça isso. Eu me sinto enfadonha demais, parece que eu sumo na frente dos outros."

– "Um lado meu do qual, se eu pudesse, eu abriria mão é a minha tendência a procrastinar; não me 'jogo' nunca em nada se não tiver a certeza de que sairei emotivamente incólume, e isso me trava e me limita."

– "Tenho um pouco de medo de procurar saber quem eu sou de verdade. Não sei o que eu encontraria se mergulhasse fundo, talvez algo de ruim."

– "Certas vezes eu duvido até de ter uma personalidade, porque mudo de acordo com as pessoas. Estou sempre pronta a me adaptar, com meus colegas, meus amigos, meu marido. Talvez por isso é que eu tenha pouca autoridade com meus filhos."

Como posso combater a sensação de ser um "fracasso"?

Quando nos olhamos como "fracassos", essencialmente estamos expressando a constatação (amarga) de não termos sido capazes de atingir o objetivo que nos tínhamos colocado; e a coisa é tão mais dolorosa quanto mais investimento tínhamos colocado do ponto de vista psíquico, o tempo que havíamos empregado, as renúncias que havíamos feito para atingir a meta. Temos em mãos um monte de cinzas em vez de um sucesso; nos sentimos desiludidos e impotentes, em vez de satisfeitos. E a perspectiva piora - não vamos esconder isso de nós mesmos - ao admitir que os outros (julgados por nós como inferiores, menos capazes, menos dotados) venceram (principalmente se forem próximos a nós). Natural: o fracasso, ou o sucesso, têm sempre nariz, olhos e boca, são *encarnados*, não são conceitos rarefeitos e aéreos. Se eu me sinto um fracassado, e vejo que um outro, ou muitos outros, não o é, se me parece que *todos menos eu* conseguiram (o que quase nunca é verdadeiro), o meu rancor - generalizado - piora.

> *"Não precisamos nos basear em outra pessoa para aquilo que se quer ou não fazer, porque as situações, as circunstâncias, as relações jamais são as mesmas e porque a diferença de caráter dá todo um outro colorido à ação; por isto* 'duo cum faciunt idem, non est idem' (*quando duas pessoas fazem a mesma coisa, o resultado não é o mesmo).*"[11]
>
> Arthur Schopenhauer

Porém, fazemos isso. Nós nos baseamos nos outros. Ninguém é capaz de olhar só para si mesmo; não conseguimos porque, no fim das contas, da vida social o indivíduo tira mais vantagens que desvantagens e, fora da comunidade, sentiria-se abandonado e inútil.

---

11 SCHOPENHAUER, A., *loc. cit.*, p. 95.

"Ninguém [...] escolheria possuir todos os bens para si mesmo, pois o homem é um ser político e, por natureza, inclinado a viver socialmente."[12]

ARISTÓTELES

Todavia, o motivo primeiro de todos os nossos insucessos que nos causam a sensação de "fracasso" está exatamente no *confronto*, porque os outros nos dão também a medida e uma estima de nós mesmos. Às vezes nós nem procuramos o confronto, mas ele chega de alguma forma, imposto pela nossa empresa, pela nossa família, pelo nosso campo de atuação; e quanto menos nos conhecemos, menos nos sentimos seguros de nós mesmos, e mais o confronto pesa. Mas o sentimento de "fracasso" é também o resultado da (frequentemente apressada, impiedosa demais e desanimada) universalização de uma fase nossa que poderia ser apenas momentânea. De fato, afirmando-se "sou um fracassado", instila-se um balanço geral, enquanto que a causa passageira dessa desolada afirmação poderia ser uma "simples" derrota. Em outros termos: a impossibilidade de alcançar um objetivo intermediário e o consequente estado de ânimo (resignação e passividade) englobam, às vezes, até mesmo sucessos conseguidos pelo caminho, que ficam em segundo plano. Porém é implícito que se possa fracassar em qualquer atividade que tentemos. Apenas ficando absolutamente imóveis e inativos é que poderíamos (talvez) evitar as quedas, mas não é certeza; o insucesso é conatural ao *acontecer*, está na rede das causas e dos fatos, nos indivíduos e na realidade. Os fracassos são de várias naturezas: amorosos, profissionais, familiares. Existem fracassos dos quais renascemos todas as manhãs, outros que distinguem uma fase de embaçamento da nossa existência, mas quase sempre são *setoriais* e *parciais*; seria realmente insólito que o nosso fiasco alcançasse todos os aspectos da nossa vida. Você já "contou" com precisão, já avaliou com precisão, os acontecimentos da sua vida? Se oito vezes em dez deu tudo certo, você não é um "fracassado", mas um "insatisfeito impossível de contentar". Apenas

12 ARISTÓTELES. "Etica Nicomachea". *Etiche di Aristotele*, *op. cit.*, p. 456.

em raros casos verificam-se "fracassos" que nos esmagam, invadem toda a nossa consciência e todas as outras esferas (e não me refiro, claro, apenas aos "fracassos" econômicos e financeiros). Mas nenhum fracasso é definitivo, completo, implacável e *permanente*. O *panta rhei*, a mudança, *não torna nada permanente, nem mesmo o insucesso.*

> *"Até mesmo a má sorte é mutável. Talvez seja, talvez não seja, nesse ínterim não é; espere pelo melhor."*[13]
>
> SÊNECA

Além disso, renascer é obrigatório, assim como a Terra é obrigada a rodar em torno do próprio eixo; ela só poderia parar de fazer isso no caso de um cataclismo universal – e nesse caso você também seria autorizado a isso, mas é pouco provável que isso ocorra. *Porque certamente sempre existe algum aspecto de você, de nós, alguma atividade, algum lado em que você não fracassou, em que nós não fracassamos.* As compensações (sem falsas ilusões e devaneios) estão por toda a parte; talvez você não seja o melhor amante do mundo, mas como professor de esgrima, ou jardineiro, nada a reprovar. Você pode ser uma ótima mãe, mesmo que a sua agência de viagens tenha declarado falência; você pode não saber que tem um incrível talento para cozinhar, até dar uma chance para o fogão. Talvez você se encontre ainda em uma fase de passagem, talvez esteja próximo a uma vitória, mas não sabe, e manter a calma, seguir o jogo, segurar as cartas na mão pode adiantar e fazer com que o resultado positivo chegue mais rápido. Se ainda existem possibilidades – e elas quase sempre existem –, você não pode se sentir um fracassado.

Aprender pelos erros antes de se autodefinir "fracassado"

"Aprender pelos erros" pode parecer um preceito banal, uma versão apenas um pouco mais elegante do que o popular "é errando que

13 SÊNECA, *Lettere a Lucilio*, p. 10. Disponível em: www.ousia.it/SitoOusia/SitoOusia/TestiDiFilosofia/TestiPDF/Seneca/LETTERE.PDF.

se aprende". Porém, o assunto é seríssimo; Karl R. Popper, entre outros, escreveu livros inteiros sobre isso. Popper considera a ação por tentativa e erro um processo totalmente científico porque, no fundo, é um método *de eliminação* para descartar ramos secos e becos sem saída. O psicanalista Alfred Adler[14] também quase glorificou o erro, definindo-o o único modo para aprender como se vive; de resto, toda a história, não apenas a da ciência, é lotada de erros clamorosos, equívocos grosseiros, insucessos colossais. Os erros são, digamos, uma característica estrutural da natureza humana.

Por que só os seus deveriam ser tão trágicos?

Pode também acontecer de faltar um triz para o sucesso, porque não houve a paciência de esperar. É como se todos tivéssemos esquecido – e falo também por mim – a virtude da espera. O frenesi, a impaciência nos devoram; porém, frenesi e impaciência já causaram inúmeros danos. Charles Darwin (1809-1882), o grande naturalista, na escola constantemente teve notas baixíssimas. Entrou em Cambridge depois de ter sido rejeitado na faculdade de medicina, cursou história natural. Em Cambridge ele também foi um entre tantos, e certamente não brilhou. Foi apenas no quarto ano de viagem no brigue Beagle que seu gênio aflorou; se ele tivesse se cansado meses antes, e tivesse desembarcado, procurando uma saída imediata, talvez se tivesse chegado à teoria da evolução mais tarde, e talvez ela jamais teria sido criada por ele.

Talvez o seu jogo ainda não tenha acabado

Todo mundo já se sentiu ou se sentirá, pelo menos uma vez, um fracasso; e todo mundo tem em si as sementes de um renascimento. Por trás de rostos satisfeitos e aparentemente realizados existem fracassos "secretos", mas mesmo assim *parciais*.

14 Alfred A. (1873-1937), psiquiatra e psicanalista, seguidor de Freud no início, separou-se dele bem cedo e elaborou aquela que chamou de "psicologia social".

"Não é grande coisa se comportar como forte na boa sorte, quando a vida navega belos mares; nem a maestria do piloto se revela no mar calmo e com o vento em popa: é preciso uma adversidade que coloque o coração à prova."[15]

SÊNECA

Admitindo-se, porém, que, no seu caso, não existam mais possibilidades, se você realmente as usou todas, como não considerar positivo um acontecimento que lhe mostra com tanta evidência um erro de base que agora você finalmente pode evitar porque teve a prova disso e não precisa mais seguir tateando?

Não tome o "fracasso" como uma ofensa pessoal. Não se deixe machucar demais por isso, coloque limite no seu rancor, estime da forma mais justa possível os bens que você ainda tem – acima de tudo, você mesmo. Se lhe faltou o apreço de alguém, ou a opinião anterior desse alguém, que era boa, se essa opinião tinha bases tão pouco sólidas, então ela era fictícia, e você pode tranquilamente ficar sem ela.

Existiam pontos fracos no princípio do seu objetivo? Reformule-o filosoficamente, e depois recomece. E, se necessário, recomece de novo. Ou então, depois de uma avaliação atenta, você pode escolher situações mais aptas para você, aquelas sobre as quais você sabe ter talento, e descartar as mais problemáticas. Além disso, é assim que a ciência trabalha: por exclusão. Geralmente os fogos que acendem mais facilmente são também os mais fátuos, enquanto que as conquistas difíceis são também as mais duradouras.

A última palavra ainda não foi dada.

Depois da última palavra, sempre vai ter mais uma.

---

15 SÊNECA, L. A. *Le consolazioni*. Ed. Traina A. Milão: Bur, 1987, p. 61. Lucio Aneu Sêneca (4 a. C.-65 d. C.), de origens ibéricas, preceptor de Nero, é o maior representante do estoicismo romano. Finíssimo psicólogo e filósofo moral, tenta "cuidar" do ânimo humano das aflições fazendo com que se dê o justo valor à vida e aos seus limitados bens.

"Toda palavra tem uma sequência; mas a sequência está dentro de nós, aquela que a palavra seguinte não consegue exaurir, porque ela também tem uma sequência, assim como a sucessiva [...] toda palavra tem uma sequência, que nenhuma palavra pode dizer; a última palavra que dizemos é sempre a penúltima."[16]

MICHELE FEDERICO SCIACCA

Depois do "fracasso", sempre vem algo mais. O sal da vida está nisto, em poder imprimir uma troca de direção, em poder considerar as coisas de uma forma nova e mais fresca.

E em poder, novamente, ter esperança.

"O importante é aprender a ter esperança. O ato de esperar não resigna: em si deseja ter sucesso, não fracassar. O esperar, superior ao ter medo, não é nem passivo como este sentimento nem tampouco está preso em um nada. O afeto da espera se expande, amplia as pessoas em vez de restringi-los: ele nem consegue saber tudo sobre o que internamente as faz tender a um outro objetivo ou sobre o que pode ser aliado delas externamente."[17]

ERNST BLOCH

Pense nisso.

Além do mais, o balanço deve ser feito no fim, mas no *fim de verdade*. Se você se sente envelhecer, e pensa que isso pode ser um tipo de impedimento, tente aconselhar um líder político idoso, ou um pintor, ou um escritor que pare por causa da idade. Eles vão olhar para você

16 SCIACCA, M. F. "La comunicazione e il paradosso del silenzio e della parola". *In*: VÁRIOS AUTORES. *Le dimensioni del silenzio*. Roma: Città nuova, 1988, p. 80. Michele Federico Sciacca (1908-1975), professor e filósofo cristão, pertence ao espiritualismo dos anos 1900, tenaz opositor do materialismo e também do existencialismo.

17 BLOCH, E. *Il principio speranza*. Ed. E. De Angelis. Milão: Gazanti, 1994, p. 5. Ernst Bloch (1885-1977), alemão, antinazista e, portanto, obrigado ao exílio, é o filósofo do "não agora" e da tensão contínua em relação ao futuro tanto do homem quanto do universo inteiro.

com olhos cheios de surpresa: e por quê? Os limites da idade existem apenas no esporte e em algumas profissões muito ligadas ao físico (e nem sempre): para todo o resto, caminho livre. Immanuel Kant se tornou professor titular aos 46 anos e publicou sua obra-prima *Crítica da razão prática* aos 66; mas ainda não tinha terminado, porque o célebre *À paz perpétua* nasceu quando o autor tinha 71 anos. Winston Churchill, na mesma idade, venceu a guerra; François Quesnay, o fundador da Fisiocracia e antecipador do liberalismo econômico, estava perto dos 70 anos quando parou de trabalhar como médico e se dedicou à economia (com um sucesso extraordinário!). Margaret M. Kaye, autora do *best-seller* internacional *The far pavilions* também tinha 70 anos quando o publicou. A idade nunca impediu ninguém de progredir.

Por que deveria impedir você de progredir?

Os antigos romanos amavam fazer um belíssimo discurso *ex toro*, ou seja, no leito de morte. Se essa ideia atrai você, reserve um belo discurso *ex toro* sobre o seu pressuposto "fracasso".

Até aquele momento, abstenha-se.

> *"Enquanto o acontecimento de algo perigoso ainda é dúvida, enquanto existe a possibilidade de um resultado favorável, não se desanimem, mas pensem na resistência, da mesma forma que não se deve desesperar pelo tempo enquanto ainda existir uma faixa azul no céu."*[18]
>
> ARTHUR SCHOPENHAUER

Sem esquecer que nem sempre que aquilo que desejamos que nos aconteça representa para nós a melhor sorte, porque não temos todos os dados, não vemos de cima, nos fogem as conexões e as consequências.

Ninguém realmente é um fracasso porque vive, respira, ama e crê.

18 SCHOPENHAUER, A., *loc. cit.*, p. 102.

A NATUREZA DA INVEJA: É SEMPRE E APENAS UM MAL?

Eis aqui a outra face – não obrigatória, atenção! – de se sentir "fracassado": a inveja em relação a quem, ao contrário, conseguiu o resultado, talvez exatamente o mesmo resultado que nós não alcançamos, do qual nos sentimos mais dignos e merecedores. *Merecedores* em relação a quê? E com base em quê? Existe talvez um banco mundial de mérito?

Todo mundo já sentiu isso; frequentemente sem motivo, admitindo-se que em alguns casos exista um motivo suficiente para justificá-la, embora geralmente ela seja estigmatizada e julgada como uma fraqueza dolorosa e inconfessável. Ela começa como uma sensação de desconforto; o desconforto se torna incômodo, depois uma percepção incerta e flutuante; e então essa obscura sensação assume uma forma definida, avança e apaga a luz que existe em nós, e ei-la que se manifesta: *a explosão de inveja, o aperto no estômago, o tremor na ponta dos dedos.* É como se crescessem, de repente, no corpo, espinhos como o do porco-espinho, enquanto que a nossa pele, por baixo, coça da forma mais dolorosa, como por uma urtiga. A inveja, no fim das contas, é uma espécie de urtiga do espírito. Faz com que nos sintamos de repente *contra* a pessoa que invejamos, independentemente da relação que temos com ela e de como ela nos trata (quanto melhor ela é, mais nos sentimos sufocados e perturbados, mas isso não nos defende de seu ataque). A inveja nos leva, às vezes, a fazer algo que com a cabeça lúcida jamais faríamos, comentários de baixo nível moral, sarcásticos, insinuantes e venenosos, às vezes com a voz baixa para minimizar o contragolpe recebido; secretamente até desejamos uma queda destruidora da pessoa invejada. Às vezes a inveja é tão evidente que pode ser cortada com uma faca, e qualquer um percebe, até o mais ingênuo. Quem nunca viveu momentos em que, mesmo não sendo de fato supersticioso, quis agarrar com a mão um chifre vermelho dentro do bolso,* ou se entregar às mandingas de

* N. T.: O chifre vermelho é um amuleto muito comum na Itália, geralmente usado dentro do bolso para afastar o mau-olhado ou as más energias.

proteção? Mesmo sendo uma inclinação psicológica que traz grande infelicidade a quem a sente, é difícil resistir a ela; praticamente ninguém está imune. De fato, não existem pessoas *absolutamente não invejosas*; as pessoas se dividem em *pouquíssimo, pouco, muito, muitíssimo* invejosas, apesar de a unânime (e um pouco hipócrita) condenação (tanto é que a moral cristã a define um pecado capital e todo mundo, no fundo, se envergonha disso). Se alguém *de verdade* não fosse nada invejoso, seria sem dúvidas um Super-Homem, dotado das mais altas qualidades morais. Nas religiões antigas até mesmo os deuses – que não eram imaginados sob a forma de homens e mulheres – sofriam de inveja, com consequências catastróficas para os mortais, que, pobrezinhos, não apenas ficavam sujeitos a mil incidentes, mas também precisavam se proteger das lanças divinas. Por mais vergonhosa, por mais inadmissível, por mais unanimemente desprezada, a inveja é um dos laços humanos mais enraizados, um fruto da vida social. Não estamos jamais em uma condição de completa independência dos outros, não somos jamais completamente autossuficientes, precisamos falar, trocar ideias fazendo compras ou no cabeleireiro, precisamos sentir raiva, até, se alguém nos empurra no ônibus; e a inveja é um sentimento que nasce da contínua busca da companhia alheia. E Baruch Spinoza, que dedicou páginas e páginas ao estudo dos afetos, tanto os "bons" quanto os "ruins", ainda afirma que o invejoso, mesmo que a sua paixão seja uma forma de "tristeza", tira dela uma forma de prazer, baixo, mas sempre um prazer. Evitá-la, aboli-la do léxico e dos comportamentos não é possível; *estudá-la*, porém, é. Com realismo, admitamos a sua presença em nós *também*; e depois limpemos o campo para definir a sua essência. Antes de tudo, a inveja diz respeito aos *vivos*; pode-se sentir admiração, repulsa, nostalgia, remorso, afeto por quem não existe mais, um personagem histórico, uma pessoa conhecida – mas não inveja.

Sentimos inveja dos nossos contemporâneos, de quem faz parte do nosso circuito e das nossas relações, até dos nossos amigos (às vezes, aliás, sobretudo deles).

"Não basta ter-se talento: é preciso ter-se o vosso assentimento para o possuir – não é verdade, meus amigos?"[19]

FRIEDRICH NIETZSCHE

Existe também a inveja por um personagem famoso não diretamente conhecido, mas essa não é tão forte ou pungente. Invejamos as pessoas parecidas conosco, aquelas que percebemos como nossos pares.

"Aquilo que é semelhante é odioso ao semelhante; de fato, o oleiro odeia o oleiro e os animais que tiram os nutrientes dos mesmos alimentos são inimigos entre si."[20]

ARISTÓTELES

Existem mulheres que invejam apenas mulheres, e homens que invejam apenas homens; tem gente que só inveja pessoas da mesma idade, nem mais jovens nem mais velhos, como se a diferença de idade excluísse do próprio raio, e, portanto, da "competição". O sentimento de rivalidade frequentemente provoca inveja entre aqueles que têm o mesmo ofício ou profissão (eu com certeza nunca senti inveja de um cientista, um pintor ou um negociante) e a mesma família (o imortal "ciúmes entre irmãos" não é nada além de inveja. De Caim em diante. E o que dizer da lenda de Rômulo e Remo?).

Porque, por natureza, a inveja é a filha (certamente não a melhor) da *competição*, e sem competição e sem comparação provavelmente nem existe inveja.

Até mesmo aquilo que, normalmente, chamamos de "ciúmes" entre os animais, é apenas inveja.

---

19 NIETZSCHE, F. *Al di là del bene e del male: Preludio a una filosofia dell'avvenire.* Florença: Giunit, 1996, p. 115. Friedrich Nietzsche (1844-1900), alemão, um dos "mestres da suspeita" citados nos "tipos filosóficos", é o controverso (e potentíssimo) antifilósofo, tenaz opositor da moral cristã e dos valores do Ocidente; é o filósofo da "morte de Deus", da "vontade de potência" e da "transmutação dos valores".

20 ARISTÓTELES. "Etica Eudemea". *Etiche di Aristotele, op. cit.*, p. 138.

> *"Os cavalos a demonstram em seu esforço para se superarem, e os mais fogosos correm até a morte para não verem um outro cavalo diante de si."*[21]
>
> Bernard De Mandeville

Já foi até mesmo observado que um mecanismo de inveja "social" poderia estar na origem das teorias políticas de igualitarismo, a começar pela democracia ateniense, em que nenhum cidadão de direito prevalecia sobre os outros, marcada por um "ninguém mais alto do que eu". Segundo Nietzsche, o anticristão, até mesmo a moral cristã ("a moral dos escravos", como ele a definia) surge da inveja, e condena como pecado aquilo que não se pode obter (poder, beleza, comando).

Sem dúvidas, a inveja diminui a pessoa: "Ela afeta tanto o homem que este se entristece com a felicidade alheia e, ao contrário, goza com a tristeza alheia".[22]

Existe uma inveja "boa"?

Já escutei muitas vezes: "Como eu invejo ele! Mas a minha inveja é uma inveja *boa*".

Um sentimento negativo pode ter matizes de bondade? Não é um tipo de oxímoro? Aristóteles exclui essa eventualidade: define a inveja como uma coisa "ruim por si mesma", portanto "ruim", nesse caso, não é o seu excesso ou o seu defeito, mas sua própria essência.

Todavia, sem sermos tão categóricos, poderíamos considerar que, se nos estimularmos a melhorar a nós mesmos e a sair da nossa carapaça; a nos autoanalisar e a compreender que se trata sobretudo de um estado *mental*, sobre o qual se pode agir; a tirar proveito daquilo que, no fundo, é um tipo de concorrência; a mudar positivamente,

---

21 DE MANDEVILLE, B. *La favola delle api*. Ed. Magri T. Roma/Bari: Laterza, 1997, p. 64. Bernard de Mandeville (1670-1773) é tradicionalmente considerado um expoente do Iluminismo inglês.

22 SPINOZA, B., *op. cit.*, p. 377.

considerando a realização alheia um encorajamento para conquistarmos a nossa; se possuirmos a capacidade de nos recolocarmos em movimento, mais ainda do que a admiração, até o limite da *emulação*, a inveja pode, efetivamente, ser julgada como "boa", ou pelo menos *não demasiadamente ruim*. Bernard de Mandeville afirma que os vícios do homem - inveja incluída - provocam seu amor próprio e o estimulam a avançar, de forma que um "vício particular" pode se converter em um "benefício público", e talvez seja assim.

Permanece - e Aristóteles, precisamente, nos lembra disso - uma deficiência de partida: ainda que oportunamente desviada, a inveja nasce como um sentimento negativo, e a linha que divide a inveja "boa" da "ruim" é tão sutil que se pode ultrapassá-la sem que se perceba.

Existe um antídoto contra a inveja? Entre Aristóteles e Schopenhauer...

Os conselhos de Aristóteles...

A sabedoria mais que milenar de Aristóteles, tão interessado na filosofia "prática", apela ao senso de justiça de cada um de nós para superá-la. No geral, sustenta, admitir de forma tranquila e serena o valor de um outro indivíduo permite que aceitemos tranquila e serenamente também o seu sucesso.[23]

...e de Schopenhauer

Segundo Schopenhauer, deveríamos ter presentes as pessoas que se encontram em uma condição pior que a nossa, em vez daquelas que parecem estar melhor. Além de tudo, se olharmos com atenção à nossa volta, descobriremos que muitos outros se encontram na mesma condição que nós. Isso poderia nos reconfortar, mesmo que - no fundo é o dantesco provérbio italiano "*aver compagno al duol scema la pena*"*

23 Cf. ARISTÓTELES. *Retorica*. Roma/Bari: Laterza, 1973, p. 91.

* N. T.: Este é um provérbio italiano que quer dizer que a dor, quando compartilhada, é menor.

– esse compartilhamento "do pior" derive, no fim das contas, da mesma fonte da inveja.[24]

Só nos resta tentar.

Quanto a nós, o que fazer se o invejoso for você...

Preste atenção na sua inveja, examine-a como você faria com as perninhas de um inseto, meça-a, pese-a, pense sobre ela. Seria bom considerar que existe lugar para todo mundo; nenhum grande sucesso impede o seu, não limita você, não lhe coloca obstáculos; o que pode colocar obstáculos para você seria o tempo que você gasta se corroendo de inveja, controlando o que os outros estão fazendo, investigando os movimentos dele, em vez de se polarizar sobre os seus próprios movimentos e começar a organizá-los. *Se o sucesso que tanto incomoda você se interrompesse, você teria conseguido dar um só passo para realizar o seu próprio?* Às vezes, já disse aqui, a gente sente mais rancor (ou ao menos uma ponta de irritação) em relação ao sucesso e ao reconhecimento dos amigos e familiares do que pelos de estranhos. Ao contrário, você devia *participar*, entender o sucesso de uma pessoa próxima como um sucesso seu também, uma aura benéfica que se expande sobre você; você deveria perceber que a inveja é um estado de ânimo que favorece a tensão nervosa, e, sobretudo, que existem tantos e bons motivos pelos quais você deveria ter orgulho de si mesmo, do que conquistou e alcançou; que certamente existem tantas pessoas que gostam de você, que têm estima por você. Empregue o excesso de energia que evidentemente você tem – tanto que pode gastar tanta energia para invejar alguém – para alcançar o seu objetivo; mas que as metas sejam efetivamente as suas próprias, e não as dos outros. Se você se sentir lutando entre duas forças opostas, a admiração e o rancor, combine-as no *respeito*; expanda a si mesmo, vença a sua relutância e vá, fale, expresse-se, peça conselhos, testemunhe a sua sociabilidade e não o seu agonismo, liberte-se desse peso.

24 SCHOPENHAUER, A. *Aforismi sulla saggezza della vita*, *loc. cit.*, p. 76.

Vá, reconheça abertamente o seu sentimento negativo, talvez até com um sorriso e, se o objeto da sua inveja for uma pessoa particularmente dotada, essa pessoa vai lhe responder que nela não há absolutamente nada a ser invejado, e que ela inveja outros...

...ou se você acredita que o invejado é você mesmo

Se você realmente não suporta ser objeto de inveja, mesmo achando que não faz nada para isso, como se o angustiasse aquela nuvem negra que o envolve quando se vê frente a um invejoso, a única coisa a fazer é *envolvê-lo no que ele inveja.* Se ele inveja você por causa da sua linda casa, convide-o a tomar um café, peça-lhe um conselho, digamos, sobre as cortinas da sala, como se ele fosse um especialista; se ele inveja você no âmbito do trabalho, peça que ele colabore com você em algum projeto – até em segundo plano –, mas *considere-o. A falta de consideração é o que mais causa sofrimento.* Além disso, considerar as pessoas, esperar algo delas, confiar a elas alguma tarefa *tira delas as suas melhores qualidades.*

Lembre-se também de que um mundo em que todos apreciam, estimam e amam você não seria um mundo ideal, mas extremamente entediante. Você esmoreceria. Aconteceria em você uma falência de ações e pensamentos – e isso aconteceria com todos. Não havendo adversários, nem mesmo os metafóricos, as pessoas não produziriam mais nada e, não tendo mais sentimentos "negativos", talvez *não teriam mais sentimentos*, e nem mais nada o que trocar com os outros.

PEQUENO TESTE PARA JULGAR SE A SUA INVEJA É "BOA"
(A solução está no Apêndice B)

A. Uma pequena história que circulava nos Estados Unidos na época da Guerra Fria sintetizava assim a diferença entre os americanos e os russos. Passa na rua um homem ao volante de um carro de luxo, de um modelo e de uma marca que você sempre admirou. Você, enquanto pedestre, se for russo, pensa: "Haverá um dia em que o seu carro será solicitado pelo Estado e colocado à disposição dos companheiros, e então você também vai precisar andar a pé, seu arrogante!". O americano, porém, pensa: "Parabéns! Você deve ser incrível para conseguir uma joia dessas. Logo, logo eu também estarei rodando por aí com um carro assim!".

Sobre você:
1. Você se pergunta como é que a sorte premia sempre os incapazes ou os inaptos, ou então pensa que por trás daquele carro incrível existam fraudes e desonestidade;
2. Você se limita a admirar a marca e o modelo do carro;
3. Você faz as contas e pensa que, no fim, se as coisas derem certo, você poderia comprar também um carro parecido, talvez até mesmo um bom usado.

B. Um conhecido seu conseguiu um notável sucesso no mesmo campo em que você atua (negócios, cultura, comércio, serviços). Como você reage?

1. Parabeniza-o sinceramente e diz que, para você, ele é um ótimo exemplo;
2. Parabeniza-o de forma bem direta – mas, entre amigos em comum, critica-o;
3. Finge não saber nada, e fica na sua.

C. Digamos que você tende a esconder com muito cuidado os seus projetos das outras pessoas. Você se comporta assim porque:
1. Pensa que falar demais de si mesmo, de alguma forma, atraia o mal, e possa influenciar até mesmo os seus planos;
2. Não quer ser copiado, mesmo porque a originalidade é a sua carta na manga e a sua ideia é tão boa que os inimigos poderiam roubá-la;
3. Tem medo que alguém se intrometa em seus pensamentos e perturbe seu curso, distraindo você e lhe fazendo perder tempo.

D. Você acha que é invejado porque:
1. Você é mais inteligente e dotado que a média;
2. As pessoas geralmente são pequenas e mesquinhas;
3. Não entende o motivo da inveja de você, nunca achou que fizesse algo especial.

E. O que você acha de um invejoso, em geral?
1. Você gosta de imaginar os inúteis tormentos dele;
2. Você sente muito por ele, porque ele atrai de forma gratuita e insensata sofrimentos evitáveis;
3. É impossível não ser invejoso, somos humanos.

Como faço para entender qual é a escolha mais certa ou justa?*

Muitas coisas não nos parecem "certas" ou "justas"; a categoria é aplicada aos campos mais diversos, do vestido "certo" ao horário "certo", dos conceitos mais sutis aos mais concretos. Não nos parece "certo" que uma pessoa morra prematuramente, ou quando se passa por um assalto, uma violência, uma humilhação; não é "justa" uma diferença insuportável entre os bens e o dinheiro dos quais algumas pessoas dispõem e a absoluta pobreza de outros; não é justo que uma história de amor termine; que quem me deve tudo me demonstre ingratidão, que um débito não

* N. T.: *Giusto*, em italiano, significa tanto "justo" quanto "certo". Neste caso, a autora mistura as duas acepções – veja algumas ocorrências do parágrafo: "diferença injusta", "horário certo", "roupa certa" (no sentido de "adequada") etc. Preferi deixar claro que existem essas duas acepções já no título, para justificar o uso de ambas as traduções durante o texto.

seja honrado, que a corrupção queime tantos recursos. Ao mesmo tempo, descendo do pedestal das grandes injustiças, não me parece "justo" que alguém tenha tanta facilidade para memorizar datas e noções, de forma a gastar meia hora para estudar aquilo que eu aprendo em três horas; não é justo que você possa tirar férias e eu não; nem que meu time de futebol preferido, apesar de ter jogado bem, tenha sido derrotado.

Quando pronunciamos a palavra (ou o adjetivo) "justo", com uma certa segurança, todos nós temos em mente um modelo, de forma que, intuitivamente, pensamos que "justo" significa "como uma coisa deveria ser em um mundo bom, para mim e para os outros".

Mas as coisas se complicam quando não precisamos apenas reconhecer a "justiça" - e o seu contrário - na natureza e na sociedade, mas também *produzir* uma ação justa, com uma decisão que depende unicamente de nós. Na nossa vida, não há quase nada irrelevante do ponto de vista moral, sem consequências e repercussões; qualquer ação, até mesmo qualquer pensamento e até mesmo qualquer palavra que sejam produzidos por nós contribuem para a ordem ou a desordem do mundo, e para uma vitória, mesmo que pequena, do "bem" ou do "mal" sobre o seu eterno antagonista.

> *"Estás por entrar na cidade comum aos deuses*
> *e aos homens, que abraça o universo."*[25]
>
> SÊNECA

As leis, as religiões, os costumes de cada comunidade nos fornecem um esquema de referência, mas este é tão largo (e nem sempre compartilhado, tanto que nem sempre a *legalidade* e a *moralidade* coincidem; uma coisa que nos pareceria imoral pode ser legal, e vice-versa) que a necessidade de um critério pessoal, de uma espécie de "prontuário" que

25 SÊNECA, L. A. "Consolazione a Marcia". *Le consolazioni*. Ed. Traina A. Milão: Bur, 1987, p. 97.

nos dê uma orientação, fica ainda maior nas dificuldades e nas crises de consciência. O critério da "reciprocidade", ou seja, o preceito evangélico de "não fazer aos outros o que você não gostaria que lhe fizessem", sempre muito válido (mesmo que cada caso seja, para todos os efeitos, um caso único, e também aquilo que não queremos que seja feito a nós não necessariamente é igual para os outros), não nos define o caráter específico de uma ação, e nos leva mais a negar do que a "fazer".

O que queremos dizer com "justo" no caso de uma ação que dependa de nós?

"Justa" é a ação mais útil? Aquela com o maior conteúdo moral? Com menos danos colaterais para todos? "Justa" como maior satisfação pessoal? "Justa" no imediatismo ou nas consequências? "Justa" porque aplaca nosso medo de males piores? E, no momento em que se cumpre uma ação, não seria preciso examinar também o seu fim? Enfim, o que pensar de uma ação em que o objetivo é justo e o modo é errado, ou vice-versa?

Na prática, como você deve se orientar se o "justo" e o "injusto" dependerem de você?

As respostas dos filósofos

Segundo Platão, a diferença entre "justo" e "injusto" entre os homens é instintiva e espontânea. A sua concepção é fascinante e, de resto, pode-se tranquilamente admitir, como de fato acontece, que dentro de nós *exista* já um modelo em que nos baseamos. Infelizmente, porém, Platão não nos fornece nenhum *guia prático para a ação "justa"* definitivo, enquanto que, na nossa vida cotidiana, podemos encontrar um aliado em Aristóteles:

> Não queremos saber o que é a coragem, mas ser corajosos, e também não saber o que é a justiça, mas ser justos, assim como ser saudáveis em vez de conhecer o que é ser saudável.[26]

26 ARISTÓTELES. "Etica Eudemea". *Etiche di Aristotele*, *op. cit.*, p. 74.

A célebre doutrina aristotélica do "justo meio" tem um valor funcional preciso:

> [...] em tudo aquilo que é contínuo e divisível existe um excesso, uma falta e um caminho do meio [...] Em todas as coisas o justo meio em relação a nós mesmos é a melhor coisa, e o que nos prescrevem a ciência e a razão; e é aquilo que produz por todas as partes o melhor modo de ser [...] é necessário que a virtude ética consista em caminhos do meio e seja um tipo de mediedade.[27]

Com o "justo meio", Aristóteles nos propõe, como preceito basilar de comportamento, uma média entre o excesso e a falta; um justo meio que não deriva de uma média aritmética, que seria sempre igual, mas uma média *situacional*, porque uma escolha se torna a mais justa com base nas circunstâncias. Por exemplo, digamos que um tirano se tenha apoderado de nossos pais e de nossos filhos, e nos mande cometer algo torpe; se o fizermos, nossos queridos estarão a salvo, se não o fizermos, seriam sentenciados à morte; *seria justo*, nesse caso, fazer algo torpe.

Basear-nos em princípios gerais imutáveis e inflexíveis não parece, portanto, oportuno. No campo moral, para usar uma imagem aristotélica, deveríamos ser como uma "régua de chumbo que se dobra para adaptar-se à forma de uma pedra", ou seja, ser dúcteis. Porque a norma moral não é *invariável*; como dizer: enquanto o "6" é *sempre* a média aritmética entre dez e dois, o justo meio "moral" varia segundo os indivíduos e as circunstâncias. Consiste em nos mantermos em uma distância igual tanto do excesso quanto da falta, porque no âmbito de uma escolha não devemos jamais estar nos extremos, que são, em si, errados e devem ser descartados.

Vamos a uma situação bem precisa.

Digamos que você seja uma amiga minha muito querida, e que eu a tenha surpreendido enquanto você roubava um par de meias-calças

27 Ivi, p. 88.

(bem caras) em uma grande loja de departamentos; eu devo avisar aos responsáveis ou manter o segredo comigo? Provavelmente, se eu não dissesse nada, você se sentiria encorajada a continuar. Ou então, você poderia divulgar que, naquela loja, as meias-calças de marca tão apreciadas pelas mulheres, que são tão fáceis de se vender no eBay, podem ser facilmente roubadas porque não tem o alarme antifurto e ficam longe das câmeras de segurança. Porém, eu gosto muito de você e um sentimento de fidelidade que tenho em relação a você me sugere que não seria justo trai-la, sem contar que eu poderia ignorar, até esse dia, que você sofre de cleptomania. Além disso, você reagiria muito mal, ficaria brava comigo, você se ofenderia e romperia a nossa amizade, sem volta. O caminho do meio aristotélico então me aconselharia a ter uma conversa em particular com você, dizendo, sinceramente, o que eu vi, que para mim não existem dúvidas sobre o furto, e dizer tudo o que eu penso disso; ainda, que se um dia eu vir novamente você roubando, serei obrigada a denunciar aos atendentes e não "encobrirei" mais você, como se diz geralmente. O *caminho do meio*, então, me indica filosoficamente a etapa intermediária "justa" entre a denúncia (inapropriada, dado o laço afetivo que existe entre nós) e o fingimento de que nada aconteceu (comportamento covarde e conivente). No caso em que você insista no seu comportamento, e eu seja testemunha disso, o *justo meio* aristotélico me aconselha ainda a avisar – com tato e firmeza – o atendente da seção, enquanto os extremos a serem excluídos seriam o "me calar" (mansidão excessiva) e o me irritar e gritar, na frente de todos os clientes, que você é uma ladra vulgar (excesso de reação). Mas como se chega a determinar o "justo meio"? Segundo Aristóteles, para conseguir isso é preciso aprender a colocar em prática e habituar-se a isso. A experiência nos diz que certas ações são bem-feitas, e outras não; que algumas escolhas causam sofrimento, e outras causam alegria; e que existem decisões que são tomadas também apenas por serem *razoáveis*.

Por causa da fraqueza intrínseca do caráter humano, de fato, geralmente vemos de forma muita lúcida aquilo que seria bom, contudo não o praticamos. Por isso seria preciso seguir os modelos de forma a interiorizá-los e, se ainda existirem dúvidas, pode-se perguntar a si mesmo: *o que faria um homem sábio no meu lugar?* Todavia, os casos particulares são tantos que efetivamente pode acontecer de não se saber, com toda a boa vontade, *qual* é o justo meio. Aristóteles nos dá também um critério secundário para nos orientar: escolher o mal menor, que, de alguma forma, visto que é "preferível" a alguma outra coisa, tem uma parte boa – e, nesse contexto, é mais "justo".

É sabido que também a espiritualidade oriental, por meio de Confúcio, nos comunique o mesmo princípio de moderação:

> O sábio se atém ao meio invariável, o homem vulgar o contesta. O sábio pratica o meio invariável e, enquanto sábio, mantém-se ali em qualquer circunstância [...] O meio invariável, como é sublime![28]

Afinal,

> São poucos os que erram usando a moderação.[29]

Isso também é um critério ao qual, no fundo, todos tendemos.

Como se fôssemos *por natureza* levados a defender também os interesses dos outros, além dos nossos.

---

28 VÁRIOS AUTORES. *Testi confuciani*, *op. cit.*, p. 105. Confúcio (551-479 a.C.), ou Kong Fuzi, ou "mestre K'ung", não foi um filósofo no sentido comum do termo, mas um mestre de sabedoria que foi constantemente invocado, no passado, pelo desejo de adquirir a sua sabedoria. Teve cargos no governo e gozou de imenso prestígio ainda em vida, venerado pelos seus discípulos. Seu objetivo é o de delinear o "comportamento reto" sob a marca da humildade e da reciprocidade.

29 Ivi, p. 147.

PEQUENO TESTE PARA UMA DIFÍCIL ESCOLHA "JUSTA": O *TROLLEY PROBLEM*

A filósofa inglesa Philippa Ruth Foot (1920-2010) propôs esse experimento mental, ou melhor, a "situação imaginária que é construída para esclarecer as características de nossas suposições e conceitos cotidianos".[30] Trata-se de um dilema moral, de uma situação limite (que se tornou famosíssima), que deu origem a muitas variantes, denominadas *trolley problems*.

O dilema do bonde de Philippa Ruth Foot

O condutor de um bonde está guiando um veículo que não tem a possibilidade de frear; a única coisa que ele pode, por meio de um botão, é trocar de rota. Na pista que ele está percorrendo estão cinco pessoas amarradas nos trilhos, impossibilitadas de se mexer: o bonde corre veloz em direção a elas e, se não acontecer algo, ele as atropelará em cheio. Entre o bonde e as pessoas amarradas tem uma segunda pista, onde também existe uma pessoa amarrada e impossibilitada de se mexer: talvez seja uma menininha.

Frente ao condutor, apenas duas opções: ou deixar que o bonde siga sua pista, matando as cinco pessoas, ou acionar o botão, matando apenas a menininha.

O que você faria, se estivesse no lugar do condutor? Você escolheria salvar as cinco pessoas ou a menininha?

É claro que não se pode estabelecer qual é a resposta mais correta do ponto de vista ético; ambas são ações válidas e motivadas. Todavia, a sua resposta permitirá que você saiba um pouco mais sobre o seu próprio senso de "certo" e "errado" (os comentários estão no Apêndice B).

EXISTE DESTINO?

Poucas crenças humanas são tão antigas, enraizadas, persistentes, transmitidas de geração em geração, difundidas e até hoje vivas também aqui, no Ocidente, como o destino, mesmo que a nossa sociedade se baseie no conceito de que "o homem é o senhor do seu destino", seja fortemente individualista e por isso dê muita importância à iniciativa pessoal. Isso não é assim no Oriente, especialmente na Índia, em que os juízos que se formulam sobre as pessoas são muito menos claros e

30 WARBURTON, N. *Il primo libro di filosofia*. Turim: Einaudi, 2007, p. 122.

rígidos porque boa parte das responsabilidades que no Ocidente "são" do indivíduo é atribuída ao destino e ao acaso. A longa duração de uma crença e a sua distribuição geográfica obviamente não são motivos suficientes para concluir que o destino realmente exista e governe a nossa existência, mas creio que sempre vale a pena discutir algo que nos vem de tão longe e que foi submetido ao crivo de infinitas inteligências. É como se a humanidade percebesse a presença de um arcano faltante, uma força sobrenatural contra a qual nada se pode fazer, contra a qual tudo se quebra, vontade, previsão, coesão, unidade, identidade de pontos de vista. Alguns antropólogos sustentam que o conceito de destino tenha sido gerado, simplesmente, pela incapacidade de explicar acontecimentos percebidos como absurdos, inesperados ou de uma força esmagadora, *inelutável* (do latim *ineluctabilis*, "contra o que não se pode lutar"); trataria-se de uma outra consequência, como a hipótese das divindades, da angústia da nossa espécie frente ao grande mistério do mundo. Para os gregos eram as Moiras, filhas da Noite, que governavam o gênero humano. Cloto tecia o fio (a vida), Láquesis, no tecido assim obtido, enrolava o fio tecido (os acontecimentos da vida), Átropos o cortava quando chegava o momento definido. Para os romanos, quem se ocupava dessa incumbência, de forma bastante parecida, eram as Parcas: as duas primeiras, Nona e Décima, eram filhas do Nascimento, a terceira (que era responsável pelo "zás" fatal) era Morta: ou seja, a deusa da morte. Devemos notar que o destino era considerado superior à potência dos deuses, inermes a seu respeito assim como os homens, tratando-se de uma lei fixa, necessária, imutável e cega, ou seja, uma ordem preestabelecida sem um autor identificável, sem um "culpado". E o que dizer do outro lado do Atlântico? As populações pré-colombianas eram convictas disso, como nossos antepassados greco-romanos, a começar pelos astecas. Uma posição muito firme sobre o destino é assumida na Antiguidade clássica pelos estoicos, que pensavam que um destino de férreo governava todas as ações dos homens, cuja única liberdade consiste em aceitá-lo de bom grado; de resto, não há uma grande escolha: ou se aceita esse destino, ou se submete forçadamente a ele. Os estoicos, para colocar em evidência a racionalidade da *aceitação*, propunham essa metáfora para indicar a condição humana: o homem é como um cão ligado a uma carroça puxada por um cavalo; quando o cavalo se move, o cão só tem duas escolhas: ou corre também, ou se deixa arrastar. *Portanto, racional é "correr", ou seja, aceitar a própria sorte.* Até mesmo o estoico Sêneca pensa assim:

> *"Existe um termo fixo para todos: este ficará sempre em seu lugar, e não há zelo ou influência que o movam um palmo que seja."*[31]
>
> SÊNECA

Além disso, nota-se que a palavra "destino" aparece continuamente nas páginas do ateu e materialista Sigmund Freud, quase como a palavra "sexualidade". Freud dizia que o destino havia plasmado sua vida, de forma que não havia podido fazer nada além de servi-lo. Até Maquiavel,[32] realista e desiludido, sugere-nos que, na vida, metade dos acontecimentos devem ser atribuídos ao destino, e a outra metade, à ação (a "sorte" e a "virtude): um "cinquenta por cento" que nos faz pensar. Há alguns anos eu conduzi uma atividade de *brain storming* em uma de minhas aulas sobre o assunto "destino", que meus alunos preferiam entre muitos outros assuntos. Por *brain storming* – literalmente "tempestade mental" – entendemos uma técnica criativa em grupo (geralmente é usada pelos criativos por definição, os publicitários) durante a qual se discute livremente um assunto, até que se chegue, ou não – pelo menos esclarecendo alguns pontos –, a uma visão comum que utilize todas as contribuições feitas. Durante diversas sessões tentamos abordar o problema analisando as crenças do passado sobre o destino, o destino na sabedoria popular, sua relação com a religião, o peso

31 SÊNECA, L. A. *Consolazione a Marcia*, *op. cit.*, p. 111.

32 Nicolau Maquiavel (1469-1527), historiador, político e escritor, é o autor de *O príncipe*, obra-prima de realismo político, marcado por um certo pessimismo sobre a natureza humana.

que tal crença teve nas civilizações, com o objetivo "extremo" (e ambicioso, obviamente não obtido) de estabelecer de uma vez por todas se o destino existe ou não, e no mínimo (um objetivo mais sensato) se existe "para nós", e por quê. O resultado mais notável foi que a imensa maioria das pessoas (muito jovens, com poucas experiências diretas) era convicta de um destino que direciona, guia, sustenta e predispõe pelo menos as grandes e fundamentais etapas da vida humana (e alguns não excluíam nem mesmo um destino para os animais). Provavelmente os meus alunos haviam ouvido essas conversas em família, ou em outro lugar, mas pareciam mesmo propensos a conceder, em primeira pessoa, uma ampla credibilidade a essa hipótese. É bem raro, enfim, se deparar com alguém que a rejeite totalmente; no fundo, o destino parece nos fornecer explicações quando todos os nossos esforços falham; quem nunca suspeitou de sua presença, às vezes, na própria vida ou na dos outros, tanto positiva quanto negativamente?

O destino "bate sempre duas vezes"?

A algumas pessoas já aconteceu de sentir a "mão" do destino; a mim também; excluindo taxativamente uma possibilidade em uma determinada fase e depois reencontrá-la mais adiante e aceitá-la, como se "precisássemos" fazer isso.

Em resumo: digamos que você escolha "A", mas que na realidade receba "B"; aquele "A" que é *seu* volta para você, de qualquer forma. Frequentemente obtemos aquilo que não acreditávamos desejar, e não obtemos aquilo que desejávamos. E quem nunca teve um pensamento do tipo: "Eu não devia mesmo ir àquele compromisso, o despertador não tocou, o celular descarregou de repente, o pneu do carro furou, parecia mesmo que o universo estava conspirando para me impedir".

Na minha família, minha avó dizia: "Se você é impedido de sair, talvez seja para evitar que um vaso caia na sua cabeça". Até mesmo Schopenhauer, tão desencantado, admite que na vida dos homens há um certo desígnio já traçado pela sua natureza e pelas circunstâncias que os guiam, e que se observa para cada pessoa um destino determinado, por mais que se possa agir de forma escondida, movido seja por uma ação exterior, seja por uma pulsão interior. A minha opinião (deixo claro: creio que o nosso mundo seja fruto de uma escolha intencional, ou seja, creio que Deus existe) é que, recebendo a vida, já exista um *lugar* para cada um de nós e, junto a este lugar, também um *caminho*, como a trajetória de um ponto no plano. No fundo, trataria-se de uma organização, de um esquema estrutural geral, de forma que os seres se encontrem, troquem afetos e experiências, colaborem, tenham o maior número possível de possibilidades de avançar. Assim, a minha opinião é que os nossos caminhos são reciprocamente entrelaçados, e que até os encontros com as pessoas fundamentais da nossa vida *recaiam em um esquema*. O destino seria, portanto, o nosso lugar, o nosso tempo, o nosso espaço e o nosso caminho, inscrito em uma teia de aranha, em uma cerca, da qual fazem partes os nossos contemporâneos (também os do reino animal, por que não?). Enfim, imaginemos que cada um de nós tenha uma linha que segue, sem perceber. A linha prevê não os efeitos não influentes, mas sim as grandes etapas fundamentais de uma existência e também os acontecimentos aparentemente mínimos, que se revelarão funcionais àqueles importantes (tipo *sliding doors*), porque geralmente as "grandes coisas" dependem das "pequenas"; nessa perspectiva, chamamos de "acaso" aquilo que não esperamos encontrar, mas não é "acaso", pertence sempre ao esquema; em cada um de nós há uma pré-consciência do nosso destino, há gostos, paixões, atrações que sentimos que nos impulsionam lá para onde *devemos* ir. Ninguém nos tirará aquilo que foi estabelecido para nós, ninguém nos dará o que não é nosso, mesmo se tudo parece trabalhar contra; os caminhos são retos ou não, mas chegam todos lá, em direção de uma meta; os caminhos nascem e se desfazem, eles se bifurcam segundo as escolhas, retornam para si mesmos ou se revelam becos sem saída, frente aos quais é preciso recuar. Mas tudo sem comprometer a liberdade; filosoficamente, diria-se que, para nós, a liberdade e a necessidade coincidem; as nossas livres escolhas nos conduzirão à meta, mais cedo ou mais tarde, mas participamos *ativamente* da formação do próprio destino – ou então não teria sentido a pergunta "o que eu preciso fazer?".

Porque muito depende de nós, muito é aquilo que podemos fazer livremente, e é nisso que se afirma o valor próprio pessoal

A história se dispersaria em uma série de fatos desconexos, o caos seria total se não existisse esse esquema geral que *ordena e organiza* os fatos. E como é que – admitindo-se que efetivamente exista –, para alguns, o destino é mais favorável, e para outros, de jeito nenhum? Voltaire responderia: "É como se nós nos perguntássemos como é que a centopeia tem tantas patas". Para assuntos tão amplos, que envolvem a totalidade, enfim, o famoso "Tudo" dos filósofos, devemos admitir que há um limite naquilo que podemos tentar entender, como se, em um certo ponto, fosse levantado diante de nós um muro intransponível que nos faz parar.

Porém, não responder de forma definitiva não significa não pensar sobre isso, não raciocinar sobre isso; seria necessário queimar metade dos livros que se publicam, desde sempre, se os livros precisassem tratar apenas daquilo que é certo e mensurável, tem peso e cor, está diante dos olhos (enfim, aquilo que é menos interessante, no fim das contas). *O que não se pode demonstrar não é sem sentido; porque se eu digo "destino", e você entende o que eu quero dizer, então a palavra "destino" tem sentido.* A crença no destino, além disso, não é de fato irracional como poderia parecer, e certamente não é mais irracional que uma fé religiosa ou um alto ideal; aliás, é uma teoria interpretativa do real, mesmo que sem provas (e o *Big Bang*, então? Não é uma teoria, ou melhor, um modelo cosmológico?).

Coloquemo-nos de frente a esta questão com humildade, porque, exatamente como no caso do "problema Deus", é tarefa impossível excluir com segurança a existência do destino, assim como demonstrá-la.

A nossa sorte é que nós *ignoramos qual é o nosso destino*; mas queremos mesmo ter certeza? Não saber é a nossa salvação; assim como, por ignorarmos em que ponto da linha estamos, e também quando a linha se interromperá, é superficial dizer "é cedo demais", "é tarde demais". O que sabemos sobre isso?

Certamente é melhor se confundir, filosofar, discutir, tatear o escuro e *suspeitar* de sua existência. Se tivéssemos certezas poderíamos até nos tornar fatalistas e imóveis, ou perder a tensão e as expectativas, tão humanas; deixaríamos em outras mãos as rédeas de nossa vida; o fato de ignorarmos se o destino existe, ou, se acreditamos nele, de ignorarmos qual é esse destino, no fim das coisas é uma sorte imensa.

Deus existe?

As pessoas falam expressamente de Deus apenas se têm uma certa intimidade entre si; com mais frequência falam o nome de Deus apenas como um simples modo de dizer, pressupondo que todos, por conta própria, já tenham pensado nisso ao menos alguma vez.

É praticamente impossível jamais ter-se questionado sobre a existência de Deus, talvez sem liquidar a questão resolvendo-a de uma vez por todas (a hipótese mais frequente).

O instinto à oração está enraizado por todos os lugares; em todas as línguas aparecem expressões similares "Se Deus quiser", "Se for da vontade de Deus", "Graças a Deus", até mesmo "Deus saúda", no dialeto bávaro. Quase todos nós recebemos uma educação religiosa, e isso pode nos predispor a uma reflexão mais intensa e mais frequente, sobretudo se crescemos em uma família muito praticante, cujos ensinamentos respeitamos em pelo menos uma parte da nossa vida. Se isso não aconteceu, vagamente reconhecemos que há algo além e acima de nós; frequentemente não excluímos isso categoricamente, mas o colocamos entre parênteses, suspendemos o juízo. Aguardamos, buscamos na surdina, observamos os sinais, buscamos os sinais, confiamos, falamos com ele no íntimo de nosso coração; subsiste em todos, sempre, a secreta esperança de que haja algo além da ordem visível. O conceito de Deus é uma espécie de presença invisível; nós o colocamos em discussão, sentimos ceticismo nos momentos mais difíceis ou, vice-versa, em tais momentos o sentimos mais próximo. Mesmo que às vezes o excluamos, é bem raro que não retornemos ao assunto *nunca mais*. Nem mesmo a psicanálise e a psicologia podem ignorá-lo.

> *"Não sou eu o responsável pelo fato de que o homem tenha, em todos os lugares e sempre, espontaneamente desenvolvido formas religiosas e que, há tempos imemoráveis, ideias e sentimentos religiosos tenham permeado a alma do homem. Quem não percebe este aspecto da alma humana é cego, e quem quer se libertar disto com uma explicação racional não tem senso de realidade."*[33]
>
> Carl Gustav Jung

No curso das minhas conversas filosóficas com as pessoas, o discurso sobre Deus retorna sempre; mesmo porque, direta ou indiretamente, crer ou não em Deus influencia o nosso modo de ser, de ver as coisas, de nos comportarmos, até mesmo o nosso humor. A primeira explicação que vem aos pais que lidam com as perguntas infantis do tipo "por que devemos morrer?", perguntas que nos comunicam um vago senso de angústia porque não nos sentimos seguros de saber responder a elas com convicção, geralmente é: "Deus nos criou assim, mas ninguém morre totalmente, a alma sobrevive e volta para o céu, com Ele".

Até um ateu "radical" prefere geralmente não dar respostas "radicais" demais aos próprios filhos e jogá-las para um campo mais amplo. Um amigo meu, ateu "mais que radical", ao contrário, sentiu-se no

33 Veja http://www.filosofico.net/Antologia_file/AntologiaIJ/JUNG_%20 FREUD%20 E%20JUNG_%20CONTRASTI.htm. Carl Gustav Jung (1875-1961), suíço, psiquiatra, psicanalista e filósofo, afastou-se de Freud por diferenças irreconciliáveis devidas tanto às suas críticas sobre a teoria freudiana da sexualidade como explicação onicompreensiva quanto por suas orientações espiritualistas, em oposição ao materialismo radical do fundador da psicanálise. Para ler, entre outros: JUNG, C. G. *Il problema dell'inconscio nella psicologia moderna*. Ed. J. Jervis. Turim: Einaudi, 1994.

dever de fornecer uma espécie de explicação naturalista à própria filha de cinco anos. Ele lhe contou que a morte é uma característica da matéria, de tudo que de alguma forma "nasce", e que isso aconteceria com o cachorro deles, Prinko, com o passarinho na gaiola, a mamãe, o papai, os vovós, mas também com as estrelas e o Sol; e o resultado foi que a criança explodiu em um choro convulsivo (e então fez as mesmas perguntas à mãe, recebendo respostas bem mais reconfortantes). Segundo meu amigo, aquela reação tão ruim foi mais por consequência da morte do Sol do que a morte de Prinko e dos outros, mas eu realmente não estou de acordo com a sua interpretação.

A ideia de Deus nasce da recusa instintiva da morte, em si. Nos mitos e cultos primitivos, a morte não é um fenômeno natural; é provocada pela intervenção de algo ruim, de um inimigo, é a consequência de uma culpa, não existiu desde sempre e por isso pode ser combatida por meio de uma mutação e uma travessia, para renascer em outra forma espiritual.

Então o homem é *homo religiosus*, mas também o negador deste seu constituinte. Todos os filósofos tomaram uma posição em relação a esse propósito, e alguns até tentaram (Platão, Anselmo de Cantuária, São Tomás, Descartes) elaborar *provas racionais* sobre a existência de Deus, as quais se baseiam, grosso modo, nos seguintes argumentos:

> *O mundo não pode ser produzido por si e, não sendo causa de si mesmo, necessita de uma causa primeira;*
> *O mundo se apresenta a nós como ordenado segundo um projeto e um fim;*
> *Nas coisas terrenas se encontram o belo, o verdadeiro, o justo, mas em uma gradação que nos faz supor a perfeição absoluta;*
> *Como na nossa existência terrena não estamos nunca em contato com um verdadeiro infinito, uma verdadeira perfeição, uma verdadeira bondade, tanto menos a onipotência, como, então, podemos concebê-las? A única solução é supor que tais ideias estejam presentes em nós como uma "marca de fábrica" inserida exatamente por Deus, de modo que o homem possa voltar ao seu criador.*

Os ateus e os agnósticos (ou seja, aqueles que excluem uma verdadeira resposta a essa pergunta) nunca tentaram fornecer prova racional alguma sobre a *não existência* de Deus.

A coisa mais notável é, exatamente, que ninguém jamais produziu a prova racional decisiva da existência de Deus, mas nem tampouco da sua não existência.

Como se Deus desaparecesse diante da razão.

Talvez porque, simplesmente:

> *"Deus está no céu, e tu estás na terra."*[34]
>
> Karl Barth

A minha resposta pessoal à questão é: creio em Deus, mas não posso demonstrá-lo. Assim como não posso demonstrar amar os meus familiares e meus amigos e a minha fé na filosofia, todas essas realidades que não colho em si mesmas, mas em seus efeitos. Creio em Deus, mas não posso *vê-lo*. Creio também que a visão de Deus *não pode ser clara e racional*. Enfim, não teria sentido que pudéssemos ligar a TV ou nos conectar ao YouTube para ver Deus em toda a sua potência e majestade. Posso crer na existência de Deus, esperar nele, imaginá-lo, mas não *sabê-lo com exatidão*, como sei que amanhã o Sol surgirá e que a água ferve a 100 °C. Blaise Pascal fala de um "Deus que está escondido", porque de outra forma não teríamos autonomia alguma, não teríamos liberdade, nem metas ou fins; seríamos esmagados por aquele Absoluto sobre nossas cabeças, sufocados por um Grande Irmão ultra-sideral, por uma Astronave impenetrável suspensa sobre o nosso céu.

É preferível ligar a TV para ver um debate ou um filme, e não *para ver* Deus. Permanecemos ancorados, enquanto habitarmos este corpo, nesse ponto irrelevante perdido no todo, e no máximo levantamos os braços em direção ao alto, às cegas, no escuro.

---

34 BARTH, K. *Epistola ai Romani*. Ed. Miegge G. Milão: Feltrinelli, 2002, p. 292. Karl Barth (1886-1968), suíço, teólogo protestante, delineia uma distância incomensurável entre o homem e Deus, compreendido como o "desconhecido" ou "totalmente outro".

"A última questão é saber se do fundo das trevas um ser pode brilhar."[35]

KARL JASPERS

Dúvida, espanto, medo, sentido de distanciamento, incerteza, tudo é melhor do que aquele "clique" que nos faria ver Deus com os nossos olhos. Que mérito teríamos em nos comportarmos bem, por medo da Grande Astronave?

E qual espontaneidade teriam os nossos sentimentos, as nossas palavras?

"A incerteza de Deus é a razão principal da sua atração."[36]

GIUSEPPE PREZZOLINI

"Fico contente que certas coisas permaneçam escondidas; de outra forma, a vida seria insuportável."[37]

RABBI ITSIKL

35 Ver www.lefrasi.com/frase/karl-theodor-jaspers-ultima-questione-sapere- dal-fondo-dell.

36 PREZZOLINI, G. *Dio è un rischio*. Milão: Rusconi, 1979, p. 144. Giuseppe Prezzolini (1882-1982), italiano naturalizado estadunidense, professor, escritor e jornalista, fundou a célebre revista cultural *La Voce*.

37 WIESEL, E. "Il silenzio hassidico". *In*: VÁRIOS AUTORES. *Le dimensioni del silenzio*. Roma: Città nuova, 1988, p. 153. Eliezer Wiesel (1928-2016) foi um filósofo, jornalista e escritor, prisioneiro e sobrevivente dos campos de concentração nazistas. Ganhou o Prêmio Nobel da Paz em 1986.

UMA CURIOSIDADE, PENEIRANDO OS FILÓSOFOS

Creem em Deus (em suas várias formas)

Xenófanes (570 a. C - 475 a. C.)
Anaxágoras (476 a. C.- 428 a. C.)
Sócrates (470 a. C.- 399 a. C.)
Platão (428 a. C.- 348 a. C.)
Aristóteles (348 a. C.- 322 a. C.)
F. Bacon (1561-1626)
G. B. Vico (1688-1744)
Voltaire (1694-1778)
I. Kant (1724-1804)
S. Kierkegaard (1813-1855)
E. Boutroux (1845-1921)
H. Bergson (1859-1941)
M. Blondel (1861-1949)
C. Jung (1875-1961)
A. Einstein (1879-1955)
K. Jaspers (1883-1969)

Excluem a existência de Deus

Leucipo (V sec. a. C.)
Demócrito (460 a. C - 370 a. C.)
Epicuro (341 a. C - 270 a. C.)[38]
Pródico de Ceos (460 a. C - 380 a. C.)
J. O. De La Mettrie (1709-1751)
D. Diderot (1713-1784)
C. A. Helvetius (1715-1771)
P. H. T. D'Holbach (1723-1789)
A. Schopenhauer (1788-1860)
A. Comte (1798-1857)
L. Feuerbach (1804-1872)
K. Marx (1818-1883)
F. Engels (1820-1895)
F. Nietzsche (1844-1900)
S. Freud (1856-1939)
B. Russell (1872-1970)
J. P. Sartre (1905-1980)

38 Para Epicuro existem deuses, mas eles não se ocupam do mundo, portanto, é como se não existissem.

4. Guia prático para o exercício da mente no sentido filosófico

Torne-se o seu próprio filósofo

VADE MECUM DO FILÓSOFO PRINCIPIANTE

É hora de pôr as mãos à obra *pessoalmente.*

Uma parte do seu aprendizado acontecerá *fora do seu quarto*; outra, *dentro do seu quarto.*

Eis o por quê.

Fora do seu quarto, no meio das pessoas: autoeducar-se a falar, dialogar e pensar

A superioridade da palavra em relação ao pensamento

Na relação entre o "pensamento" puro, como faculdade mental, e a palavra comunicativa, esta última tem vantagem no sentido de uma maior riqueza, articulação e eficácia. É verdade, sem dúvida, que um pensamento jamais poderá ser traduzido completamente em palavras, de forma que jamais poderemos oferecer a ninguém uma chave de acesso perfeita do nosso interior; todavia, a expressão verbal representa algo de *superior* ao pensamento não apenas porque permite o compartilhamento de ideias, emoções e sentimentos, mas exatamente por ser um *desenvolvimento* desse. Todo pensamento ganha espessura, profundidade e clareza assim que é expresso em palavras. A palavra amplifica as capacidades intelectuais, é inovadora e corretora do pensamento, suscita soluções no interlocutor, e é da conversa que nascem as ideias.

Portanto, intervir sobre a própria racionalidade significa, acima de tudo, reabilitar o discurso, discutir abertamente, argumentar, reconhecer a veracidade dos argumentos alheios visando a um entendimento, e fazer com que essa atitude se torne uma disposição constante.

EXERCÍCIO

Critique negativamente um filme que acabou de ver. Você o reprovou por toda uma série de motivos que contribuíram a determinar a sua opinião. Mas agora *fale disso com alguém*: você vai perceber que as suas ideias a propósito disso se tornarão enormemente mais claras. A passagem do pensamento às palavras e a transformação de intuições confusas, de sensações e de estímulos em conceitos, que devem ser articulados e incluídos, levarão você a uma análise *discursiva* que ultrapassará e muito o nível afetivo-emocional. A sua avaliação ganhará profundidade e lucidez.

Aprender a falar, a expor aquilo que se sente, e a escutar

A nossa comunicação cotidiana é geralmente bem pobre. A função predominante dos nossos diálogos "de base" é a troca de informações ("Você fez compras?"; "Você estudou?"; "Passou a sua dor de cabeça?"), ou a função persuasiva ("Não compareci à sua conferência porque minha casa alagou de repente, mas tenha certeza de que o assunto, o ciclo da vida das mariposas, me interessava *tantíssimo*") e, também, a função emotiva ("Desde que você foi embora, eu só choro"). Faltam quase sempre um debate verdadeiro, um confronto dialético, uma transmissão e uma abertura que não apenas beneficiariam nossos relacionamentos, mas também, sem dúvidas, influenciariam positivamente o nosso modo de perceber a realidade e de compreendê-la. Além disso, o empobrecimento certo e expressivo causado pelo uso repetido e maciço dos *emojis* (as "carinhas") nas mensagens nivelou por baixo também a comunicação escrita, que se "padronizou" exatamente como os estados de ânimo representados pelos *emojis*, libertando-nos do trabalho de encontrar definições; o único esforço que nos é pedido é o de nos reconhecermos em um desses *emojis*, para depois passar a informação "fabricada em série" a alguém.

A propósito... :) :) :)

Dialogar é o primeiro passo para guiar a nossa atividade mental

Sócrates era absolutamente convicto de que a verdade não pode ser conquistada por uma só pessoa, porque seria limitada e fechada; o único método possível para alcançá-la é dialogar com os outros, *escutando-os*. Seria preciso fazer isso sem preconceitos, com atenção àquilo que é dito e não a quem o diz, superando antipatias e invejas pessoais, julgando apenas e exclusivamente a bondade ou a falta de fundamentos das afirmações. Quem quer que expresse um ponto de vista próprio, ou fale sobre si, em um certo sentido cumpre um processo de autoliberação, dá corpo e nitidez ao que o agita ou o move, lança uma pedra, causa ondas, obtém respostas que, mesmo que lhe pareçam naquele momento insuficientes ou inadequadas, de alguma forma escavarão e germinarão dentro de si.

Por isso, quando você estiver fora do quarto, *fale*.

Caminhando se resolve: o filósofo peripatético

Se você estiver ao ar livre, andando a pé para chegar ao trabalho, ou se você saiu para uma caminhada saudável (a principal e a mais "normal", além de econômica, forma de movimento para o ser humano), não descuide do seu treinamento mental. Aproveite a fantástica oportunidade que o movimento lhe oferece para afinar o seu pensamento. "*Solvitur ambulando*" (em sua tradução latina), ou seja, "caminhando se resolve", é uma máxima atribuída ao filósofo Diógenes de Sinope (412-323 a.C.) que resume um dado experimental que já devia ser evidente naqueles tempos. Sócrates dava suas aulas passeando por Atenas; Aristóteles fazia a mesma coisa no pátio de sua escola, o "perípato", ou seja, "o lugar em torno do qual se caminha", tanto que seus estudantes são chamados de "peripatéticos". Kant passeava todos os dias por uma hora; Blaise Pascal escreve: "A nossa natureza está no movimento"; Jean-Jacques Rousseau também: "Se eu não caminho, não consigo pensar"; Henry David Thoreau: "Quando minhas pernas começam a se mover, os meus pensamentos começam a fluir", e Nietzsche: "Todos os grandes pensamentos foram concebidos caminhando".

Porque caminhar faz bem à mente: uma antiga verdade que a ciência confirma. O movimento coloca em equilíbrio os dois lobos do cérebro, melhora a circulação sanguínea e leva mais oxigênio ao cérebro. Além disso, é um antidepressivo natural. Você pode, por isso, voluntariamente, escolher refletir sobre a parte mais embaralhada e difícil de uma história que o atormenta quando calçar seus sapatos mais cômodos e sair; seria preferível não ter companheiros no passeio, que poderiam distraí-lo. Em relação à corrida, talvez tentar filosofar fazendo *jogging* exija um pouco demais; a corrida é uma reação humana frente a um perigo, não um gesto atlético puramente "normal", e talvez o nosso cérebro (falo sobretudo de mim, que no *jogging* nunca fui um fenômeno) não esteja ainda predisposto a pensar intensamente durante uma corrida cansativa (não me parece que Aristóteles e seus alunos corriam enquanto meditavam, e nem Hegel, Fichte e os outros que caminhavam – devagarzinho, imagino – pelo *Philosophenweg*, a ruazinha dos filósofos de Heidelberg). Se você tiver dificuldades motoras, filosofe enquanto faz uma atividade física qualquer: o que conta é que o sangue se mova, estimule a circulação, impulsione-a.

Se você mora na cidade, sugiro apenas que preste atenção aos semáforos e às faixas de pedestre, ao trânsito e aos outros pedestres, e que não faça como o grande Tales,[1] que, querendo pensar, caiu em um buraco, arrancando risadas de sua serva.

1 Tales de Mileto (625-550 a.C.), matemático e astrônomo, é o primeiro filósofo ocidental de que se tem notícia. A sua doutrina mais famosa é aquela sobre o primeiro princípio do universo (em grego, *arché*), que identificou na água.

Pessoalmente, confesso, mudei para o campo também por isso. Para *pensar caminhando.*

Dentro do quarto: do que você precisa e por quê

> *"Agora fecharei os olhos, taparei os ouvidos, excluirei todos os sentidos e eliminarei do meu pensamento também todas as imagens das coisas corpóreas. Como isto é quase impossível, não as levarei em conta, como se fossem vazias ou falsas. Falando só comigo mesmo e inspecionando-me profundamente, procurarei tornar-me pouco a pouco mais conhecido e familiar a mim mesmo."*[2]
>
> DESCARTES

Eis aquilo de que você precisa: um pouco de tempo; vontade de ocupar-se de si mesmo; um quarto ou um cantinho tranquilo em um quarto. Mais tarde, se quiser, poderá se exercitar também em dupla, mas no começo é aconselhável meditar sozinho (além disso, se você falhar, não vai precisar se justificar com ninguém). Não importa o quão escondido é o seu cantinho, nem o quão cômodo é o seu lugar; você pode se sentar em qualquer lugar, no chão, na poltrona, no sofá, na beira da cama; você pode ter passado creme no rosto e estar usando umas pantufas engraçadas de pelúcia, em forma de bichinho, bem infantis; o importante é que você esteja *recolhido em si mesmo* (essa imagem de si mesmo não é sugestiva e promissora?). Você vai precisar só de uma caneta, algumas folhas para anotar os pensamentos que voam, um caderno (grosso) para os exercícios e as meditações, talvez daqueles antigos, de capa preta e linhas, bem

2 DESCARTES. *Meditazioni metafisiche*, III Meditazione, www.ousia.it/SitoOusia/SitoOusia/TestiDiFilosofia/TestiPDF/Cartesio/CartesioMeditazioni/MeditazioniMetafisiche.pdf. René Descartes (1596-1650), francês, cujo nome latinizado, Cartesius, deu origem ao nome italiano, Cartesio. Excelso matemático, foi o fundador do Racionalismo dos anos 1700 e pensador muitíssimo influente. Sua obra mais célebre é o *Discurso sobre o método*, com a finalidade de sugerir o modo de pensar com maior clareza e distinção sobre o modelo da matemática (em sua opinião, a rainha das ciências).

consistente, para poder escrever nele aquilo que quiser; um celular ou um *tablet* se, enquanto medita, você quiser fazer alguma pesquisa rápida. Se você estiver acostumado a trabalhar e se concentrar bem em um ambiente silencioso, faça com que, quando filosofar "por tema", reproduzam-se essas circunstâncias; se, ao contrário, o barulho não o incomoda (como acontece comigo, que preparei o concurso para a cátedra no meio de meus filhos que gritavam e que escrevo meus livros, normalmente, no meio de gatos que miam, cachorros que latem e em meio ao barulho do rio da central hidrelétrica – para não falar da sirene – que nasce perto da casa de campo em que moro), qualquer espaço e qualquer trilha sonora serão perfeitos pra você.

Por que um caderno lhe será útil: a superioridade da escrita em relação à palavra

A escrita representa um estágio além em relação à palavra, um filtro a mais, uma espécie de terceiro grau do pensamento, porque os raciocínios devem passar por um terceiro tribunal; e esse também é o motivo pelo qual os psicólogos e os psicanalistas (a partir do próprio Freud), sem falar dos inúmeros filósofos (entre os quais Kierkegaard e Schopenhauer) aconselham que se mantenha um diário. A importância "divina" da escrita para os antigos, quase a sua magia (porque permite atravessar o espaço e o tempo e transmitir ensinamentos à distância), é bem sublinhada pela figura da deusa egípcia Seshat (lit. "escriba feminina"), que tinha a tarefa de assistir o faraó, registrando o que acontecia em sua vida. Teria sido, porém, o deus egípcio Thot a presenteá-la aos homens – sob a forma de mito, a história aparece também em Platão – para que eles reforçassem sua memória e sua sabedoria.

A antropologia considera a escrita um disparo evolutivo de máxima importância, não por acaso realizada à distância de centenas de milhares de anos do aparecimento de nossos antepassados; o papel da escrita no esclarecimento das ideias e nos processos de aprendizado é bem conhecido (aliás, o ensino escolar se baseia nisso), e certamente ela favorece também um autoconhecimento ativo, porque *faz com que escavemos ainda mais a fundo.*

EXERCÍCIO
Compile uma ficha sobre o filme que criticou negativamente, sem necessidade de modelos preestabelecidos (que, porém, são fáceis de achar na internet, se você preferir). Faça um resumo do filme, dê a ele uma definição de gênero, identifique os personagens principais e exponha a sua crítica, com seus motivos. Um aprendiz de filósofo não se safa com um "é um filme triste e deprimente" – entre outras coisas, este exercício deve servir exatamente para demonstrar a você a importância de uma reflexão *escrita* –, mas se aprofunda... Por exemplo, examina o contexto, a história, a interpretação, a direção, a "mensagem", as questões suscitadas, as emoções ou o tédio que o filme produziu no espectador...

O seu caderno será um caderno "operacional"

Agora que você está familiarizado com o conceito de que a faculdade especulativa se consolida também no diálogo e na escrita, ações que se misturam e se somam uma à outra, sem dúvida você já pressentiu a utilidade de imediatamente começar a usar seu caderno "grosso" destinado à sua filosofia. Ele será o seu diário íntimo. Se você nunca teve um diário, ou se o usa esporadicamente anotando, como Bridget Jones, os cigarros que fumou, as bebidas alcoólicas que consumiu e os bilhetes de raspadinha que comprou, esse seu diário *filosófico* será totalmente diferente. Ele servirá para você fazer exercícios; meditar livremente; enxertar o seu passado no presente; anotar seus pensamentos e talvez até os sonhos; examinar as suas contradições e as suas soluções, e ver o que acontece com elas depois. *Se você quiser se tornar o seu próprio filósofo, deve dar ouvidos a si mesmo.* O seu diário será muito mais que um diário ou que uma agenda em que se anotam os compromissos da *esfera pública, familiar ou particular.*

No seu caderno, você vai falar de si mesmo como alma, espírito, inteligência; ele será *todo seu*, vida vivida e vivente. Ali estarão as suas fraquezas e os seus progressos, as suas vitórias e as suas derrotas espirituais e intelectuais.

O filósofo "tecnológico": coloque nesta empreitada também o seu iPhone...

Quando estamos convencidos de querer dar uma nova e mais madura direção à nossa própria vida espiritual e intelectual, não se deixa de lado os meios disponíveis. Se você é o proprietário de um iPhone, iPad ou Mac e dispõe do *app* de voz Siri (que em norueguês quer dizer "bela vitória": o seu criador é, de fato, norueguês), um verdadeiro "assistente virtual" ao qual podem-se enviar comandos de qualquer tipo ("busque um restaurante, lembre-me que devo dar comida ao gato, chame um táxi, conte os minutos do forno, escreva para mamãe que vou chegar tarde para o jantar"), use-o de forma focada. Por exemplo, faça com que a Siri lembre você da necessidade de não deixar de lado uma questão que o faça retomar ou que o estimule a retomar a sua meditação do ponto em que a deixou; e também que ela repita para você, talvez em uma cadência programada, aquilo que você precisa fazer, mas não consegue sem um empurrão ou, justamente, uma espécie de conselheiro, mesmo que artificial (pedir desculpas, dar notícias sobre você, dar explicações constrangedoras) – que ela *obrigue você a fazer isso* mesmo que só pra não ter que "ouvi-la" mais uma vez.

...e o smartphone*: registre os seus pensamentos*

Use o gravador do celular – que, aliás, parece ser a função menos usada entre as inúmeras dos nossos *smartphones* – para memorizar os seus pensamentos onde quer que você esteja, no ônibus, na rua, na pizzaria. Geralmente os pensamentos, da segunda vez, não se apresentam mais com a mesma vivacidade e imediatez, são lábeis como geralmente é a nossa atenção; registrá-los é uma forma de continuar a própria autoanálise e colher material sobre si mesmo que depois será posto ao crivo da razão. Não tenha medo de dar muito na vista: é tão frequente ver uma pessoa que fala no celular que qualquer pessoa vai achar que você está mergulhado em uma conversa "normal".

Os instrumentos do "ofício" e as notas sobre método

Você está pronto?

Agora você precisa de um método e uma abordagem para racionalizar a sua experiência, examiná-la e olhá-la sob um aspecto filosófico, ou seja, com mais sabedoria. A melhor maneira de descobrir qualquer verdade continua sendo usar a própria cabeça, mas deixar-se guiar, seguindo um caminho, frequentemente ajuda a avançar de forma mais distinta e menos lenta. Se, em resumo, caminha-se sempre com as próprias pernas, ter uma direção, pelo menos no começo, facilita a nossa tarefa. De resto, "método" é uma palavra de derivação grega que literalmente quer dizer "o caminho para prosseguir".

> *"Por método [...] eu entendo por isso regras certas e fáceis, cuja exata observação fará com que qualquer um jamais tome nada de falso por verdadeiro, sem desperdiçar inutilmente nenhum esforço da mente, mas, incrementando sempre gradativamente o pensamento, alcance o verdadeiro conhecimento de todas as coisas que for capaz de conhecer."*[3]
>
> Descartes

O método que ele segue se baseia em simples critérios cartesianos de "análise, síntese e revisão", sempre eficaz porque é semelhante aos procedimentos da matemática. Descartes era um grande matemático; eu não sou, mas posso garantir que esse método funciona e que eu nunca me arrependi de tê-lo aplicado.

E creio que "funcione" exatamente por isso: porque é *simples* e *claro*.

3 DESCARTES. *Regole per la direzione dell'intelligenza*. Disponível em: https://wiki-wiki-learn. wikispaces.com/.../René+Descartes+-+Regule+ad+directionem+i.

Tirar algum tempo

Tirar algum tempo é uma coisa que normalmente se faz cada vez mais raramente. Somos tão habituados a "perguntou/respondeu", por causa das conexões simultâneas, que nos sentimos quase obrigados a responder imediatamente – talvez de forma impulsiva – a uma mensagem ou a um *e-mail*. Mensagens, *e-mails* e WhatsApp parecem sempre definitivos, mas não é assim; por isso, se você se sentir tentado a replicar rapidamente a uma questão que, por qualquer motivo, é colocada por esses meios, e não está seguro, afaste o seu dedo do teclado e *cale* (não é falta de educação responder a um *e-mail* no dia seguinte, por exemplo). Isso para nem falar de uma questão que nos chateia e nos ocupa os pensamentos, que, mesmo não sendo tão perturbadora ou martelante, não nos parece muito clara. *Espere antes de tomar alguma decisão; quando for possível, seja previdente e não se deixe pegar despreparado.* Nem sempre um problema nos pega de improviso e nos exige uma reação imediata; da mesma forma, o "treinamento" correto pode nos levar a lidar com uma emergência também rapidamente. Em geral, porém, não espere desenrolar o seu novelo, de qualquer tipo, de uma só vez; você pode chegar a um bom resultado após vários encontros *profundos* consigo mesmo. Empenhe-se a livrar a sua mente de juízos preconcebidos, brechas vislumbradas pela metade, sugestões ou pressões externas: *arrume a casa*, como se você recomeçasse do início.

Você deve se concentrar se quiser ter sucesso, deve viver plenamente o momento presente sem pensar no próximo compromisso, no próximo telefonema, no dia seguinte.

Reúna as forças e suponha que a solução mais adequada a qualquer questão *já* exista, e que se trate apenas de encontrá-la.

E você a encontrará.

Definir e isolar a questão

"Levante as cortinas", ou seja, defina a questão da forma mais completa possível. Reunindo os elementos para uma definição resumida, mas integral, você terá cumprido um excelente trabalho preliminar.

Imagine seu reflexo no fundo de um poço: é o que você vê que deve ser descrito. Imagine observar o centro da teia de uma aranha, a ponta de uma espada, a semente de uma maçã. Não faça comentários, ainda não é o momento, agora estamos apenas chegando ao coração pulsante do seu problema.

Coloque-o no papel, e faça o mesmo com os pontos seguintes, é *essencial.*

Analisar a questão e dividi-la em subproblemas

Você definiu a questão. Agora, especialmente se se trata de uma questão complexa, tente analisá-la em seus componentes (a palavra *análise*, em grego, significa "dissolução"), ou seja, decompor a questão em outros subproblemas, quais e quantos não importa. *Todo* problema, de qualquer tipo, é *sempre* composto de partes simples. Sobretudo se nos parece de difícil solução, é preciso quebrá-lo depois de ter identificado os seus nós, evidenciando todos os seus aspectos e continuando a separá-lo até não ser mais possível. *Todo grande problema geralmente não é mais que a soma de muitos problemas pequenos. Enfrentando os pequenos, você enfrenta também o grande.*

Esses subproblemas ou subaspectos devem ser considerados um por um, como se não tivessem ligação uns com os outros, de forma a enfrentar o "problemão" a partir de vários pontos de vista.

Examine-os singularmente, aprofunde-os, comente-os.

Volte a eles em tempos diferentes, enriqueça-os com novos detalhes que aparecerão em sua consciência espontaneamente, porque você terá aberto um arquivo sobre o assunto dentro de si que continuará agindo até quando lhe parecer não estar fazendo nada para ir adiante.

Resolução dos subproblemas

Você dispõe, enfim, de muitas informações: é como se você tivesse enumerado e destacado os anéis de uma longa corrente que agora vai ser recomposta. Dê uma solução "provisória" aos subproblemas – se você achar várias soluções, que poderiam ser úteis para cada um, dê *algumas* possíveis soluções aos subproblemas.

Sintetizar as resoluções parciais e compô-las em uma hipótese "razoável"

Interprete o quadro completo, mas não pare na primeira interpretação, não se fixe apenas em um ângulo; procure mais de um, não mova o seu pensamento em uma única direção, tente não se apressar para tirar conclusões. Se você não chegar a lugar algum, pare; se é possível, faça uma pausa, saia, tente se distrair, e depois recomece. Só quando as peças se recompuserem, quase naturalmente, você poderá dizer que tem em mãos a substância da decisão *racional* que procurava, ou seja, a *síntese* (que em grego quer dizer "coleção") *lógica.*

Se você está sereno e consciente do que fez, e convicto de que não podia fazer mais, agora você está em uma condição de equilíbrio, como se, vendo um maço de cartas aberto diante de si, não tivesse dúvidas de qual fosse a ganhadora.

Carta ganhadora significa que você vai agir em conformidade a um juízo que não foi feito às pressas, mas meditado e preparado de modo construtivo e *filosófico,* um juízo que obviamente não lhe dá nenhuma certeza nem garantia, mas responde ao seu "eu" mais profundo e verdadeiro, que faz com que você supere o seu estado de insatisfação, te sacie e te acalme.

Uma vez tomada a decisão e feita a escolha, não se angustie em dúvidas e passe à ação.

Passar à ação não é simples: "o heroísmo da vontade"

Tudo isso pode não lhe bastar; não é tão automático, mesmo que exercitemos, obedecer à razão, que não é a nossa única realidade psíquica; você pode se deixar levar pelas emoções, pelos sentimentos, pela fantasia, pelo instinto, e a sua vontade pode não ser suficiente, mesmo que sua mente tenha vislumbrado todos os lados da questão. As escolhas mais "justas" geralmente são as mais incômodas, aliás, o caminho que leva à ação meditada *quase nunca* é reto ou descendente, e sem a vontade não pode ser executado. Se bastasse a razão, deveríamos automaticamente nos comportar sempre do melhor modo. Porém, dizemos logo "não consigo". A vida consciente é quase sempre uma luta, e a harmonia entre "razão" e "vontade" é um fruto a ser conquistado.

O que fazer, então, se você não encontra dentro de si o impulso final? Antes de se render ao medo e ao desânimo, você deve pelo menos tentar.

Esta é a ajuda mais importante da filosofia, que não o obriga a pensar em nada, mas te leva a pensar em quem você é, e a desdobrar inteiramente a força do seu pensamento, de forma a suportar a pressão de todo o resto. Quem faz a escolha na onda de um impulso não escolhe, se deixa levar. A verdadeira escolha é sempre aquela mais racional. Pergunte a si mesmo como você se vê daqui a algum tempo com base em um sim ou um não pronunciado hoje. Melhor ou pior?

> *"Lembremo-nos [...] que o futuro não é totalmente nosso, mas também não é totalmente não nosso."*[4]
>
> EPICURO

A previsão de probabilidade para o futuro é parte integrante da experiência humana, aliás, qualquer atividade nossa tem um caráter *preparatório*. Se a sua decisão final pode ser resumida na frase "escolhi aquilo que eu aconselharia com toda sinceridade, que outra pessoa na mesma situação que eu fizesse" – ou seja, olhando as coisas com lucidez e do exterior, sem resistências pessoais –, você deve olhar para a *meta*. Reserve-a como prêmio do esforço, porque agir conscientemente é um esforço. Você tem que pensar nas consequências, porque tudo o que fazemos *tem* consequências; estamos todos relacionados, exatamente como os átomos e as partículas da matéria, e não há nada de não influente no nosso comportamento individual. Você tem que refletir sobre o fato de que um problema não resolvido faz com que outro surja,

4 EPICURO. *Lettera a Meneceo.*

concentrar-se no outro prato da balança, o do *resultado*, e por isso insistir, mentalmente, nos aspectos *construtivos* e *positivos* da sua decisão. Você deve lembrar que o objetivo final de qualquer ação nossa somos nós mesmos, em nossa integridade de pessoas, e que um bem menor e particular vem depois de um bem maior e mais geral.

> *"Nós, sob a guia da razão, desejaremos um bem maior futuro em vez de um bem menor presente e um mal menor presente em vez de um mal maior futuro."*[5]
>
> BARUCH SPINOZA

Os estoicos sugeriam, para dobrar a vontade, não dizer "não quero sofrer", mas "Eu *não sofro*".

Assim, não diga "não consigo fazer", mas "eu faço, mesmo que possa ser difícil".

> *"Impor a própria vontade aos outros é sinal de força. Impô-la a si mesmo é sinal de força superior."*[6]
>
> LAO-TZU

A vontade é a chave da individualidade.

Ninguém mais pode fazê-lo por você.

5 SPINOZA, B., *op. cit.*, p. 533.

6 Veja aforisticamente.com.

EXEMPLOS DE "BENS MENORES E PARTICULARES" E DE "BENS MAIORES E GERAIS"

"Não tenho vontade de..."

Não tenho vontade de terminar meu relatório. Prefiro relaxar assistindo a um filme na internet. Amanhã de manhã eu vou acordar uma hora e meia antes do que faço sempre e terminarei o trabalho, a tempo de lê-lo no Conselho de Diretores.	Não tenho vontade de terminar minha relação. Mas sei que isso é extremamente importante. Amanhã pode chegar também o Diretor Geral, e eu vou querer que ele tenha uma ótima impressão de mim. Meu chefe sempre investiu em mim, sempre me mostrou gentileza e consideração. Ninguém pode escrever este relatório em meu lugar, sou eu que tenho todos os dados e que conduzi esta pesquisa. Não vai me custar tanto tempo para terminar isso, o importante é trabalhar o melhor que posso.
O despertador tocou às quatro e meia, mas vou dormir mais meia hora porque está realmente cedo para me levantar. Não tive muito tempo para terminar meu relatório antes de ir para o trabalho. Improvisarei e, no Conselho de Diretores, vou fingir lê-lo, inventando algumas partes. Vou terminar de escrevê-lo durante a tarde, de forma a entregá-lo ao meu chefe bem arrumadinho.	Eu me levantei meia hora antes para checar meu relatório.
A recepção ao meu relatório foi bem fria. Ele não agradou. Eu não achei que o Diretor Geral *realmente* fosse participar. O meu chefe disse que eu não preciso enviar-lhe o *script*.	O meu chefe disse que eu fiz um bom trabalho, e o Diretor Geral concordou. Hoje à noite vou dormir um pouco mais cedo.
Tenho chefes difíceis, que tendem a me desvalorizar.	E, mais uma vez, não vou deixar tudo para última hora, porque isso é muito trabalhoso.

"Às vezes é melhor calar"

Tenho certeza de que o meu aluno Alfredo, de dezesseis anos, faz uso frequente de maconha. Ele é fraco, sem vontade, distraído, falta-lhe concentração, ele muda facilmente de humor, perde o fio do discurso. Geralmente, na classe, vegeta. Tem os olhos avermelhados. No recreio eu já o vi confabulando com rapazes mais velhos, que todos sabem que consomem psicotrópicos, e sinto um certo cheiro quando ele chega perto de mim.	Tenho certeza de que o meu aluno Alfredo, de dezesseis anos, faz uso frequente de maconha. Estou muito preocupado com ele, é um adolescente sensível e também bastante frágil, sobretudo desde que a sua namorada, uma colega de classe, terminou com ele.
Eu gostaria de falar sobre isso com seus pais, mas hesito. Eles são divorciados e vêm às reuniões separadamente. A mãe é uma mulher pretensiosa e fria, o pai é um advogado que tende a polemizar, que tende sempre a achar desculpas para o filho.	Talvez os seus pais já tenham percebido, apesar de, na última reunião, o pai ter falado só sobre o desempenho escolar, afirmando que a escola não estimula seu filho o suficiente e não o motiva. Talvez, porém, eles não suspeitem de nada, e, no fim das contas, eles passam com Alfredo menos tempo que nós, professores.
Se eles não sabem do problema, por que é que eu devo intervir, com o perigo de que digam que estou inventando e me acusem de uma ingerência indevida, ou até mesmo de ser um caluniador?	Se eu estivesse no lugar do pai de Alfredo, gostaria que seus professores me avisassem desse tipo de situação, para que eu pudesse lidar melhor com ela. Não será fácil falar disso, mas é meu dever intervir. Pedirei à secretária que ligue para os dois, mãe e pai de Alfredo, para marcar uma reunião comigo.

Enfrentar um problema com um "método": o caso de Valeria

Definir e isolar a questão

Valeria tem 34 anos e é uma "mulher de carreira". É diretora de um importante Centro Comercial da região da Emilia Romagna, posição que conquistou sozinha, graças à sua determinação e habilidade. Todos os dias, o seu ritmo de trabalho é massacrante; raramente volta para casa antes das nove ou nove e meia da noite (por sorte, seu companheiro, Davide, é um funcionário estatal com horários mais "normais", que permitem que ele resolva aquilo que Valeria não consegue, por falta de tempo). Valeria tem um salário ótimo e seus chefes gostam muito dela, mas ela gasta muito dinheiro, quase tudo em roupas e acessórios, e não tem reservas financeiras – por "sorte" precisa dividir uma hipoteca com Davide, o que coloca um pouco de limites para ela. Trabalha também aos sábados pela manhã, trabalha frequentemente nos feriados e, se preciso, deve também cobrir outras pessoas. Ama o seu trabalho; o contínuo desafio de alcançar os objetivos colocados por seus chefes, mesmo que difíceis, a excita; assim como inventar sempre novas campanhas e iniciativas, e também o poder que ela tem sobre os funcionários dos Recursos Humanos, do escritório comercial e dos técnicos lhe parece uma manifestação do seu sucesso. Mas o seu estilo de vida torna difícil para ela uma maternidade que ela, assim como Davide, começa a desejar, não apenas por causa do problema de encontrar uma pessoa confiável para cuidar da criança, mas também porque uma gravidez faria com que ela ficasse muito tempo afastada do Centro Comercial, onde tudo muda e acontece rapidamente. Sua relação está sofrendo por isso; Davide está preocupado com ela, sobretudo quando ela toma ansiolíticos. De fato, Valeria começou a sentir um tipo de cansaço contínuo, fuma demais, sente uma forte queda do desejo sexual e, cada vez mais frequentemente, é vítima de ataques de pânico.

Valeria não quer perder nem o seu papel, nem o nível salarial a que chegou, nem renunciar à perspectiva de ter um filho, nem a sua saúde física e psíquica. Mas sabe que deseja fortemente uma mudança.

Qual?

Analisar a questão e dividi-la em subproblemas

1. Como fazer para se recuperar do cansaço da semana de trabalho, já que, para perceber realmente que "chegou lá", e como se quisesse compensar as poucas possibilidades de aproveitar sua linda casa e seu bem-estar, quando tem uma tarde de sábado livre Valeria se dedica compulsivamente às compras, transformando-a em um *tour* de uma loja de roupas a outra, com a desculpa de que, por causa do trabalho, ela precisa cuidar também da estética e da elegância?
2. É possível renegociar com seus chefes horários menos pesados? Enfim, é possível manter a mesma posição trabalhando menos?
3. Valeria está pensando que algo muito parecido com o "relógio biológico" está fazendo tique-taque para ela. Nunca pensou tanto na ideia de ter um filho, começou quando sua irmã teve uma filha; mas hesita. Ela conseguiria ficar longe do Centro Comercial por tantos meses, enquanto a inveja trama pelas suas costas? Além disso, seria uma boa mãe, e Davide seria um bom pai? E com quem ela deixaria a criança quando tivesse que voltar ao trabalho? No Centro Comercial, além disso, quando ela voltar pode encontrar muitas coisas mudadas, e para pior.
4. Valeria sempre teve uma posição "dominante" em sua relação com Davide, que a apoia, a segue e a conforta nos momentos de maior irritabilidade, cansaço e nervosismo. No fim das contas, porém, não sabe se Davide continuará a suportar suas mudanças de humor, mesmo tendo um caráter pacífico e submisso. A vida sexual deles é pouco satisfatória também por causa de seu cansaço perene, como se a adrenalina a abandonasse assim que chega em casa.

Resolução dos subproblemas

1. Valeria compra, enfim, pelo simples gosto de comprar, roupas, bolsas, acessórios, tanto que boa parte de suas roupas elegantíssimas ela dá para as amigas, a mãe, as irmãs, depois de ter usado uma ou duas vezes. É a cliente mais contumaz da perfumaria mais chique do Centro Comercial, e volta para casa, toda noite, com uma enorme quantidade de amostrinhas – que também sai distribuindo para todo mundo – que lhe são dadas não porque ela é a diretora, mas porque realmente é uma ótima cliente. O fato de gastar demais lhe dá uma satisfação íntima; ela é a terceira de três irmãs e, desde pequena, sempre recebia roupas que tinham sido usadas pelas irmãs mais velhas; agora, ela se justifica com Davide, "desabafa", porque sempre quis se vestir bem. A sua compulsão por compras, além do frenesi de aproveitar o pouco tempo que tem à disposição, se deve ao desejo de colocar à prova a sua capacidade de compras (que para ela equivale à sua capacidade de gerenciamento) e também à vontade de "mimar" a si mesma como faria com sua filha; porque quanto mais pensa nisso, mais Valeria percebe que não é tanto o trabalho em si que a exaure, mas porque ela culpa o trabalho pela impossibilidade de ter um filho. Admite que, se tivesse um filho, acharia ridícula essa mania de comprar qualquer coisa – quando aquilo que comprou já está na sacola, já não lhe é mais atraente; se ela tivesse um objetivo, e sentisse a necessidade de poupar, conseguiria se controlar.
2. Se falasse com seus chefes, pedindo um período de descanso, tipo duas semanas de férias, eles lhe dariam; o seu médico poderia lhe dar uma licença, certificando seus ataques de pânico, mas Valeria não quer, porque isso mancharia a sua imagem de mulher "forte" e decidida. Admitindo-se que quisesse reconsiderar o volume de trabalho e de responsabilidades com seus chefes, deveria dizer adeus ao seu papel atual e contentar-se com responsabilidades menores. Sem dúvida, ela tem um ótimo currículo

e a fama de vendedora e organizadora excepcional dentro do seu ambiente; se ela quisesse trabalhar em outro lugar, deveria aceitar as ofertas que já lhe chegaram (em segredo) dos concorrentes. Mas por que recomeçar a lutar, em outro lugar, para ser admirada? Sentir-se competente lhe é indispensável; em sua casa, não era considerada a mais brilhante dos filhos, e os resultados que conseguiu a deixam orgulhosa também frente à família; ela se sente mais viva quando a parabenizam, quando recorrem a ela; ela sente uma espécie de superexcitação que por um lado lhe causa ansiedade, e por outro, a motiva. Um trabalho mais tranquilo lhe daria uma sensação de vazio, talvez a fizesse infeliz, mas ela poderia delegar, ao menos em parte, algumas de suas tarefas mais cansativas, por exemplo os contatos com os principais fornecedores, escolhendo colaboradores confiáveis dentro de seu *staff*, e pedir pelo menos uma tarde livre durante a semana, que ela poderia usar para dissipar a tensão (tipo uma terça-feira, dia normalmente menos caótico).

3. De fato, não haveria a necessidade de deixar a direção do Centro Comercial se ela tivesse um filho. Davide aceitaria pedir à sua administração os meses de licença-paternidade para cuidar do recém-nascido, antes de deixá-lo na creche. Valeria tentaria ausentar-se o menos possível, mas no fundo não lhe desagrada a ideia de sentir de novo o gosto do desafio para reconquistar plenamente a sua posição, na volta da licença-maternidade.

4. Davide é o homem perfeito para ela; o relacionamento deles é sério e satisfaz os desejos dos dois, tanto que Valeria nunca teve a tentação de traí-lo. Valeria sabe que, se se comprometer consigo mesma, a relação com Davide será mais feliz também do ponto de vista sexual. A relação deles é uma que em outros tempos não teria sido nem concebível, com a mulher que tem uma posição econômica e um comprometimento mais "fortes" do que os do homem, mas entre

eles tudo corre muito bem. A subdivisão dos papéis se impôs quase que naturalmente, como se o "dono de casa" fosse Davide, que, por temperamento, gosta de estar em casa, mas que aprecia a sua independência econômica e está satisfeito com seu emprego.

Valeria está relaxando, e seu espírito ficou mais sereno. Não havia nada de irremediável em seu problema; o preço a pagar pelo sucesso não era assim tão alto, ou melhor, não era de fato um preço. Ela se sente em equilíbrio entre o que quer e o que faz, e isso lhe permite compreender que teria sido bem tolo e irrefletido renunciar a algo que a satisfaz só por causa de uma momentânea sensação de fadiga, levada também pela ideia, que veio de fora, de que ser mãe lhe complicaria as coisas. Olhando para si como a mulher "forte" que os outros veem, Valeria *sabe que vai conseguir*, assim como conseguiu enfrentar tantas outras dificuldades, como os problemas econômicos de quando era criança, um sério tratamento nos olhos quando tinha dezoito anos, uma relação amorosa que terminou muito mal antes de conhecer Davide.

Enfrentou de forma inteligente e meditada as suas dúvidas, prestando atenção não apenas àquilo de que sente falta, mas também àquilo que já possui, percebendo que um não exclui o outro.

Sintetizar as resoluções parciais e compô-las em uma hipótese "racional"

Agora é absolutamente possível, para Valeria, conciliar as duas matrizes que lhe pareciam opostas, uma maternidade e um cargo importante, e, ao mesmo tempo, abster-se de manifestações de infantilidade e ansiedade, após ter mudado a abordagem por meio da qual enfrentava seu cotidiano. Agora que não critica mais o seu trabalho de forma negativa, aliás, que sabe que estar comprometida até o fim é bom para ela, não teme nem mesmo a hipótese da "vida dupla" que enfrentará, se as coisas andarem como ela e Davide desejam, nos anos seguintes.

"A vida consiste de movimento", diria Aristóteles.

Pelo menos para Valeria é assim.

ENCONTRAR, E NÃO SÓ PROCURAR

Tornar-se o seu próprio filósofo comporta, como vimos, ter consciência dos problemas, mas também a vontade de os examinar com juízo e lógica, tentando resolvê-los.

> *"O filósofo não é amigo apenas do procurar, mas também do encontrar."*[7]
>
> MICHELE FEDERICO SCIACCA

Quando você sentir a exigência de uma orientação em algum caso particular, e se colocar com comprometimento ali, vai perceber que dentro de você está quase que nascendo uma nova faculdade, que não é exatamente nova; ela só estava em um canto, pouco utilizada. A prova de ter seguido o caminho mais reto possível entre os tantos, sem ofender, sem ferir voluntariamente, sem esmagar e sem se deixar esmagar, tendo mantido controlado o seu temperamento e defendido a sua própria humanidade enquanto testemunhava o respeito pela dos outros, consistirá em uma tomada de consciência sua, afetiva e intelectual: *a sensação saciante de ter agido para o melhor.*

Talvez o caminho seja longo: mas do que importa?

> *"Nenhuma coisa grande acontece de improviso, nem mesmo a uva ou os figos. Se agora você me disser 'quero um figo', eu lhe responderei: 'É preciso tempo'. Deixe primeiro que venham as flores, depois que se desenvolvam os frutos, e depois, que amadureçam."*[8]
>
> EPÍTETO

---

7 SCIACCA, M. F. *In spirito e verità*. Milão: Marzorati, 1960, p. 196.

8 Veja "Frasi Famose Epitteto", disponível em letteralmente.net: https://letteralmente.net/frasi-celebri/epitteto.php. Epíteto (aprox. 50 d. C.-125 d. C.), originário da Frígia (atualmente Turquia), antes de abraçar a filosofia estoica e de ensiná-la, foi por muito tempo um escravo. A sua filosofia "prática" quer impulsionar o homem a uma maior autonomia moral. Divide as coisas naquelas que estão sob nosso poder (juízo, impulso, desejo etc.) e as que não estão (saúde, patrimônio etc.). Se nos concentrarmos apenas no que recai sob nosso poder, não sofreremos nem nos perturbaremos.

"Uma viagem de mil milhas começa também com um primeiro passo."[9]

LAO-TZU

9 Veja frases de Laozi (os nomes de Lao-Tzu ou Lao Tze sempre se referem ao mesmo pensador): aforismi.meglio.it.

5. A qual escola de pensamento você pertence?

Descubra quem é o seu mestre

"Tipos filosóficos"

Na psicologia, as subdivisões em "tipos" das pessoas são frequentes; Carl Gustav Jung forneceu uma catalogação "clássica"[1] com os dois tipos-base - *extrovertido*, ou seja, uma pessoa projetada sobretudo em direção à realidade exterior, imbuída do desejo de confrontá-la e talvez até de plasmá-la; *introvertido*, mais intensamente atraído pelo próprio mundo interior e em contínua busca de si mesmo - especificados a partir das quatro funções, "pensamento, sentimento, intuição, sensação". As teorias tipológicas são, de resto, muito antigas; Hipócrates, no século IV a. C., começou a distinguir os temperamentos (do ponto de vista somático-constitutivo), e a ideia de uma classificação possível dos homens segundo os traços do caráter, ou de outros parâmetros, percorreu os séculos. Assim, se eu lhe apresentasse um teste para compreender se você é um "instável", um "introspectivo", um "metódico" (pescado aqui e ali, entre as várias teorias) e assim por diante, você não se surpreenderia, porque já está habituado; porém você pode se surpreender que os modos de pensar,

1 Na obra *Tipi psicologici*, publicada na Itália, entre as últimas edições, pela editora Bollati Boringhieri, em Milão, 2011.

que lhe parecem tão ligados ao indivíduo, podem ser de alguma maneira "unificados" e juntados em "atitudes filosóficas de base". Mas é difícil imaginar que, além das possíveis matizes e variantes, ninguém jamais tenha pensado, antes de nós, o que pensamos, sentido o que sentimos, escrito ou dito o que escrevemos e dizemos. Portanto, é bem realista a possibilidade de reconhecermo-nos em um "mestre", em relação às grandes temáticas filosóficas.

> *"Estas mesmas questões que nos assolam, surpreendem e confundem se apresentaram, por sua vez, a todos os sábios; nenhum foi poupado, e todos encontraram resposta segundo a própria habilidade, com as suas palavras e a sua vida."*[2]
>
> HENRY DAVID THOREAU

Para que poderia servir?

Para que pode servir elaborar um perfil filosófico "de base" seu nesse momento, enquanto você elabora, ou melhor, *esclarece* uma filosofia pessoal própria? A ideia que move este livro não é apenas a de levar você, mediante uma autoanálise das necessidades subjetivas, a uma elaboração de uma filosofia pessoal própria, portanto a uma "emancipação filosófica" própria, mas, em perspectiva, de sugerir-lhe que esse processo, para ser eficaz, deve ser ininterrupto. Para que isso ocorra, será necessário ir adiante e enfrentar uma gama mais ampla de questões. Para isso, será vantajoso que você identifique os mestres autorais, os "gurus" (que, em sânscrito, significa exatamente "mestres") aos quais recorrer quando se sentir incerto e fraco. *Porque na sua atitude de fundo você não está sozinho; muitos grandes mestres pensavam como você e deram coerentemente um tipo de resposta e escolheram atitudes que podem lhe interessar*

2 THOREAU, H. D. *Walden, ovvero vita nei boschi*. Milão: Bur, 2008, p. 171. Henry David Thoreau (1817-1862), estadunidense, foi um filósofo "transcedentalista". Acreditava na organicidade do universo, em uma união mais íntima com a natureza, na simplicidade da vida. Era extremamente crítico sobre o "consumismo" de sua época.

e ajudar muito. A elaboração de um *perfil filosófico de base* fará com que você descubra, antes de tudo, com quais mestres está em sintonia, e estimulará você a fazer leituras "dirigidas", de forma a acessar as obras deles para tirar delas conforto e direcionamento, incentivo, exemplo e apoio. Quem entraria na livraria para comprar um texto de um filósofo "às cegas", sem ser um estudante, ou um professor, ou um apaixonado? Mas as coisas mudariam se você soubesse, por exemplo, que a solução dos problemas e dilemas enfrentados por Platão, em linhas gerais, se parece com a que interessa também a *você. As semelhanças entre os homens não são apenas biológicas, mas também mentais, comportamentais, espirituais.* Se você descobrisse que os pilares de um determinado filósofo são também os seus, enfim, que nele você vai descobrir uma voz amiga, muito mais à frente que você, ficaria ansioso em saber como ele pensava a vida, a morte e o amor; seria como se perguntar: "o que faria, em tal caso, um pensador que vê as coisas mais ou menos como eu, como ele se ajustaria?". Assim, descobrir quem são os seus "pais" pode ajudar você a tomar decisões e fazer escolhas mais coerentes e fiéis ao seu modo de ser, porque a única ação que não nos deixará uma sequência de remorsos e conflitos, mas nos comunicará um grande e profundo senso de paz, *será a ação meditada e coerente com a nossa curvatura filosófica.*

Se você descobrir, por exemplo, ser tendencialmente um cético, não lhe convirá fundar um novo partido político; em vez disso, será bom se você "ficar na porta", ou então você pode sofrer e sentir estar enganando os outros. E aquela sua ideia secreta de sair da cidade, construir uma casinha no campo e abandonar o seu emprego, no caso de o seu perfil se aproximar muito ao de um aristotélico, que nasceu para a vida social e de comunidade, pode se revelar um fracasso... Além disso – e não é um motivo pequeno – geralmente os dissídios entre as pessoas, inclusive os de casal, são provocados por disposições filosóficas que não se harmonizam entre si; não estou afirmando que, se você se reconhecer como platônica e descobrir que seu marido é um aristotélico, vocês devem se separar; apenas que vocês podem se conhecer melhor e mais profundamente questionando aquilo que os une e os divide *profundamente*, não apenas o modo de fazer o café e como conciliar os seus diversos gostos sobre programas de TV.

Eu não tenho, obviamente, a pretensão de exaurir, com os perfis a seguir, as possíveis atitudes filosóficas, nem as "de base" – e naturalmente não tenho nenhuma pretensão de *cientificidade*. Mas as diretrizes que você encontrará são sinais de posições bem definidas, articuladas e distantes umas das outras, posições claras e extremamente indicativas.

E lembre-se: a procura de seus mestres é sempre também a procura de si mesmo.

Uma última advertência

O seu *identikit* atual poderá variar no curso da sua vida, influenciado por encontros, acontecimentos, experiências, porque o pensamento continuamente se desenvolve, e todo o nosso estado, mesmo mental, é nada mais que o *resultado*.

Que talvez se reverta... E eis de novo o *panta rhei*.

Como traçar o próprio "identikit *filosófico*"

Eu escolhi oito quesitos gerais, oito questões pelas quais o espírito humano desde sempre se interessou. Oito quesitos não são muitos, mas a minha experiência me sugere que se trata de um número indicativo para indagar bem a fundo e para estabelecer pelo menos os limites. Juntei e resumi aqui (obviamente com um certo arbítrio) os posicionamentos filosóficos mais significativos que foram expressos.

Veja bem.

Não existem respostas *erradas*, mas só respostas meditadas e sinceras, ou seu contrário. Pode ser também que nenhuma das respostas oferecidas tenha traços em comum com o seu pensamento; nesse caso, anote a sua resposta pessoal no caderno (você voltará em seguida a ela: tudo é material precioso).

As respostas às perguntas propostas não seguem um esquema que se repete. Quero dizer que as respostas do tipo "A" não convergem todas a um certo resultado final, nem as outras; eu misturei de propósito, de forma que a sua atenção não seja capturada pela busca de um pressuposto fio lógico, mas sim pela substancialidade do que é pedido. É provável que você já tenha se feito muitas dessas perguntas, talvez não exatamente de forma tão direta, ou que elas tenham se apresentado à sua consciência de modo impulsivo ou intuitivo, na onda de uma emoção ou acontecimento. Aqui, porém, é necessária uma resposta *racional*, não necessariamente imediata.

Se, ao contrário, você nunca parou para pensar sobre quesitos similares, isso será um modo para afinar as suas armas.

Você vai descobrir que o seu caminho é muito mais cheio de gente do que imaginava, porque os homens sempre percorreram mais ou menos os mesmos caminhos.

Teste de autoanálise filosófica

Anote em um caderno ou folha a letra correspondente a cada uma das suas respostas

1. Homem/Humanidade

Entre as seguintes, escolha a definição que lhe parece mais correspondente à sua atual opinião sobre o homem e a humanidade.

A. O homem é um ser incerto e indefinível que vaga em um universo do qual não é responsável e que substancialmente não compreende por causa da própria limitação. A melhor coisa é viver sem se fazer perguntas inúteis, buscando cultivar a si mesmo e tirar o melhor da própria experiência.
B. A parte mais preciosa do homem é a sua alma, imortal e espiritual; o corpo é mais um instrumento, necessário para poder viver. O homem deverá dar conta de suas obras quando deixar o corpo; a morte não é o fim, mas uma passagem de estado.
C. O homem é um "animal triste"; evoluiu em relação a todos os outros animais, mas para poder viver em sociedade, da qual precisa por causa da escassez de sua força individual, é obrigado a distanciar-se da própria natureza, a limitar-se e a assumir comportamentos que conflitam com os seus impulsos; isso o faz sofrer.

D. É um ser produzido por uma agregação casual da matéria, sem objetivos predeterminados ou finalidades. A emancipação das ilusões da religião pode lhe dar forças para usar suas energias para conquistar uma vida mais feliz e saciante sobre a Terra, além da qual não existe nada.
E. É um ser natural, sujeito a desejos e necessidades, dotado de capacidade de crítica e de pensamento, o que o leva a ultrapassar os limites físicos e a buscar aquele saber, aquele conhecimento que representam o ato mais alto da sua existência.
F. O homem é um ser totalmente atípico em relação às outras espécies porque tem a possibilidade de *escolher*. A sua essência são a liberdade e a possibilidade de agir; e a angústia, porque não conseguirá jamais se sentir completamente livre.
G. O homem tem uma natureza passional e instintiva porque a natureza quis assim, para reagir aos perigos, até de forma imediata, para poder sobreviver; a sua inteligência é, sobretudo, operacional; a sua capacidade de operar, como indivíduo, como comunidade, faz com que as sociedades progridam ou regridam.
H. O homem é um exilado: um filho do céu que o corpo terrestre liga e encadeia, mas que possui a centelha divina para contemplar e compreender a sua verdadeira natureza, e autoaperfeiçoar-se apesar dos laços do corpo.

2. Amor

Entre as seguintes, escolha a definição que lhe parece mais correspondente à sua atual opinião sobre o amor.

A. O amor é a sensação de estar em uma relação com uma pessoa mais inteiramente e mais intimamente do que com qualquer outra pessoa. O elemento emotivo, unido ao sexual, mantém viva a nossa existência, e lhe dá luz e calor.
B. O amor não é um simples desejo, mas sim um ato cognitivo mais verdadeiro e mais profundo do que aquele simplesmente intelectual, porque por meio dele alcançamos a *essência* de uma pessoa, o seu valor principal.

C. O amor terreno é apenas uma pequena semelhança, uma espécie de antecipação do amor perfeito e absoluto de Deus; o amor mais alto é o *agape*, comunhão com o ser amado e sentimento de fraternidade em relação aos outros.
D. O amor é um afeto que anula o egoísmo; deveria em si, quando o sentimos, nos dar alegria; em vez disso, quase sempre se torna ânsia possessiva.
E. É o desejo de projetar com os outros e de sair de si mesmo, uma participação desinteressada da vida de um outro ser. A comunicação entre quem se ama é, porém, igualmente difícil e problemática, porque entre um e outro existe sempre uma espécie de muro: a própria e insuperável individualidade.
F. O amor é um aspecto da natureza humana que visa à conservação de si, mas é também uma das maiores alegrias do homem, ao qual dá valor e profundidade, porque enriquece a personalidade.
G. O amor está na base da propensão dos homens em direção aos outros, aquilo que nos transporta para o exterior e nos faz sentir empatia por nossos semelhantes, o motor de todo o desenvolvimento, das relações de base até a família e a sociedade; é um fator de coesão natural.
H. O amor, como compreendido geralmente, se baseia em uma atração física "disfarçada"; é uma espécie de astúcia, um engano da natureza que segue a sua maior intenção, a de se perpetuar; do ponto de vista mental, é uma espécie de psicose.

3. Moral

Entre as seguintes, escolha a definição que lhe parece mais correspondente à sua atual opinião sobre a moral.

A. A moral comumente aceita não é nada além da lei do mais forte e potente, que conseguiu impô-la às pessoas mais fracas para consolidar a própria posição.
B. Atribuímos o nome de "bem" às coisas que desejamos, e de "mal" às coisas das quais fugimos. Bem e mal são relativos ao que desejamos ou do que fugimos.

C. A moral é cooperação, o tornar-se um sujeito coletivo; existir é sempre um existir no mundo, e o mundo é algo comum; a moral é, também, comprometimento. A sua mais alta forma é "viver *com* e *pelos* outros homens".
D. As chamadas "leis morais" são uma forma de autoproteção das sociedades humanas. Não têm nenhuma origem divina ou ultraterrena, são apenas convenções.
E. A moral é uma ciência prática que regulamenta a vida em relações, assim como a política; deve ser vista, nos assuntos humanos, como um critério de bom senso e razoabilidade.
F. Uma questão moral não é uma questão científica, por isso não podemos esperar "provas" experimentais; além disso os valores, e a própria definição de "bem" e "mal", divergem tanto que às vezes parecem até estar em conflito. É preciso preferir, em uma sociedade, aquele tipo de valores que, se forem realizados, destruirão o menor número possível de outros, deixando o mundo mais variado e mais rico possível.
G. A moralidade, ou o senso do que é justo e bom no ser humano, tem um fundamento religioso e é de origem divina; porque, além e sobre nós, existe um Bem absoluto, que tomamos como modelo nas nossas ações "boas" limitadas pela nossa condição.
H. A verdadeira moral é amor pela humanidade, não exclusivamente pelo próprio grupo, clã ou família; é um impulso contínuo de quem se sente aparentado com todos os outros; é sentir união, fraternidade. A verdadeira moral nos dá mais força para viver e não nos deixa mais sentirmo-nos isolados na humanidade.

4. O sentido da vida

Entre as seguintes, escolha a definição que lhe parece mais correspondente à sua atual opinião sobre o sentido da vida.

A. A vida, por si, não tem nenhum objetivo ou valor; todavia, em vez de nos empurrar para a angústia, essa afirmação deve nos abrir uma quantidade enorme de possibilidades. Seremos nós mesmos a dar-lhe o sentido que quisermos, totalmente humano e pessoal.

B. Somos "jogados" no mundo, ou melhor, em um espaço que não escolhemos, mas somos capazes de nos questionar. Mesmo que você não pense sobre isso cotidianamente, no fundo todo mundo já respondeu, dentro de si, em silêncio e intimamente, a esta pergunta: o sentido da vida está na própria vida.
C. A existência é um risco; tudo é incerto e instável. Porém este é o único mundo que temos, e a essência da vida está na ação. É preciso ter confiança no futuro; está em nós transformá-lo em positivo.
D. A nossa vida tem significado para nós, para nossos pais, para as pessoas que se relacionam conosco; não tem nenhum significado, porém, em relação ao mundo ou ao tempo absoluto.
E. A resposta religiosa é a que dá maior significado às nossas existências, aquela que aplaca as nossas inquietudes. Somos compostos de uma parte espiritual e imortal, a alma, e de uma material e mortal, o corpo. A nossa vida com o corpo é uma preparação à eternidade.
F. Se a questão do "sentido da vida" fosse verdadeiramente importante, não haveria tanta incerteza, e esse "sentido" seria evidente a todos os homens, sem complicar demais. Não é importante ter ou não. Pode-se viver igualmente bem sem dar nenhuma resposta.
G. A vida humana é inteligência, uma inteligência notável e particular, de forma que a essência da nossa vida é a sede de conhecimento. Mesmo que mortais, devemos aperfeiçoar nossos talentos, agindo como *se fôssemos imortais.*
H. Existem valores universais dos quais o homem é portador. A nossa tarefa é realizar a virtude e tornar os outros virtuosos.

5. Mal/Dor

Entre as seguintes, escolha a definição que lhe parece mais correspondente à sua atual opinião sobre o mal e a dor.

A. Para que o homem seja "criatura", ou seja, um ente autônomo, o mal representa a sua possibilidade de escolha; se não houvesse, o homem seria apenas uma espécie de fantoche, sem liberdade. O mal está ligado à imperfeição da criatura, e nós homens não vemos o seu sentido porque é como se conhecêssemos apenas fragmentos de um desenho, sem discernir a imagem geral.

B. O mal é o absurdo, a angústia, a impotência, a vã tentativa de fugir dele, porque a nossa inteira existência jaz sob uma ameaça fugidia; e a vida, qualquer vida, é, em si, insegura.
C. No universo existem uma ordem e uma graduação; no vértice da escala hierárquica há a plenitude de Deus, que é perfeição; o que vem depois não é mal em si, como a vida humana, mas sim mais pobre de perfeição. Por isso o mal é sobretudo uma *falta relativa* de bem e de plenitude, ou seja, uma limitação, a nota errada que, na harmonia da orquestra, se perde.
D. O mal não tem nenhum sentido nem finalidade, não nos purifica e não nos melhora, é uma dor inútil conexa à nossa natureza de seres materiais. Além disso, se Deus quer prevenir o mal, mas não é capaz, então não é onipotente; se é capaz, mas não quer, então não é bom; e se não quer e não pode, que Deus é esse?
E. Não se pode dar uma explicação racional sobre isso; o mal recai entre as coisas incognoscíveis e vetadas ao nosso intelecto, mas contra ele se pode lutar.
F. O mal existe porque o mundo é caos, não tem um criador nem uma ordem; por isso é fácil notar que tudo parece estar do avesso, os bons são humilhados, os malvados triunfam: porque o Todo é irracional e casual.
G. Devemos fazer tudo o que podemos para limitar o mal e a dor em nossas existências, ambos conectados naquilo que nasce e morre, como nós; mas, na sua presença, é preciso sempre comportar-se como homens.
H. A natureza é mecânica e não pode ser culpada de nada, de um *tsunami*, de um terremoto, e nem da doença e da corrupção dos corpos e das mentes. Mas o pior mal humano é a indiferença, da qual somos responsáveis. Precisamos ter um comprometimento constante, concreto e contínuo contra *qualquer* mal e *qualquer* dor do homem, sobretudo aqueles que poderiam ser aliviados por um comportamento mais sábio, pessoal e coletivo: as disparidades, as guerras, a miséria, as injustiças.

6. Liberdade

Entre as seguintes, escolha a definição que lhe parece mais correspondente à sua atual opinião sobre a liberdade.

A. O homem crê e se ilude em ser livre em seus gestos e em suas atividades, mas de fato não pode evitar as necessidades naturais; *somos fisicamente determinados* e ignoramos todos os fatores que nos conduzem a uma ação assim, aliás, que nos obrigam a cumpri-la, de forma que tal ação não é, de forma alguma, livre; além do mais, somos expostos a uma quantidade de restrições, a força alheia, a persuasão, a potência das emoções e dos desejos. A ideia de uma liberdade verdadeira para os homens é até ridícula.

B. A liberdade sobre a qual se pode discutir, mantendo os pés no chão, tem essencialmente um valor social e político; na vida associada cada um deve relacionar a sua ação àquela dos outros de forma que as constrições recíprocas sejam mínimas e vantajosas para a comunidade.

C. O homem não possui uma total liberdade no querer, no sentido que é ligado a uma fisicalidade que o obriga a querer certas coisas, mas tem, porém, uma liberdade no agir; substancialmente, se posso fazer o que quero, sou livre.

D. A liberdade é um bem a conquistar e a manter, para todos; é concreta e nada abstrata; é ser livre "para" poder fazer certas coisas, e estar livre "de" necessidade e medo.

E. A liberdade é a essência da existência, mas a possibilidade de construir o próprio ser livremente geralmente é fictícia, de forma que o sentimento que prevalece em nossa existência é a angústia.

F. "Liberdade" é livre-arbítrio, a possibilidade de escolher entre o bem e o mal. O homem é livre quando age sob o estímulo do seu "eu" mais verdadeiro e dá ouvidos a si mesmo, à sua voz interior.

G. A liberdade é uma árdua conquista por meio da qual recuperar a própria identidade pessoal, mesmo que seja a custo de assumir para si o risco da solidão ou da incompreensão.

H. A liberdade não pode ser excessiva. É preciso desejá-la e tentar obtê-la, mas não em quantidade desmedida, porque liberdade demais faz mal e embriaga a consciência.

7. Verdade

Entre as seguintes, escolha a definição que lhe parece mais correspondente à sua atual opinião sobre a verdade.

A. A verdade absoluta se encontra, inteira, em uma outra dimensão, a da eternidade; no nosso mundo terreno existem apenas alguns traços dela, que no escuro devemos nos esforçar para distinguir.
B. A verdade é aquilo que nos impulsiona a agir e nos faz alcançar o nosso objetivo.
C. A verdade é algo de objetivo: a narração de uma história, de um fato, de um pensamento, de uma intenção, assim como eles se apresentaram e aconteceram.
D. Para cada homem, cada povo, cada nação ou grupo existem outras tantas verdades *válidas*. Todos se encontram no verdadeiro; no entanto, trata-se apenas do *seu* verdadeiro, com a mesmíssima dignidade de *qualquer outro* verdadeiro.
E. O bom senso, a aplicação da razão, a concórdia dos homens sábios nos permitem reconhecer a verdade, que tem um fundamento divino e objetivo.
F. A verdade é algo a que fomos persuadidos. Mesmo quando sinceramente acreditamos estar certos e dizemos "verdadeiro ou falso" em relação aos valores, estamos sustentando uma verdade que nos foi inculcada, com as palavras e o exemplo. Nós a aceitamos passivamente, tomando-a por boa, transmitindo-a e persuadindo outras pessoas a respeito dela.
G. Não se deve jamais aceitar uma verdade absoluta; trata-se sempre de verdades históricas e determinadas. A única verdade que conta são as condições de vida, as necessidades, as exigências, as relações de dependência e de poder.
H. A única verdade aceitável é a que surge do tormento e da experiência do indivíduo, e parte sempre do estado em que cada um, individualmente, se encontra.

8. Felicidade

Entre as seguintes, escolha a definição que lhe parece mais correspondente à sua atual opinião sobre a felicidade.

A. Cada um conhece uma estrada própria, um modo próprio de conquistar a felicidade; porém, se todos nós colocássemos de lado um pouco de nosso egoísmo e buscássemos, na vida, levar o máximo de felicidade possível aos outros, o resultado seria um crescimento geral da existência e do seu prazer.
B. Para a felicidade da nossa existência, o que mais conta é a nossa individualidade, porque perdura em qualquer circunstância e não está sujeita à sorte como os bens exteriores, nos quais não é bom confiar, enquanto passageiros demais; cada conquista externa é vã e seguida, inevitavelmente, pela desilusão.
C. Deveríamos desejar apenas um tipo de felicidade quieta, sem turbulências, de quem "aposta" a si mesmo sobretudo na atividade intelectual e é feliz por ler, por fantasiar, por ser querido pelos outros: esse é o verdadeiro sucesso.
D. A felicidade consiste em não ter problemas de saúde nem econômicos, em manter um equilíbrio mental satisfatório, em ser aberto às coisas do mundo.
E. Alcança-se a felicidade quando se aumentam os próprios recursos interiores e se disciplinam os prazeres com inteligência.
F. Não se pode ser feliz sem ousar, sem colocar-se além de qualquer regra, sem dar ouvidos ao instante, sem ignorar as ilegítimas autoridades que nos impõem aquilo que devemos fazer.
G. Uma certa forma de felicidade está sempre à mão, porém os homens, um pouco masoquistas, perseguem objetivos irrealizáveis, se deixam escravizar pelas paixões e depois se lamentam.
H. A nossa finitude, a nossa profunda solidão – incomunicável a qualquer outra pessoa – jamais pode nos conceder uma felicidade verdadeira, mas apenas instantes passageiros de alegria.

Agora verifique no Apêndice B, "Soluções do teste de autoanálise filosófica", qual é o tipo filosófico que mais corresponde a você.

Vamos descobrir algo mais sobre o seu "mestre" e o seu perfil filosófico

Você conferiu no Apêndice quem é – ou quem são – o seu, ou os seus mestres de referência? Vejamos, agora, se você realmente se reconhece ali, e quão notáveis são as semelhanças entre vocês.

Você é um platônico?

O supremo Platão (428 a. C.-348 a. C.) – o "divino" Platão, diziam os antigos – é um verdadeiro gigante do pensamento e deixou uma marca indelével na filosofia, no costume e na cultura geral. Até Nietzsche – que não tinha nenhuma simpatia pelas suas ideias – definia-o "o mais belo filho da Antiguidade". Alfred Whitehead (1861-1947) escreve, justamente, que toda a história da filosofia ocidental consiste apenas de uma série de notas escritas à margem das obras de Platão.

No fim das contas, é isso.

Não existem alternativas: ou se está com ele, ou se está contra ele.

Quem era Platão?

Nobre, belo, rico, Platão era, por nascimento (a sua família descendia dos reis atenienses), destinado a se ocupar de política, mas desde muito jovem não teve experiências positivas, aliás tirou da vida pública amargura e desilusão. Ele se dedicou à composição literária e obteve ótimos resultados. Já havia escrito diversas tragédias, e estava compondo outra quando encontrou Sócrates, um mestre extremamente original: não ensinava nada de preciso se não a raciocinar, sem ser pago para isso. Durante as suas aulas, Sócrates falava da justiça e da injustiça, da verdade, da beleza, do amor, do conhecimento, da alma: o jovem Platão ficou deslumbrado. Deu uma última, suntuosa festa para seus amigos da juventude dourada ateniense e naquela ocasião anunciou que pretendia mudar de vida e seguir Sócrates. Na frente de todos, empilhou suas obras literárias e as reduziu a cinzas. Foi aluno de Sócrates por dez anos e, quando seu mestre foi condenado à morte, em 399 a. C., a péssima opinião que Platão já tinha sobre a política ateniense foi dramaticamente confirmada: Atenas havia matado aquele que ele considerava o melhor, o mais inocente e o mais sábio dos homens. Para ele, tratou-se de um verdadeiro choque, e a ideia que precisava urgentemente fazer algo para mudar os homens para melhor e as regras de sua convivência se tornou quase uma fixação. Porque já não tinha nenhuma confiança nos atenienses, tentou fundar a sua cidade ideal na Sicília, em Siracusa, e repetiu a sua tentativa em três ocasiões, mas toda vez deu muito errado (uma vez foi vendido como escravo e libertado mediante pagamento de um valor fabuloso. A segunda vez foi expulso, e a terceira – ele já tinha 67 anos, uma idade bem elevada para a época – foi preso). Certamente teve mais sorte com a sua Academia, uma escola de alta formação (*no-profit*, como diríamos hoje) que fundou em 387 a. C. perto dos jardins do herói Academo (daí o nome). Na academia platônica se estudavam a matemática, a filosofia, a ética e a política para formar jovens que empregariam suas qualidades morais como políticos do futuro: estava, portanto, em suas intenções um investimento para toda a sociedade. Estudava-se com o espírito de uma grande liberdade e de uma grande criatividade, com a técnica das perguntas e respostas; as aulas eram dialógicas e não catedráticas; de fato, a imensa maioria das obras de Platão (34 de 36) são diálogos, originados de discussões reais tidas com seus alunos.

O pensamento

Platão é fundamentalmente um *dualista*, ou seja, para ele a realidade em que vivemos, em que tudo se torna, muda, se corrompe e, enfim, perece, não é a única, e nem mesmo a verdadeira, porque existe uma outra dimensão do ser, perfeita e imutável, aquela do Bem absoluto que se chama *Hiperurânio*, literalmente "para além do céu". Em outras palavras, para Platão *há um céu sobre nós*, o homem é de origem divina, a nossa alma é imortal e a filosofia, por meio de um longo e cansativo processo que dura toda uma vida, serve para elevar as nossas almas e a impulsioná-la para além dos limites do mundo corpóreo, ensinando-nos o Bem. Mas o Bem é praticado também aqui, na dimensão do corpo; a vida, por isso, é uma contínua busca do Bem. Muitos dos conceitos platônicos ficaram na história da cultura, até como expressões idiomáticas. Por exemplo, o conceito de "alma gêmea" se encontra em um mito de sua obra *O banquete*, onde está escrito que os seres humanos, na origem, eram duplos, e tinham os dois sexos; por causa da presunção desses, Zeus os dividiu na metade, e desde então cada metade vai procurando a outra, mas apenas uma combina perfeitamente (exatamente, a "alma gêmea"). E o que dizer de *amor platônico*? Normalmente, com essa expressão queremos falar de um amor assexuado; na realidade, sempre em *O banquete*, Platão escreve que a amar se aprende, e que existem diversos níveis na "carreira" de quem quer amar. Começa-se pelo amor pela beleza de *um* corpo; seguem-se as fases em que se é capaz de ver a beleza em *todos* os corpos (porque, segundo Platão, em *todo* corpo, até no mais aparentemente feio, há ao menos um elemento de beleza); depois, prossegue-se com o amor pela beleza da alma, dos sentimentos, da pátria e da cultura; enfim, o amor pela Beleza e o Bem em si, em um processo contínuo de elevação e de refinamento.

O PERFIL DE UM PLATÔNICO

Se você é um platônico, você crê no divino (não necessariamente em uma religião revelada), na imortalidade da alma e em um além, onde todos serão julgados para prestar contas daquilo que fizeram quando estavam no corpo. Para você, não existem diferenças entre os homens devido ao nascimento, ao censo, à religião ou à etnia; você não tem preconceitos; os homens são diferentes entre si apenas por causa do caráter e das disposições naturais, e o que conta em uma pessoa é o *seu espírito*, de forma que "amar verdadeiramente" significa, para você, "amar sobretudo o espírito de uma pessoa". Você é generoso, idealista, e segue sempre a sua "estrela-guia", certo de que nenhum homem pode abrir mão dela.

Você se expõe em primeira pessoa e toma sempre uma posição clara, quer se trate de política, de bioética ou de uma simples reunião de condomínio; você é um daqueles que gostariam de "mudar o mundo" e tem o senso de uma missão a cumprir para cuidar da verdade que, na nossa sociedade, parece--lhe "doente". Um platônico não se deixa assustar pelo avanço dos anos, as suas ideias são mais fortes que a sua idade; pretende correr até seu último dia, todo dia lhe parece útil para expandir um pouco daquela luz que o incendeia por dentro. Você detesta o palavreado vazio, troca de canal quando, no *talk show*, um fala por cima do outro e grita, você detesta a corrupção, tem valores e quer compartilhá-los, e os problemas que tangem a justiça e o direito são o seu forte. Você é colaborativo, com jeito para o diálogo; você é um ótimo ouvinte, adora o trabalho de equipe e o *brainstorming*. Você se compromete ativamente com a cultura, organiza debates e encontros, mas seleciona muitíssimo bem os espetáculos a que assiste e as leituras que faz, porque eles poderiam, de alguma forma, corrompê-lo e distraí-lo. Você ama estar entre as pessoas, discutir, trocar opiniões; pode ter um *blog* ou uma coluna de jornal, segue a política de perto – tem ideias bem radicais e igualitárias – e gostaria que apenas os melhores se dedicassem a ela; espera, pelo menos, ter como governantes homens e mulheres de alto nível moral ("questão moral" é, com certeza, uma expressão que você usa frequentemente). Você admite com facilidade os seus erros e reconhece os méritos alheios; é capaz de dizer "pensando bem... Refleti bastante... Penso que você tem razão"; você deseja que os seus amigos e os seus parentes lhe mostrem se você agiu de uma forma não muito boa sem ofender você, ou melhor, até tendo por eles um sentimento de gratidão, o que faz com que você se sinta geralmente querido no trabalho e na família. Se você for um platônico, tem necessidade absoluta de uma coerência da sua vida com o seu plano filosófico. Os comprometimentos não são para você, e por isso evita estar na situação em que alguém pode forçar você a aceitá-los; se você é um jornalista, e tem a impressão de uma censura que sufoca o seu legítimo desejo de uma informação "livre", avalie uma troca de trabalho; se você percebe que está se apaixonando por alguém, e já está comprometido, corte pela raiz, porque não aguentaria fingir. Você é fiel, sente afetos profundos e tenazes; porém, por outro lado, essa sua persistência honesta e enraizada nos afetos o torna uma pessoa difícil de abandonar.

Você se opõe ao fim de uma relação por meio da sua dialética e, às vezes, também por meio de algum ato irresponsável, esquecendo-se que tentar segurar quem quer ir embora não só não adiantará, mas impedirá você de perceber quem, por sua vez, está por chegar. Porque os abandonos esmagam e devastam você; para você, estar junto equivale a uma promessa, e toda promessa é um compromisso, uma coisa séria. Então, depois de um longo trabalho interior, você sai disso, cancela a pessoa que lhe fez mal; certamente você não é o tipo que fica o melhor amigo do ex; quem o deixou não merece nem mais um oi. Quando você termina com alguém, termina para sempre, até no ambiente de trabalho. Apesar das suas grandes qualidades, um pouco de flexibilidade não lhe faria mal.

Você é um aristotélico?

Aristóteles (384 a. C.-322 a. C.) era proveniente de Stagira, atual região grega da Macedônia, sudeste dos Balcãs, e, para a mentalidade da época, era um grego da fronteira, uma espécie de provinciano. O seu pai era o médico real da corte de Pela, mas Aristóteles o perdeu ainda jovem e foi estudar em Atenas, na Academia de Platão. Ele tinha vinte anos quando chegou lá, e ali ficou por dezessete anos; enfim, saiu de lá um homem feito depois da morte de Platão, a quem muito amava. Rebate frontalmente a constatação de que, quando se pôs a filosofar por conta própria, Aristóteles se afastou radicalmente dos ensinamentos do seu mestre: na realidade, ele frequentemente sustenta a opinião *contrária*. Àqueles que lhe diziam isso, ele respondia de forma elegante e inteligente: "Platão é sem dúvida um amigo meu, mas mais amiga minha é a verdade", o que poderia ser uma forma educada e delicada, se necessário, para explicar também algum momento (certamente menos nobre) de reviravolta...

Foi o preceptor de Alexandre Magno, depois se estabeleceu em Atenas e, aos cinquenta anos, fundou ali a sua escola, o "Liceu" (nome que vem da estátua de Apolo Liceu, que ficava próxima à escola). O Liceu foi muito diferente da Academia platônica, com um ideal educativo totalmente diferente (além disso, não é por acaso que ainda hoje o termo "Academia" esteja ligado a expressões artísticas, mais livres, enquanto a palavra "Liceu" remonte a uma instituição mais estruturada). Em um certo sentido, Aristóteles foi o primeiro verdadeiro professor da história; queria formar pessoas instruídas que depois desenvolvessem na vida os papéis mais diferentes, não homens políticos que mudassem o mundo, como Platão; ele tinha um calendário das aulas, tinha colaboradores, tentava dar aos seus alunos conhecimentos enciclopédicos em todos os campos, com uma atenção particular às ciências. O Liceu era composto de uma bela estrutura: um grande edifício e um passeio ("perípato"), onde havia aulas ao ar livre, caminhando (daqui o nome "peripatéticos" de seus alunos). Morreu muito famoso, mas um pouco em desgraça; depois da morte de seu aluno Alexandre (ao qual todos o ligavam) em Atenas, recebeu ameaças e preferiu deixar a cidade. Ele se refugiou na ilha de Eubeia, onde morreu não muito tempo depois.

Os pilares do aristotelismo

Em Aristóteles não existe dualismo, como em Platão: para ele, o mundo é só um, e cada pessoa, cada objeto, cada manifestação natural tem em si a sua motivação, a sua matéria e a sua forma, porque não existe um *outro mundo, em uma outra dimensão.* A alma é mortal, desaparece com o corpo e está presente em todas as espécies viventes, mesmo as vegetais e as animais, mas a alma humana é a mais nobre e aperfeiçoada porque se volta ao pensamento racional, o nosso distintivo. O sentido da vida está em conhecer e exercitar a nossa alma mediante o conhecimento; a política é uma ciência prática e não pode consistir em projetar uma cidade ideal e mítica que jamais se realizará; é preciso levar em consideração a índole do homem e da sua natural tendência de ter uma família e acumular bens; o melhor dom de um bom político, e de um homem "sábio", é o bom senso, que o mantém continuamente afastado dos extremos. Aristóteles é o filósofo da lógica e do princípio de "identidade e não contradição".

O PERFIL DE UM ARISTOTÉLICO

Um aristotélico dos nossos dias pensa que nada sobreviverá a ele, porque a sua alma vai embora quando o corpo vai embora, mas tenta da mesma forma "viver como imortal", cultivando a parte mais nobre que há nele: a razão. Ama todas as formas do saber, da física à botânica, do direito à psicologia, com uma queda particular pelas ciências naturais; aprecia a arte porque ela nos ajuda a compreender melhor a natureza e alguns dos seus aspectos; usa a medida e o bom senso em todas as coisas. Se você é um aristotélico você sempre foi considerado um grande *nerd*, mas também uma pessoa equilibrada, à qual se pede conselhos. Você é conhecido por ser pacato e sério; o seu discurso é convincente, sabe lidar com as pessoas. Por isso é um ótimo presidente, mestre, administrador, funcionário, pesquisador, uma ótima mãe, dona de casa consciente e atenta à saúde da família, que passeia muitíssimo bem entre os valores nutricionais, a psicologia dos adolescentes e a legislação. Considera o homem um "animal social", e por isso crê que seja possível ser feliz apenas dentro de uma comunidade, mais no público que no particular; você é contrário ao individualismo, aprecia o comunitarismo, o associacionismo, as organizações sem fins lucrativos, o voluntariado, e para você o principal valor das instituições sociais deve ser a justiça. Todavia, você se opõe aos solavancos políticos e às mudanças repentinas demais das leis que se demonstraram válidas; você é um moderado que considera absurdo jogar tudo fora. Você considera a propriedade privada e a existência de uma classe média os fatores essenciais para a coesão e a estabilidade de uma sociedade; em nenhum campo você ama aos extremos (por exemplo, você não gosta nem dos esportes "extremos", a escalada, a acrobacia aérea, o *snowboard*, que colocam inutilmente em risco o precioso bem da vida), e também não justifica o ciúme amoroso excessivo em um ser "racional", porque mesmo a maior das paixões deve ser governada e não abandonada totalmente aos instintos mais baixos. Enfim, reconheça: você não é muito passional - você é cerebral demais para isso! Você busca no seu parceiro afeto, amizade, cumplicidade, aliança, apoio; sem tudo isso, para você o sexo não é atraente.

Você aprecia enormemente as pequenas atenções, uma massagem no fim de um dia cansativo, uma sopinha quente nas noites de inverno, o café na cama; você gosta da ideia de ler um livro bonito para as crianças, talvez na frente da lareira, e de conversar à mesa com o seu parceiro e seus hóspedes. Você tem horror de conflitos familiares, dos bate-bocas entre sogra e nora, da rivalidade entre irmãos, que você evita ao máximo. Não suporta o desperdício: somos seres finitos e limitados, então porque desejar inutilmente bens desmedidos? Você nunca "vive o momento", não gasta mais do que é necessário, tem dinheiro guardado, investe com sensatez; você é confiável e pontual. A sua regra geral, em qualquer campo, é a moderação. Os seus tempos de reflexão são longos, por isso descarta as profissões em que é necessária uma resposta imediata, e evita até estabelecer relações afetivas com pessoas complicadas demais. A *aurea mediocritas* não lhe parece uma renúncia, mas uma escolha de vida invejável. Você prefere a *serenidade* e ter tempo livre à disposição em vez do sucesso; lembre-se disso também na sua carreira.

Você é um espiritualista?

O sentido que escolhi para este termo (seja por comodidade de exposição, seja pela exigência de se situar em uma certa dimensão, ao menos no começo da sua "carreira" de filósofo) é muito mais vasta do que aquela que normalmente se encontra em um texto de história da filosofia. Historicamente, o espiritualismo é uma fecunda corrente de pensamento surgido na Europa entre os anos 1800 e 1900 como reação ao positivismo, sobretudo sobre conceitos de ciência e progresso, materialismo e ateísmo. Entre os seus maiores representantes está Henri Bergson (1859-1941). Todavia, podem-se considerar espiritualistas os pensadores de cada época, além de, naturalmente, todos os filósofos cristãos, os quais pensavam que a especificidade do homem residisse em sua alma, interpretada também como consciência ou espírito, e constantemente chamaram o homem para a interioridade e para o estudo de si mesmo.

O PERFIL DE UM ESPIRITUALISTA

Um espiritualista tem a sua fisionomia filosófica (e, se for coerente, também comportamental) muito específica. É convicto de que apenas olhando para a transcendência se possa chegar a compreender verdadeiramente a natureza do homem, cuja única parte imortal é a alma. Se você é um espiritualista, não precisa de outras provas da existência de Deus além da sua consciência. Rejeita totalmente a teoria segundo a qual a "consciência" se identifica com o cérebro, pois você acha que a consciência é algo diferente. A consciência é o ponto de encontro entre o passado e o futuro da pessoa, e a pessoa não pode absolutamente ser confundida com o cérebro. Ser chamado à vida comporta responsabilidades e tarefas, e para que a sua ação – que é uma função social – seja correta, você interpela constantemente o seu mestre interior, Deus, que *também* está em você, porque pensa que ele lhe fornecerá a medida do juízo e o estímulo comportamental. Você acredita fortemente *na unidade da vida*, e espera que um certo tipo de "mensagens espirituais", com o fim de aumentar a consciência das criaturas, possa lhe chegar a partir das fontes mais diferentes, uma poesia, uma observação que parece casual por parte de um estranho encontrado pela rua, um sonho, um telefonema, e busca encontrar *o sentido* em todas as circunstâncias. Você tem um pouco a cabeça nas nuvens, é um pouco distraído, um pouco impulsivo, mas basta pouco para desencadear a sua fantasia e, junto ao pragmático, você está entre os "tipos filosóficos" mais criativos. A ação, para você, nunca é indiferente; você é capaz de se arrepender, de pedir desculpas e de voltar atrás; pensa que a dor pode ser necessária para superar uma situação e elaborar um outro modo de vida, mais aberto, consciente e maduro. Você não é um verdadeiro conservador, mas também não é progressista demais; não é nostálgico, mas uma pessoa que guardaria muito do passado porque a tradição tem o seu valor. Ama o silêncio, o recolhimento e a introspecção; na política, seria favorável a uma monarquia constitucional como aquelas da Europa do Norte, com os reis que passeiam de bicicleta; você desejaria uma maior simplicidade nos aparatos burocráticos, menos despesas públicas, uma repressão contra a corrupção, um apertar de mãos entre pessoas para selar um acordo, e assim por diante.

Você é a favor dos compromissos solenes e mantidos, mas não julga ninguém, culpa simplesmente a fragilidade humana, e quando existe boa-fé, você pensa, existe tudo; no incessante esforço de construir um homem melhor, aquilo que conta é que não falta um enriquecimento moral. Para evitar conflitos demais - mesmo que, no seu modo de ver, você sabe bem que às vezes os conflitos são positivos porque ajudam a nos fazer avançar -, você deve buscar manter boas amizades, e possivelmente uma relação de casal, com alguém bem parecido com você, para se abrir, para escutar, para "se recarregar". Como quase nunca escolhemos as pessoas, principalmente colegas e parentes, e nem as situações, os compromissos são necessários; mas um ótimo compromisso poderia ser aquele de buscar "descobrir" os lados e as necessidades espirituais nas pessoas aparentemente mais materialistas, e trabalhar para entretecer com todos, até com aqueles que você julga diferentes demais de você, relações melhores e mais ricas.

Você é um materialista?

O grupo dos materialistas na filosofia é variado e complexo, desde o início até a contemporaneidade. Materialistas famosos da Antiguidade foram Demócrito e Epicuro; da Idade Moderna, Thomas Hobbes (1588-1679), C. A. Helvétius (1715-1771), J. O. De La Mettrie (1709-1751), Nicolas de Condorcet (1743-1794) e D'Holbach (1723-1789), todos iluministas; nos anos 1800 foram materialistas os positivistas como Auguste Comte (1798-1855), os pertencentes à esquerda hegeliana como Ludwig Feuerbach (1804-1872) e, depois dele, Karl Marx (1818-1883); nos anos 1900, entre outros, Michel Onfray (1959) e Richard Dawkins (1941). Atualmente, fala-se sobretudo de um materialismo científico-sociológico, muito ligado a uma visão científica onicompreensiva que, em alguns casos, alcança o cientismo (a tendência a dar à ciência a definição dos valores últimos). O materialismo é marcado por algumas posições centrais, as quais, com algumas variantes, encontram-se um pouco em todos. Por exemplo: toda realidade é corpórea e a vida é apenas o resultado de forças físico-químicas; exclui-se tanto a existência de Deus quanto aquela de uma alma imortal; a religião é geralmente vista como uma maneira de controlar as massas e de fazer com que elas aceitem as disparidades e as desigualdades. Segundo Michel Onfray, um dos mais célebres materialistas contemporâneos, o corpo sempre foi negligenciado pelos pensadores porque nos aproxima dos animais; todavia, esse engano do espírito que prevalece sobre a matéria não poderá durar eternamente, e a filosofia deve contemplar todos os aspectos da nossa existência, inclusive o corpo.

O PERFIL DE UM MATERIALISTA

Um materialista nega a existência de Deus, a criação, a imortalidade da alma; pensa que o único mundo seja *este*, e que todo o resto seja uma fábula. É convicto de que o homem é importante para si mesmo, mas irrelevante no cosmo, que foi originado pelo caos; confia no progresso e considera o homem autossuficiente e acredita que ele pode alcançar uma felicidade terrena por meio das conquistas da ciência, da técnica e de sistemas políticos melhores. Ir em busca das melhores virtudes humanas não é, para ele, menos importante em relação a quem crê em Deus; aliás, um materialista não só pensa que se possa ter uma vida plena e "positiva" sem o dever de recorrer à hipótese de Deus, mas também que seja eticamente mais relevante comportar-se bem, sem vislumbrar no próprio horizonte nem prêmios nem castigos futuros. Se o seu perfil corresponde ao de um materialista, você tem orgulho disso, porque demonstra a sua capacidade de julgamento e a sua independência das verdades que nos ensinaram e transmitiram de modo acrítico. É provável que na política você seja fortemente progressista, frequentemente também pessoalmente empenhado a defender os direitos "concretos", as oportunidades iguais, o direito à instrução, a lutar contra a homofobia e o racismo. Você não suporta a intrusão de autoridades religiosas nas tarefas do Estado, pois você é laico até os ossos; quando percebe que a opinião do Papa ou de um bispo, ou de qualquer outra autoridade eclesiástica, é repetida e difundida pela mídia (segundo você) de maneira desproporcional e excessiva, você se irrita porque parece que vive ainda em uma sociedade feudal, de modelo antigo.

Não concebe essa invasão, e se pergunta em voz alta: "Mas quem lhes permite isso, por que essa subserviência?". Apesar disso, você não tem raiva da igreja; respeita o sentimento religioso, apesar de que, para você, uma confissão religiosa deve se manter rigorosamente no âmbito privado (mas se ocorrer, e se você decidir se casar com alguém que tem fé, você está pronto para o "casamento misto", para não aborrecer a sua "metade" que crê em Deus e na Igreja). Conquistar um nível satisfatório de bem-estar, e dar a si mesmo alguns luxos, faz com que você se empenhe muito no trabalho. Ama viajar, tem um espírito internacional e não é muito ligado ao lugar de origem; estaria pronto para se mudar para qualquer lugar que lhe desse uma promoção, mesmo porque o seu lema poderia ser o dos estoicos: "Pátria comum é a terra habitada". Os seus limites podem ser o arrivismo excessivo, contrastante com a "simpatia" que você sente pelos outros seres humanos, e o fato de você apelar com demasiada frequência apenas ao seu intelecto, nem sempre um guia eficaz nas situações mais delicadas – que, de fato, às vezes o colocam em crise. Raciocinar apenas por "causa e efeito" nem sempre é oportuno; entre os homens existem dinâmicas sutis e o mundo é um sistema complexo, que as leis mecânicas não explicam. Assim, além de ter uma *base* em sua atitude filosófica, você deve se preparar para conquistar uma maior força interior, para tirar o melhor da sua vida.

Você é um cético?

Com o termo geral de "ceticismo", eu resumo aqui as características do ceticismo antigo, do moderno e do "perene", compreendido como uma atitude recorrente, e endêmica, da alma humana.

A palavra deriva de *sképis*, ou seja, "dúvida" (o que me parece já bem indicativo). Os céticos de todos os tempos se questionam: como é possível que existam tantas opiniões, frequentemente tão contrastantes? A única resposta é: porque todas são falsas, ou insuficientes. A tradição, em si, não vale nada e não serve para nada; é uma ilusão pensar que uma convicção transmitida de século a século seja necessariamente verdadeira; as pessoas são tão superficiais que tomam tudo como bom e nem checam; todos acreditam que já existe *alguém que foi checar*, mas nunca é assim.

Os céticos são agnósticos, mais que ateus, em que "agnosticismo" significa que nem se afirma nem se nega a existência da divindade, simplesmente que se exclui o seu conhecimento por parte dos homens, coloca-se a divindade "entre parênteses", suspende-se o julgamento; de outro lado, pensam que a religião não salva de fato a moral, tanto que as pessoas religiosas se mancham com crimes horríveis; os ateus e os agnósticos podem ser bem mais virtuosos que os cristãos. O melhor é seguir livremente a própria consciência, não as opiniões alheias, mesmo que a nossa consciência seja "errante"; nenhum homem tem direito de julgar outro homem.

O PERFIL DE UM CÉTICO

Um cético é o tipo de pessoa que os outros definem como "incontentável". Duvida um pouco de tudo por temperamento, fica longe de falsos entusiasmos e procura sempre pelo em ovo; não confia facilmente, é fundamentalmente cético também na religião e não adere a nenhuma fé (as respeita, porque os homens devem se iludir e se ligar a algo de abstrato e inalcançável, mas sempre pensando que a própria posição de autonomia seja incomparavelmente mais rica e digna). Um cético não investe demais sobre a própria razão pessoal, nem na pública e coletiva; está certo de que ela tenha limites bem mais fortes do que se pensa; afirma que o mundo nos é, em boa parte, desconhecido, e que bem no fundo seja irracional; pensa que os homens não são nem bons nem ruins como se pinta; que os códigos morais nascem da utilidade, e tenham todos o mesmo valor. Possui senso de humor, mas também às vezes não fica longe do sarcasmo (talvez aprecie também as piadas que poucos entendem). Ama as "histórias de crime", especialmente as clássicas, tipo Agatha Christie ou Maigret; gosta de reconstruir mentalmente os detalhes das histórias que lê em um jogo lógico que lhe permite trabalhar a sua inteligência lúcida (e desencantada). Lembra muito bem as estatísticas e os dados, porque corta tudo aquilo que lhe parece supérfluo das informações que busca ou recebe, e tira delas o esquema matemático, como se fosse a única forma de verdade e de objetividade não obscurecida pela incerteza que envolve tudo. Detesta a intolerância, os preconceitos e as opiniões "triunfantes".

Se você é um cético, na política é um moderado ou um conservador: para você, não vale a pena mudar demais, porque de qualquer forma os problemas voltarão. Mesmo que não exista uma ideologia mais convincente que a outra, você recorre aos usos e costumes, que não representam a "verdade", mas pelo menos duram há tempos. Você nunca se irrita durante uma discussão, mas rebate os argumentos do outro um a um, mostrando sua inconsistência, e talvez até balance a cabeça com frequência, mostrando desaprovação... No entanto, a sua vida é marcada por autocontrole e bom senso. Você busca sobretudo a sua tranquilidade pessoal; suspender o julgamento permite que você evite aflições demais. Tenta viver sem muita ansiedade, mas também sem muita euforia. Você é honesto e não engana ninguém, mas nas relações amorosas isso não lhe é vantajoso. Não promete sabendo que não pode manter, e isso sem dúvida tem validade lógica, porém, por causa da sua honestidade, você elimina na fonte aquele tipo de fantasias que agregam romantismo a uma história. Por isso frequentemente você está solteiro, ou cultiva relações ocasionais e amizades amorosas; se, ao contrário, é casado, ou tem uma relação estável, é provável que você pertença a uma geração em que "se estabelecer" era praticamente um dever, ou que você tenha sido "puxado pelos cabelos". Para preservar o seu equilíbrio, e a sua coerência, deixe sempre aberta uma possibilidade de fuga de qualquer situação, não se comprometa a longo prazo, abstenha-se do que lhe parece complexo demais e, no trabalho, não assuma responsabilidades demais. Sobretudo, tente se livrar da sua contínua insatisfação. Você pode lamentar o presente porque é incapaz de apreciá-lo, mas, pensando que não há nada a ser construído, você não percebe que está contribuindo para destruir os tijolos.

Você é um mestre da suspeita?

O filósofo francês Paul Ricœur (1913-2005) cunhou esse ótimo termo para indicar os três pensadores que fizeram de tudo para desmantelar os pilares da civilização ocidental: Karl Marx, Friedrich Nietzsche, Sigmund Freud, mas a essa lista pode tranquilamente ser adicionado também Arthur Schopenhauer (1788-1860), que, em relação à "destruição das certezas", fez a sua parte. Os mestres da suspeita são muito mais que céticos; são os mais corrosivos, são os mais "dinamite" (o termo é de Nietzsche), os mais revolucionários dos filósofos.

No que consistem as suas inquietantes novidades? Todos afirmaram que toda tentativa de "racionalizar o mundo" por parte do Ocidente naufragou miseravelmente; que o mundo é, e continua sendo, um caos irracional sem nenhuma justificativa ou fim, apesar dos esforços dos filósofos gregos (antes) e do cristianismo (depois) para lhe dar um sentido. Pretendiam levantar o véu e ir às raízes da nossa cultura mais que milenar, das leis que regulamentam a sociedade, da moral, da alma humana, e encontraram apenas algo de "humano, demasiadamente humano" (Nietzsche foi quem escreveu isso) que, ao contrário, sempre *se passou* por divino. Acusaram a própria cultura em que haviam crescido, se revoltaram contra as escolas que tinham frequentado, as igrejas em que haviam entrado, os livros que tinham lido, para concluir que a nossa história é apenas um engano monstruoso; que nada é verdadeiro; que tudo que nos ensinaram é falso. A cultura e a religião nasceram para justificar e legitimar a propriedade privada e o poder de uma elite sobre a massa (K. Marx), de forma que a religião é o "ópio do povo" funcional à classe dominante; para fazer com que seja aceito, paciente e passivamente, a dureza de um impiedoso e injusto "aqui", prometeu-se ao povo um inexistente "além". A própria razão é uma mentira: o homem é impulso, desejo sexual, prepotência, ebriedade, força criativa, e os únicos valores humanos verdadeiros são os do corpo e da sua satisfação (Nietzsche e Freud). A moral cristã é "lixo", "moral dos escravos", os quais, não podendo obter a beleza, o comando, a riqueza, disseram que tudo isso é pecado. A moral cristã exalta tudo o que é típico de um escravo, o jugo, a humildade, a abstenção dos prazeres. A moral *natural* é apenas a do corpo, beleza, força, saúde, juventude, poder (Nietzsche). Exatamente porque a razão é, no homem, só a ponta de um *iceberg*, uma parte mínima em relação ao que o mantém em vida, o homem é um "animal triste e reprimido", aliás, o preço da civilização é uma repressão *contínua*, uma angústia contínua: a civilização nos obriga a reduzir e limitar a felicidade pessoal em favor da segurança coletiva. A religião é uma forma de neurose, causada pelo complexo de Édipo e por um estágio infantil que o homem não quer superar, e Deus é uma espécie de "Grande Pai" (Freud). A nossa vida não tem sentido nenhum, não existe nenhum "depois", o mundo se baseia em um princípio eterno, cego e irracional, a "vontade de viver" – que age em nós e em tudo o que existe no universo. *O homem é o ser que entre todos sofre mais, porque é mais inteligente: "quanto mais sabe, mais sofrerá".* O único modo para entrar em acordo com os nossos contemporâneos é ter piedade deles, porque reconhecemos, neles, a nossa própria essência de marionete, presas de uma "vontade" irracional (Schopenhauer).

O PERFIL DE UM MESTRE DA SUSPEITA

O "mestre da suspeita" é bem mais do que um complotista que não acredita na chegada do homem à Lua em 1969 ou na versão oficial do 9/11: é o que acredita que o complô seja universal e tenha começado *imediatamente*, porque nos persuadir sobre algumas verdades sempre foi bem cômodo aos governos e às sociedades de qualquer época. "O mestre da suspeita" se pergunta: e se nada fosse verdadeiro? Se até o amor não for nada além de uma desculpa ou de um disfarce genial para afirmar o próprio egoísmo, inclusive o amor dos pais pelos filhos (amando um filho, defende-se a própria possibilidade de eternidade, não o filho em si); o amor dos filhos pelos pais (dependência e cálculo utilitarista); em relação ao parceiro (um modo de desafogar a própria sexualidade sem ter que ir para lá e para cá); em relação à humanidade (uma abstração, um engano, porque ninguém pode amar todos os homens, que além de tudo nem merecem isso)? Sentir-se "mestre da suspeita" é essencialmente um estado psicológico, um "depois da máscara, depois das esperanças, depois das ilusões, depois das ideologias, depois da confiança". Se você se reconhece neste perfil, vive sob "um céu mudo", não admite fim, nem ordem, nem providência. Não é um "ateu tranquilo": vai *além* da morte de Deus, da qual tem certeza, não é comprometido com política e não crê muito nem mesmo na democracia, que considera uma camuflagem do poder de poucos com o "agradinho" do voto e de uma falsa participação.

Você se limita àquilo que pode tirar dessa existência, mesmo que se trate de uma ponte levadiça que oscila sobre o nada e que percorremos com dificuldade, tanto mais que, no fim, não conduz a nenhuma meta. No trabalho, você vê tudo e ouve tudo; suspeita sempre de um segundo objetivo, não confia em ninguém, ninguém conhece os seus verdadeiros pensamentos e dificilmente lhe serão atribuídos cargos de responsabilidade (aliás, "popular" não é um adjetivo frequentemente ligado ao seu nome). Como companheiro amoroso, você é bastante incômodo, é hostil com frequência, e, além disso, com uma pessoa diferente de você, tem dificuldades de relacionamento, e com uma parecida com você, não melhora muito: são confrontos contínuos...

Você geralmente é visto como "problemático", polêmico e derrotista; se você se sente em crise de valores; se está tenso e se opõe um pouco a tudo, e o mundo lhe parece um caos em que quase nada funciona, mantenha a sua força crítica e reflita, porque ser um verdadeiro "mestre da suspeita" não é fácil. Você tem vontade de proclamar o seu desencanto e de se tornar uma espécie de profeta, um isolado que talvez poucos escutem, uma pessoa negativa, destruidora, sombria?

Mesmo que você possa não encontrar sentido nem significado no homem e no mundo, sem olhar tão para longe você pode, sim, se contentar com pequenos significados, pequenos objetivos; e viver sem se afastar dos homens, apreciando cada instante, estipulando metas.

Deixe o mundo para lá.

O sentido depende essencialmente de você.

Você é um existencialista?

Søren Kierkegaard (1813-1855), o filósofo do "indivíduo", da "possibilidade" e da angústia, que muitas vezes encontramos, é considerado um tipo de pai fundador do existencialismo, corrente, porém, fundamentalmente dos anos 1900. O existencialismo representou a atmosfera da cultura europeia entre as duas guerras, e depois dos anos 1950 e 1960; nascido nas aulas universitárias, acabou se tornando uma moda (jamais uma filosofia havia tido tanto sucesso entre as pessoas). Na verdade, na ocasião de uma conferência de Jean-Paul Sartre (o fato entrou para os anais), que aconteceu em Paris no dia 29 de outubro de 1945, os organizadores, como sempre, temiam não cobrir os custos, mas em vez disso as pessoas se apinharam tanto para poder entrar que houve inúmeros desmaios e cadeiras quebradas. No tumulto, até a bilheteria acabou em pedaços! A atração por essa filosofia – às vezes criticada pelos adversários como "filosofia de luxo" ou "filosofia burguesa" – foi tanta que poesias e canções existencialistas foram compostas, por exemplo *Les feuilles mortes*, música de Joseph Kosma (1905-1969), letra de Jacques Prévert (1900-1977), cantada por Yves Montand (1921-1991):

> Mais la vie sépare ceux qui s'aiment,
> Tout doucement, sans faire de bruit
> Et la mer efface sur le sable
> Les pas des amants desunis...*

Havia roupas existencialistas (tubinho preto, cabelos "tigelinha", rosto pálido); personagens existencialistas (Juliette Gréco, 1927); filmes existencialistas como a *Trilogia da incomunicabilidade*, de Michelangelo Antonioni (1912-2007), composta por *A aventura* (1960), *A noite* (1961), *O eclipse* (1962); romances existencialistas, como *A náusea*, de Sartre (1905-1980) e *O estrangeiro* e *A peste*, de Albert Camus (1913-1960), os quais, já pelos títulos, nos mergulham em um modo de ser e de sentir muito particular. Como é que essa cultura existencialista teve um sucesso tão grande, a ponto de atrair multidões às conferências? (Atrair multidões agradaria a todos aqueles que de alguma forma trabalham com filosofia, mas esse é o único caso de que eu já ouvi falar.)

Provavelmente os existencialistas, e também as pessoas comuns que compartilhavam de sua reflexão e os tornaram quase um *cult*, viviam em um período de crise, mesmo moral, em que a Europa tinha mergulhado. Anos difíceis, de reconstrução, mas também da queda de muitas certezas; anos que acentuavam o "risco de viver", evidenciavam

* N. T.: "Mas a vida separa aqueles que se amam,/ bem docemente, sem fazer rumor,/ e o mar apaga na areia/ os passos dos amantes separados...".

a finitude da existência e sua problematicidade, seus limites e suas imperfeições, e acusavam a razão, que parecia obscurecida. Os existencialistas estavam – e estão, porque o existencialismo realmente não acabou – em busca de uma resposta sobre o *homem*, por mais que pudesse resultar desconsolada. Os existencialistas refletem sobre a finitude do homem; a morte não é um acidente, mas um "fato" tão fundamental que nos conota (nós homens somos "seres-para-a-morte"); a existência é possibilidade, incerteza e liberdade. Mas a liberdade humana é fictícia, porque na realidade estamos sempre "em uma situação" da qual não podemos fugir, de forma que sentimos o "cansaço" e o "peso" do viver. Para o existencialismo ateu (Sartre, Camus), o único modo de dar significado a uma existência "absurda" é o comprometimento em relação aos outros; Camus afirma que, se "a natureza condena o homem à morte, que pelo menos o próprio homem não o faça". Para o existencialismo chamado "religioso" (Karl Jaspers, ele também já citado muitas vezes), é preciso *aceitar* esta vida como é, ainda mais porque "as coisas não acabam aqui"; aliás, quanto mais próximos estivermos de um naufrágio ou de situações-limite para as quais não há remédio (dor, morte, perda), mais nos será, de alguma forma, revelada a Transcendência.

O PERFIL DE UM EXISTENCIALISTA

O existencialista é um pessimista e um melancólico; mais que um derrotista, é uma pessoa geralmente tomada por um sentimento inexprimível, não sem uma ponta de doçura obscura, que é ao mesmo tempo nostalgia e um vagar indistinto de "algo que eu não sei". Para um existencialista, tudo é precário, até os sentimentos e os afetos; o pôr-do-sol é sempre mais longo que o amanhecer; teme não ser compreendido; ele se angustia por não poder fugir de si mesmo e dos seus limites. É um eterno indeciso, em vez de pensar naquilo que conquistará por meio de uma escolha, pensa no que perderá; pensando de novo, depois, a possibilidade que descartou vai lhe parecer a melhor, de forma que se arrepende de quase toda escolha que faz; é o tipo clássico de "*il fiore che non colsi*". Frequentemente se sente sozinho, mesmo não o sendo fisicamente; sente uma ameaça obscura sobre si, que talvez seja a mesma também para os outros; mas talvez não, sendo toda sua; porque é um átomo vagante, um "eu", que colide com outros átomos vagantes, como nas colisões dos velhos carrinhos de bate-bate de parques de diversão. Quando diz "eu" pensa, na realidade, "eu, centro do mundo", porque é um egocêntrico como poucos. Até mesmo quando ama e é amado de volta, no fundo enxerga a situação como Paul Géraldy (1885-1983):[3]

"Não devemos ser exigentes demais.
Não peçamos o impossível.
Devemos estar contentes por sermos
As pessoas que somos
Duas pessoas que um pouco se amam
E um pouco não,
que às vezes são loucas uma pela outra.
Já é muito sermos dois."

3 Paul Géraldy (1885-1983), poeta francês. Ver p. ex.: https://www.frasicelebri.it/frasi-di/paul-geraldy/.

Se você é um existencialista, acha a comicidade um pouco vulgar, se não for sutil a ponto de ser compreendida por poucos; quanto mais um filme for angustiante – e incompreensível para muitos –, mais você gosta; não que você seja incapaz de se divertir, mas os passatempos mais banais, e geralmente até os esportes mais populares, parecem-lhe apenas a busca incessante de uma distração para não pensar; mas você *quer* pensar, e talvez até chafurdar nos seus pensamentos. Você é original também no modo de se vestir, chapéus, lenços; como pessoa, você é muito interessante; tem uma aura de inteligência à sua volta, como uma pessoa que vai abaixo da superfície, complicada, um pouco corrosiva, uma pessoa que não se deixa seduzir facilmente, que seleciona, avalia, não se contenta (e também por isso as pessoas gostam de você: o gosto de conquistar um existencialista é impagável). O seu vagar intelectual lhe dá uma grande elasticidade mental que permite que você se adapte, mesmo que sempre de maneira sofrida; geralmente você é hipocondríaco, sujeito a crises de pânico, sofre de doenças psicossomáticas, erupções cutâneas, bolhas no rosto, náuseas, e o repouso é o seu inimigo. Porque um existencialista *deve* se comprometer, deve ter um objetivo; o Nada que sempre o rodeia o aterroriza; o seu resgate pessoal é se aceitar, e aceitar a vida como problematicidade e risco, mas também como "impulso" em direção a algo que pode ser o empenho político, você mesmo (preferivelmente), Deus ou até mesmo outros homens.

Em conclusão, se você é um existencialista (mas eu digo isso baixinho), como companheiro você não é exatamente o ideal; você se apaixona na onda de uma sugestão, mas está preso demais em si mesmo, é muito pouco confiável para projetar um futuro em comum, porque os seus sentimentos são lábeis (continuo dizendo baixinho). Não é assim, porém, no trabalho, porque trabalhar alivia a sua sensação de vazio; o seu narcisismo pode também levá-lo a grandes resultados. Mas o seu existencialismo, provavelmente, não deixará que você os aproveite até o fim. Você vive também o maior dos sucessos como se a pedra, no cume do monte, estivesse sempre para rolar para o outro lado, e até mesmo quando você estiver no ápice das suas aspirações, até quando você receber cumprimentos dos outros, será levado por uma das suas corriqueiras crises e sentirá o irrevogável sentimento da vaidade do tudo.

Você é um pragmático?

O pragmatismo é a mais "americana" das filosofias, uma filosofia substancialmente otimista cujos maiores representantes, apesar das diversidades entre eles, são considerados William James (1842-1910), Charles Sanders Peirce (1839-1914) e John Dewey (1859-1952). Segundo os pragmáticos, a razão humana é essencialmente um instrumento, e a escolha e a decisão por uma determinada filosofia dependem não tanto de uma "verdade" abstrata dela, mas sim da sua "utilidade" na vida. Em poucas palavras, uma filosofia deve oferecer uma ajuda para que nos orientemos em nossa conduta prática. O objetivo do homem é uma ação *melhoradora* que deixe uma marca e, realizando o individual, coopere com a realização de uma sociedade melhor e mais "simétrica". Os pragmáticos eram muito próximos ao mundo do trabalho, faziam conferências e publicavam artigos em revistas importantes; transparecem, neles, o "sonho americano", o liberalismo político como exigência e o ideal do *self-made man*.

O PERFIL DE UM PRAGMÁTICO

O pragmático é uma pessoa que ama a concretude, a clareza, a positividade, o fazer, o realizar, o construir. O resultado dos seus pensamentos, o fio condutor da sua filosofia deve levá-lo a uma meta preestabelecida: ou as virtudes são "práticas" ou não são virtudes. Olha o futuro com confiança, não gosta de perder tempo e, segundo ele, o método mais confiável – se se está imerso em uma disputa ou empacado em uma dúvida – para compreender o problema é se questionar: o que mudaria se aquilo que eu penso fosse verdadeiro, e as opiniões contrárias dos outros fossem falsas? Se, no fim das contas, não mudasse nada, então o problema seria um falso problema e se poderia andar adiante. Para um pragmático, toda tese – não apenas científica, mas também comportamental – é passível de revisão e "ajuste"; ama o liberalismo como forma política exatamente porque confia o poder "por tempo" e pode revogá-lo sem revoluções; o valor de um conceito se mede sempre no campo, na aplicação, então até a verdade consiste em seu *cash value*: o seu *valor em dinheiro*.

Todavia, o pragmático não é apenas um homem ou mulher em uma carreira e um defensor da livre iniciativa, nem apenas um artesão laborioso, um operário ou um industrial propenso a procurar o bem-estar para si, e graças a um sentimento de "simpatia" em relação aos outros seres humanos, a trabalhar para todos porque se coloca "em seu lugar". É o amigo que, no caso de necessidade, se empenha mais do que qualquer outro; conhece as leis, as regras das finanças, sabe como ajudar alguém a arranjar uma hipoteca ou adquirir uma empresa. Ama o trabalho em grupo, mesmo que tenha a tendência de ser o líder, não por acreditar ser mais inteligente do que os outros, mas por ser mais "organizado" e disposto a empenhar-se sem olhar no relógio ou no calendário. Se for um chefe, enfim, tem o carisma perfeito; é um ótimo organizador e administrador (pessoalmente, em meu círculo de amizades, não tenho muitos gerentes ou diretores de indústria, mas os poucos que tenho são *todos* pragmáticos). Se você é um pragmático, pode parecer um arrivista, mas se justificará afirmando que não age só para si mesmo, mas pensa em contribuir com a felicidade pública promovendo a sua, também no ambiente de trabalho (e a competitividade o exalta e você não hesita a se colocar em evidência). Você confia na instrução, adora diplomas, mestrados, cursos de atualização, especialmente os sobre comunicação; se você tem filhos, não os matricula em qualquer escola: você se informa, avalia, escolhe, vai sempre às reuniões de conselho de classe, e os professores o consideram um pouco invasivo. Aprecia quem consegue fazer fortuna, e é convicto de que é um bem para os pobres que existam os ricos, porque, assim, algo vai também para eles. Você prefere a família tradicional, mas não é daquelas pessoas que querem fazer com que uma relação continue a qualquer custo; sabe onde e quando parar se uma relação acaba. É apaixonado pela boa forma física, é esportista, cuida da alimentação; de sua boca saem frequentemente as expressões "maximizar, otimizar". No que tange ao sentimento religioso (de forma abrangente), pensa que, por ser tão compartilhado pela humanidade, e por se tratar de um sentimento capaz de nos dar força e de representar uma razão vital, ele é muito válido. Todavia, você talvez devesse cuidar um pouco mais da sua espiritualidade, ampliá-la *qualitativamente*, abrir-se a outras dimensões da realidade talvez apenas por meio da leitura, por exemplo, de poetas ou de místicos, o que completaria aquilo que você já define como "a riqueza da vida".

É isso: aquilo que talvez lhe falte seja um pouquinho de sutileza; alguns detalhes, matizes, que hoje lhe fogem; você deve, às vezes, deixar que a sua fantasia e a sua imaginação corram livres.
E descansar, vez ou outra, só pode lhe fazer bem.

Você é um eclético?

"Ecletismo" vem do verbo grego "*ek-lèghein*", ou seja, "escolher e então reunir". Então, no fim das contas, o termo sintetiza uma harmonização pessoal de inspirações, sugestões, propostas, exemplos tirados de vários pensadores; geralmente sem uma lógica aparente, talvez só para a pessoa que faz a seleção. Os romanos foram quase exclusivamente ecléticos, inclusive Sêneca, o maior; talvez porque eram espíritos eminentemente práticos, não elaboraram nenhum pensamento original, pegaram o bom onde o encontravam e fizeram dele, às vezes, sínteses potentes, dando a elas a marca da personalidade individual. Um exemplo é Marco Túlio Cícero (106 a. C.-43 a. C.), que é um pouco cético, um pouco epicurista e um pouco estoico. Escreveu muitos tratados de filosofia, mas admitia simpaticamente, com seu amigo Ático: "Não me é muito difícil escrevê-los, eu coloco apenas as palavras, que não me faltam". Assim também Marco Terêncio Varrão (116 a. C.-27 a. C.) e o imperador Marco Aurélio (121 d. C.- 180 d. C.). Ser eclético não é um título de demérito; todos nós somos um pouco, mas somos de modo diverso: porque somos todos únicos, e a nossa combinação, a nossa mistura, não parecerá com nenhuma outra. Então o que conta é a síntese, a *sua* síntese, que pode ser também muito original e eficaz.

O PERFIL DE UM ECLÉTICO

O eclético se reconhece um pouco em Platão, um pouco no ceticismo, um pouco no pragmatismo ou em qualquer outra combinação; pensa com a própria cabeça e não se deixa influenciar demais por ninguém.

Não se deixa esmagar por nenhuma autoridade, luta contra os próprios preconceitos para ser realmente livre mentalmente, avalia com ponderação os sistemas de qualquer tipo, políticos, filosóficos e éticos, e talvez seja o mais interessado de todos a se adaptar aos tempos, a trocar de partido político e de trabalho – e até de parceiro, por que não? – dada a sua ideia de fundo de que as circunstâncias são imprevisíveis, que todas as nossas previsões podem dar errado e que os acasos da vida devem ser tomados pelo que são, de forma que é preferível, em vez de se lamentar, estar preparado. Se você é um eclético, então, você identifica em qualquer lugar uma parte de verdade; em certo sentido, você é o contrário do cético; é atento, curioso, secretamente busca um caminho que o conduza a uma linha ideal. Usa de cautela antes de aderir a uma ideia, e também a um projeto inovador; você é um garantista; os outros para você não são estranhos, mas pessoas geralmente interessantes; a sua vida de relacionamentos é rica; sabe escutar com atenção. Você experimenta, insere sempre novos elementos em seu cotidiano, e é muitíssimo capaz de se demitir se o seu trabalho, mesmo que bem remunerado, não o satisfaz; considera que existe sempre mais de uma opção, mesmo apenas na hora de escolher as férias; você se adapta, se identifica, é bastante popular. Muitíssimo hábil no uso de todos os instrumentos da "revolução digital", "critica os seus críticos"; lê os jornais na internet, tem vários amigos no Facebook e, com Pierre Lévy (1956), o teórico da "inteligência coletiva digital", escolhe aquela que Lévy sempre chama de "cosmopédia", um saber coletivo. Você é absolutamente otimista a respeito do bem, a longo prazo, de estar sempre conectado, talvez porque só a internet pode satisfazer a sua ânsia de estar frente a uma pluralidade de vozes. O seu lema pessoal pode ser: "Todos sabem algo, ninguém sabe tudo". De quando em quando, de frente a um dilema, você se esforça em coordenar as suas ações para o objetivo. O risco, para você, como para qualquer eclético – normalmente, um impaciente – é não parar muito tempo em nenhuma opinião, assumir muitas opiniões, talvez um pouco superficialmente, e não se empenhar demais em nenhuma relação, com a certeza de que, se a relação em que você está não é totalmente satisfatória, uma outra chegará rapidamente.

Uma máxima de Sêneca para você meditar: "Quem está em todos os lugares não está em lugar nenhum".[4]

4 SÊNECA, L. A. *Lettere a Lucilio, loc. cit.*, p. 2.

Descreva o seu perfil filosófico atual

Sinceridade. Só sinceridade. Introspecção e autoescuta, é disso que você precisa: a essência da filosofia. No momento de compilar o seu perfil filosófico, preferivelmente no seu caderno, você pode também colar do lado, em um cantinho, uma foto sua. Em resumo: de forma que, talvez daqui a um ano, você vai vasculhar nas *suas* páginas e vai ser divertido se olhar também na foto; talvez uma *selfie* em que você está brincando, com uma expressão pensativa, tipo um filósofo mesmo. Olhe na internet os bustos de um estoico ou de um cético, solenes e graves, e entenderá o que eu quero dizer.

Depois de tê-lo compilado, guarde-o. Provavelmente daqui a um ano já não será mais o mesmo.

O meu retrato filosófico atual

Data:

Resultado do teste de autoavaliação: sou... (platônico etc.)

1. Os meus valores fundamentais:

____

____

____

____

2. O meu tipo de religiosidade (confessional, interconfessional, racional, mística, compreendida como disposição de ânimo); ou então o meu ateísmo, agnosticismo:

____

____

____

____

3. Para mim, o que significa o amor:

4. O que o amor deveria ser:

5. A minha relação atual estável se baseia nestes princípios (se você não está em uma relação estável, identifique os motivos, escolha, necessidade, crise etc.):

6. O papel do espírito e o da matéria na minha vida:

7. Estou mais “no ter” ou “no ser”?

8. Com quantas pessoas falo normalmente durante o dia – cara a cara?

9. Com quantas eu troco apenas *e-mails* ou chamadas telefônicas?

10. Há quanto tempo não vejo meus parentes mais íntimos?

11. E os meus melhores amigos?

12. Estou feliz neste momento? E por quais motivos particulares?

13. Nas relações pessoais sou o tipo que confia imediatamente e, se for caso, paro de confiar, ou já desconfio de início?

14. Eu defino o meu eu atual com pelo menos cinco adjetivos:

15. Eu me coloco no lugar do meu vizinho de casa e me defino com pelo menos cinco adjetivos, sob o ponto de vista dele:

16. Acho que dei (ou estou dando) orgulho para meus pais? E se, ao contrário, acho que os decepcionei de alguma forma, quais as razões?

17. O que a natureza representa para mim?

18. O que espero da minha vida que eu ainda não tive?

19. O que espero dos progressos científicos? Que tornem o homem mais feliz? Que tornem o homem melhor? A ciência tem que ter limites ou deve ir até onde consegue chegar?

20. Qual meu posicionamento sobre o multiculturalismo?

21. A ideia de uma Europa, de um mundo ocidental que não são mais o que eram vinte ou trinta anos atrás me dá medo? E por que isso me dá (ou não) medo?

22. Sinto um tipo de desorientação, ou de aversão, frente às rápidas transformações da sociedade, novos tipos de família e de relacionamentos?

23. Estou pronto para mudanças? Consigo explicar a razão e analisar essas mudanças com lucidez?

24. O que acho do testamento biológico e do fim da vida?

25. O meu posicionamento sobre a eutanásia:

26. Segundo minha opinião, é possível conhecer a verdade? Qual tipo de verdade?

27. O que vejo, ou vislumbro, no desenrolar da história dos povos e das nações?

28. A minha relação, ou não relação, com a política:

29. A minha relação com a beleza: onde eu a busco, onde eu a encontro, qual a sua importância na minha vida:

30. Escolho um lema para me representar neste período. Exemplos: "Viva escondido" (Epicuro); "Caminho mascarado" (Descartes); "O verdadeiro é o feito" (Vico); "O que sei?" (Montaigne); "Não é preciso rir, nem chorar, nem zangar-se, apenas entender" (Spinoza).

6. Vivendo todos os dias como um filósofo

E AGORA?

Sem dúvidas você já entendeu, neste momento, do que você precisa, o que lhe interessa, o que o pressiona (por exemplo, questionar-se sobre uma mudança pessoal, sobre os laços que unem os homens, sobre um caso específico, sobre um dilema de consciência, uma relação sentimental, um problema no trabalho, a busca por um sentido e por um objetivo existenciais no sentido amplo), e qual voz que lhe é afim você deseja escutar e examinar mais de perto.

Você já sabe aonde direcionar os esforços para construir um sistema filosófico *seu* e ativar o seu potencial.

Mas o que significa *construir um sistema filosófico próprio*?

Significa ser capaz de observação profunda, meditação profunda, autonomia moral. Significa se conhecer melhor, examinar e enfrentar com equilíbrio as mudanças, compreender que não existe uma medida única para julgar, que existem necessidades próprias e especiais, e que sufocá-las nunca é uma boa ideia – elas devem ser *enfrentadas*.

Todos os dias.

Não é necessário que o seu sistema filosófico seja *completo, absoluto, onicompreensivo e logicamente inatacável. O que conta é a atitude geral de abertura, bom senso e raciocínio, não os conteúdos individuais.*

Você não está aqui – nós não estamos – para se tornar um Platão ou um Aristóteles, mas para tentar o máximo possível mediar o conflito entre os impulsos irracionais e a nossa luz interior, que poderia enfraquecer ou apagar por causa do nosso "pouco" uso – ou pela "falta" dele. Estamos aqui para não continuar andando sobre plataformas fixas e convencionais, para não continuar nos acomodando sobre verdades que jamais nos demos ao trabalho de checar, para não sermos mais apenas sujeitos receptivos, mas também criativos.

O seu sistema filosófico, o seu conhecimento de filosofia não ficarão confinados ao seu caderno e à sua mente.

Haverá resultados – imediatos e duradouros – na sua vida real.

A prática da filosofia é um modo de ser, um estilo de vida que faz com que vivamos relações mais livres e sinceras; que liberta a nossa inteligência; que nos impulsiona ao diálogo e à escuta; extrapola aquilo que o mundo tem de bom para oferecer, e o que nós temos de bom para oferecer.

É uma escolha que acontece quando queremos acentuar um aspecto relevante de nós mesmos, e quando queremos apostar nele.

Todos os dias.

A filosofia como estilo de vida fará com que você se fortaleça contra ameaças externas e internas, aquelas que o enfraquecem, tornando-o refém de uma insatisfação profunda que geralmente não tem nenhum fundamento, só uma falta de clareza consigo mesmo. O fator determinante consistirá em *saber parar* no momento certo para *pensar*, o que corrigirá vários dos seus erros de avaliação e o ajudará a atribuir os efeitos às suas causas efetivas.

Todos os dias.

Bom dia.

Faltavam muito mais do que cinquenta mil passos.

Viva como um filósofo

Este *não é* um decálogo final (e também não é centrado apenas em dez pontos; na verdade, são um pouco mais, mas enfim, você entendeu).

É um cumprimento entre amigos. Não sei quanto tempo você levou para chegar até aqui; talvez só um minuto; talvez você esteja na livraria e já pulou para as conclusões, para ir direto ao assunto e decidir se *O filósofo em você* poderia interessar-lhe. Se for isso, e você pulou todas as passagens anteriores, as dúvidas que eu compartilhei e as confidências que me escaparam, bom, não sei qual efeito lhe farão estas páginas.

Porém, eu as escrevo para você também.

E, agora, vamos direto ao assunto.

Simplifique

O que você está tentando fazer é se tornar o que é, ou melhor, aquilo que você sabe que pode se tornar: uma pessoa equilibrada e sensata que saboreia todos os instantes. Em cada instante, você encontra um sentido e exercita totalmente a sua inteligência, para si mesmo e entre os outros. O objetivo é ambicioso; precisa que qualquer um, ao encontrar você, pense, com serenidade e respeito, "olha, encontrei um homem de verdade, uma mulher de verdade", e algo vai se expandir sobre ele, porque todo mundo, segundo suas capacidades, contribui para criar a ordem do mundo. Por isso tenha ciúmes do seu tempo, selecione, não fique pousando aqui e ali porque é assim que se faz; você não tem tempo para perder em bobagens, vaidades ridículas, invejas mesquinhas. O primeiro passo é:

SIMPLIFICAR

Você não pode ser, ao mesmo tempo, popular, arguto, brilhante, simpático, potente, influente, rico, amado, temido, livre, independente, despreocupado e totalmente autônomo. Por isso, escolha. Um gerente comprometido 24 horas não pode ser um pai ou mãe sempre presente. Alguns desejos são incompatíveis com outros: tente cumprir ao menos um, o mais importante. Compile uma lista de tudo aquilo com que você está comprometido de alguma forma, ocupado, imerso, submerso, e elimine o que puder. Seja sóbrio também nas necessidades e nas compras. Nada impede um banqueiro ou um multimilionário (em euros) de ser um pouco filósofo, mas eu, pessoalmente, não conheço *tantíssimos*:

> *"Um homem é rico em proporção ao número de coisas sem as quais pode viver."*[1]
>
> HENRY DAVID THOREAU

A propósito de "simplificar", Thoreau (1817-1862) certamente é um exemplo *extremo;* aos 28 anos foi viver nos bosques sem um tostão no bolso, determinado a viver com o que produziria sozinho; ficou por ali por dois anos, e tirou disso um belíssimo relato em sua obra-prima, *Walden*. Porém, mesmo que nem eu nem você tenhamos a intenção de seguir o exemplo de Thoreau, o seu convite para enfrentar os fatos essenciais da vida é sempre válido:

> A nossa vida é estragada nos detalhes [...] Simplicidade, simplicidade, simplicidade! Uma pessoa honesta raramente tem necessidade de contar mais do que os seus dez dedos [...] Digo que as suas tarefas são duas ou três, e não cem ou mil; em vez de um milhão, contem meia dúzia, e mantenham as suas contas sob a unha de um polegar.[2]

Tente entender o que você realmente quer

Muitos dos objetivos que nos colocamos são, na realidade, objetivos falsos que nos foram inculcados e impostos pela família, pela sociedade, pelo costume e pela mídia. Mas geralmente aqueles *não somos nós*, mesmo que queiram nos fazer crer nisso (toda sociedade tende a nivelar os próprios membros, por causa da frequente ideia de evitar "desordens"). Nós *não somos* a família da propaganda, nem a jovem que parece tão feliz por usar um certo absorvente, nem somos quem se descobre poeta ou cantor lírico enquanto dirige um carro veloz e caro seguindo a linha do horizonte. Para sermos como os outros, para nos conformarmos às opiniões comuns, arriscamos nos perder, não nos reconhecer mais, não viver a nossa vida, que é única, sempre.

1 THOREAU, H. D., *op. cit*, p. 143.

2 Ivi, p. 153.

"Desde sempre [...] me surpreendo [...] com a maior parte dos homens, que atribui um valor tão alto aos pensamentos dos outros e um tão escasso aos próprios, a ponto de passar a vida apreendendo as ideias alheias em vez de produzindo as próprias."[3]

JOHANN FICHTE

Mas um filósofo não quer perder nem uma migalha, nem um pedacinho de si mesmo, mas quer *conquistar* a si mesmo, na própria autenticidade.

"Aquilo que temos de falso dentro de nós, devemos extirpá-lo [...] e toda vez que erramos, devemos recomeçar do início."[4]

SØREN KIERKEGAARD

Por isso, tente entender quais os seus verdadeiros objetivos; a sua razão observou e apreendeu até o que lhe escapou – só que você não perguntou isso a ela conscientemente, nunca se interrogou como poderia. O seu projeto de vida já está em você, corte as aparas que o escondem de você e desvele-o. *Faça uma faxina*, jogue tudo para o ar, se necessário. Quando tiver estabelecido o seu verdadeiro objetivo desta vida (até os dez anos, eu, por exemplo, queria virar santa), para ter a contraprova de que está no caminho certo, não dê atenção à opinião dos seus amigos, mas sim às críticas que recebe.

"A adulação dos amigos destrói, assim como a hostilidade dos inimigos nos corrige."[5]

SANTO AGOSTINHO

---

3 FICHTE, J. *Scritti sulla dottrina della scienza*. Ed. M. Sacchetto. Turim: UTET, 1999, p. 491.

4 KIERKEGAARD, S. *Aut-aut*. Ed. Cantoni R. Milão: Mondadori, 1976, p. 41.

5 AURELIO AGOSTINHO. *Confessioni*. Ed. Luigi Alici. Turim: Sei, 1992, p. 66, vol. VIII-XII. Na especulação de Santo Agostinho (354-430), bispo de Hipona, na África romana, padre da Igreja, santo, escritor prolífico e filósofo, constante é o chamamento à interioridade e à introspecção. Uma das suas máximas mais célebres: "Ama, e faz o que quiseres".

Estude atentamente as críticas que recebe, sinta a ansiedade de recebê-las: uma palavra contrária é mais indicativa do que cem palavras a favor. Diz-se que todo livro, mesmo os piores, contém ao menos uma página boa; até mesmo uma pessoa a respeito de quem você tenha opiniões negativas pode evidenciar um ponto fraco seu e lhe indicar o que você não enxerga.

Aprenda com isso, sem se indignar ("mas como ele teve a audácia...").

Assuma para si as consequências das suas escolhas

Se você optar por viver como um eremita no cume da montanha, não se lamente se depois não receber mais convites e as pessoas se esquecerem de você. Se você perceber que sofre por isso, volte atrás; talvez, simplesmente, você não é o tipo que vive em um cume de montanha, mesmo que a perspectiva lhe parecesse romântica; não há nada de mal em repensar. Se você não gosta de viver uma existência previsível demais, com programas, atividades e ganhos preestabelecidos, você deveria renunciar à segurança em nome de um tipo de existência mais arriscada e incerta, mas mais estimulante. Se, porém, você quer sempre estar "na onda", e ama ser questionado sobre qualquer assunto, não apenas você é o sujeito perfeito para as pesquisas por telefone, mas também não lhe convém deixar a cidade apesar de alguns momentos de impaciência que, na contabilidade da sua vida, não são mais que uma nuvem passageira. Enfim, se a sua liberdade pessoal lhe é cara como o sucesso, lembre-se que será bem árduo obter ambos; ou então você terá uma meia liberdade e um meio sucesso (o que também pode representar uma opção *razoável*). Mas se você gosta de fantasiar, saborear as recordações, escutar o vento que vibra, e se você gosta de aproveitar aquele momento inexprimível, talvez a competitividade excessiva e o trabalho contínuo não sejam para você. Conscientize-se das suas forças; quando você começar uma ação, avalie não tanto se você possui a capacidade, mas sim *se tem a força moral e psíquica* para cumpri-la.

Mantenha a sua coerência

Coerência significa, antes de tudo, que você não deve jamais ir demasiadamente contra si mesmo – não lhe convém fazê-lo, as consequências chegariam sem dúvidas. Não tome decisões contrárias demais aos seus princípios mais profundos, faria mal a você e aos outros. Até o mandamento de Jesus afirma: "Ama ao próximo *como* a ti mesmo", não *mais* que a você mesmo, e o respeito pelas pessoas, que a razão nos impõe, tange em primeiro lugar a você. Enfim, após avaliar profundamente as consequências de uma escolha, tente manter a própria coerência (não "cegueira" e nem "obstinação"), uma coerência no sentido "clássico" de fidelidade e perseverança, antes de abandonar uma posição sensata e racional na qual você meditou longamente apenas porque notou que os outros – talvez até *muitos* outros - não compartilham dela.

Não se deixe influenciar por opiniões passageiras e mutáveis se dentro de si mesmo você percebe estar certo – o *seu* certo.

Mantenha-se firme.

Se dentro de si você se sente tranquilo e leve, não se importe nem se no fim você for o único a pensar de uma certa maneira.

Não peça aos outros que façam o que você pode fazer sozinho

Nunca espere demais dos outros, sobretudo nunca espere nada com tanta certeza (é provável que cheguem surpresas por parte de pessoas, surpresas que você nem sonhou haver), porque ninguém nunca conhece tão completamente os outros a ponto de prever a reação deles; não considere nada como dever, mas sim como um presente, com gratidão, inclusive aquilo que chega até você de forma inesperada.

Defenda suas opiniões e, quando for preciso dizer um "não", diga

Você não precisa se justificar se não aceitar um convite ou uma proposta, "nada é dever", mas também "nada pode ser exigido". Quase nunca você tem à sua frente um juiz, o seu chefe ou o seu confessor; geralmente à sua frente estão os provocadores, ou, como diz uma amiga minha, os "sugadores de almas alheias". Seja cortês ao falar, mas firme e decidido, e não se precipite a dar alguma desculpa. As desculpas são importantes; não as desperdice se não vale a pena. Não é *boa educação* dizer sempre sim; é uma forma de temor e de covardia, algo autodepreciativo, um verdadeiro complexo de inferioridade (ou até de vantagem pessoal).

Você tem ou não uma cabeça *própria*, uma opinião *própria*?

Diga a sua, siga o seu pensamento. Quem não consegue pronunciar um "não" para alguém está dando a esse alguém uma importância excessiva e, ao mesmo tempo em que você agiganta o outro, encolhe a si mesmo. Se, enfim, efetivamente, você tem à sua frente um juiz, o seu chefe ou o seu confessor, e pensa que seja certo dizer "sim", abaixe a cabeça; se você não consegue se virar de outro modo por qualquer razão, até a sua escolha de abaixar a cabeça será filosófica. O importante é que você saiba o que está fazendo, e o porquê. Se o seu equilíbrio e a sua consciência poderiam vir a sofrer com isso, então você fez a coisa certa; mas, naturalmente, não se lamente.

Não insista

Peça, se necessário, com firmeza e compostura.

> *"Um rogar tímido é um convite à recusa."*[6]
>
> SÊNECA

Se a resposta é negativa, não insista, não pressione, não constranja, não implore, não suplique, e faça de forma que os outros não o façam com você. Não é digno, e frequentemente é inútil.

Além do mais, aquilo que é concedido por ter sido pedido com insistência geralmente vem tomado de volta, e logo.

6 SÊNECA, L. A. *Fedra*, p. 8. Para outras frases de Sêneca, veja também https://www.frasicelebri.it, ou www.aforisticamente.com

"Não se pode obrigar a chuva a cair, é preciso esperar por ela", diz a sabedoria chinesa.

Torne-se mais livre e leve "tudo com você"

Algumas coisas estão sob nosso poder (pensamento, juízo, desejo, amor, ódio, palavra), outras não (saúde, fama, bens, atividades externas, honra). O que nos torna livres – e é livre – é o que recai em nosso poder: se deixarmos para lá o que não está em nosso poder, ninguém poderá nos impedir de nada, ninguém nos fará mal; a liberdade é um processo interior, no qual é preciso se exercitar. Tornar-se livre, ou mais livre, requer coragem de lutar contra o conformismo, a prudência, o cálculo, a dependência psicológica e econômica, a defesa de pequenos interesses, as tradições e imposições familiares. Nós mesmos somos os autores de muita escravidão, moral, espiritual e até física; a liberdade é também uma questão de caráter, que a filosofia pode reforçar. *Omnia mea mecum porto*: é preciso levar tudo consigo, bastar a si mesmo. Esta sentença, atribuída por Cícero a Bias de Priene (séc. VI a. C., um dos Sete Sábios), indica a superioridade dos bens espirituais sobre os materiais, aqueles bens que ninguém jamais poderá arrancar de você, os bens *que você tem sob controle* e que o acompanham sempre: inteligência, dignidade pessoal, a satisfação do seu trabalho, os afetos, o sentir-se bem com o seu espírito e o seu corpo, o amor pela natureza, a paixão por um esporte, o gosto pela arte e pela leitura.

Para o estilo de vida de um homem, o que mais importa é o que ele possui em si mesmo.

Apenas se você levar tudo consigo é que você poderá estar seguro de ser apenas você mesmo, e não um cabide que veste a roupa de diversos personagens, ora filho, ora pai, ora amigo, ora profissional, ora colega, ora companheiro. Ser *autônomo e autossuficiente* espiritualmente significa responder apenas à própria consciência, prosseguir incessantemente no próprio trabalho de busca, compartilhar sem, porém, perder nada de si mesmo, compartilhar mas também saber dizer: "eu paro por aqui", ou "eu continuo", fugir da armadilha moral do conformismo.

Não se preocupe com maledicências

Nem mesmo Jesus Cristo, Sócrates, São Francisco, Mahatma Gandhi, Dante Alighieri, Pablo Neruda, Victor Hugo foram poupados da fofoca maléfica (para não falar de perseguição). Que as pessoas falem, então: os outros são livres para afirmar o que quiserem sobre você, e você é livre para pensar o que quiser dos outros. É a nossa conduta que fala verdadeiramente sobre nós; preocupe-se com isso, e não com as histórias que circulam sobre você.

Experimente

Não deixe para depois, não procrastine. Faça o que sempre desejou, mas nunca ousou fazer pelo risco de errar. *Ouse*. Não se deixe levar pelas circunstâncias, não pense "vamos ver como as coisas se ajeitam, de onde sopra o vento", faça com que o *vento obedeça a você*.

> "*Hoje renove-se verdadeiramente, renove-se todos os dias, e um dia renove-se novamente.*"[7]
>
> CONFÚCIO

Não recue, coloque-se à prova. Você pode aprender, pode acumular experiência. Não nos conhecemos de verdade se não experimentamos as nossas próprias forças. Ao recuar, você não perde apenas *aquela* ocasião que você rejeita, mas gera em você mesmo o hábito de ficar na soleira e de temer aquilo que tem do outro lado da porta.

> "*Ficar na ponta dos pés não é crescer.*"[8]
>
> LAO-TZU

7 VÁRIOS AUTORES. *Testi confuciani*, *op. cit.*, p. 89.

8 Lao-Tzu, www.blackship.it/page/Lao%20Tzu.

Pegue outros caminhos se aquele em que você estava já está estéril há muito tempo; continue, se quiser, mas não se fixe ali; certamente você sabe fazer de outro jeito, tente. Tente não uma, mas muitas vezes, e não se canse de tentar.

> *"Se há uma coisa que o sábio não estudou e, estudando, não compreende, ele não o abandona; se há uma coisa que ele não investigou e, questionando sobre ela, não a conhece, ele não cessa; se há uma coisa sobre a qual ele não meditou e, pensando sobre ela, não a conquista, ele não a deixa para trás; se há uma coisa que ele não fez, e, praticando-a, não consegue ser constante, não interrompe. Onde os outros tentam uma vez, ele tenta cem; onde os outros tentam dez vezes, ele tenta mil."*[9]
>
> CONFÚCIO

O ideal seria que aquilo que sabemos fazer melhor coincidisse com aquilo que mais desejamos fazer, mas nem sempre é assim. Aproveite a maravilhosa possibilidade humana de crescer enquanto se está vivo. Você pode adquirir novas capacidades; dedicar-se a uma nova causa; conhecer novas pessoas; você pode, enfim, se transformar.

Faça isso.

Viva a vida das pessoas

Olhe com compreensão, aliás, com ternura, mesmo que geralmente poucos sejam dignos de estima, os seus contemporâneos; não olhe para o homem ou para a mulher, mas para o espírito que se esconde neles, errante, incerto como o seu, e que talvez precise de você.

Esteja presente na vida das pessoas que você ama. Não se limite a um telefonema eventual: eis um dos remorsos e lamentos mais típicos, o amor que não foi expresso, "não ter feito o suficiente quando ainda se

9 *Riduzione*. *In*: VÁRIOS AUTORES, *op. cit.*, p. 117.

podia". É difícil arrepender-se de ter feito algo por alguém: é muito mais fácil arrepender-se de não o ter feito.

Leve aos outros o dom inestimável da sua presença

Não fale demais ou pouco demais sobre você; principalmente, mostre-se interessado pela vida dos outros, da melhor forma, para que eles se interessem pela sua. Tente entender o sentimento dos outros. O que significa "entender"? Imaginar aquilo que os outros "sentem lá dentro", um ato que seria espontâneo se ninguém – ou a nossa própria "avareza" sentimental – nos colocasse obstáculos.

Seja modesto

Não se envergonhe de afirmar que você ignora aquilo que ignora; não se aventure em assuntos que não são seus.

> *"Você quer que eu lhe ensine o que é a sabedoria? Aquilo que você sabe, reconheça sabê-lo, aquilo que você não sabe, reconheça não sabê-lo. Esta é a sabedoria."*[10]
>
> CONFÚCIO

Não exagere, não conte vantagens, não exiba seus títulos nem a sua carteira, deixe que os outros o façam, que os outros pesquisem sobre você.

Deixe ao Google o que é do Google.

> *"Em geral é aconselhável revelar a própria engenhosidade calando, em vez de falando. No primeiro caso, nós nos comportamos como sábios, no segundo, como vaidosos."*[11]
>
> ARTHUR SCHOPENHAUER

10 Ivi, p. 135.

11 SCHOPENHAUER, A., *loc. cit.*, p. 96.

"O sábio [...] não se põe à mostra, por isso brilha,
não é assertivo, por isso se destaca,
não se vangloria, por isso recebe reconhecimento,
não é orgulhoso, por isso dura.
Por não competir,
ninguém no mundo pode competir com ele."[12]

LAO-TZU

Ninguém gosta de uma pessoa com o rei na barriga. Não diga "eu" demais. Se é você que está falando, *já* se supõe que os pensamentos que expressa sejam seus, ou referentes a você. Não corrija sempre todo mundo – principalmente se ninguém lhe pediu que o fizesse. Seja modesto, como na parábola zen:

> Antes da Iluminação, corte lenha e tire água do poço,
> depois da Iluminação, corte lenha e tire água do poço.[13]

Orgulhe-se da sua personalidade sem causar rancor e sem humilhar ninguém

Não pise nos outros, não os rebaixe, que a sua "vitória" seja clara e limpa, mas sem vítimas. Imponha-se com a sua personalidade, não com a sua arrogância. Modere o tom de voz, seus modos e seu timbre. Defenda com serenidade as suas ideias. Não gesticule demais, não grite. "Se você mantiver a calma em um momento de ira", diz um provérbio chinês, "poupará cem dias de dor". Afaste-se do "primata desprovido de pelos", diria Desmond Morris, o famoso zoólogo, especialista em macacos que, em seu *O macaco nu*,[14] define o homem como "um macaco em crise" e afirma

---

12 SHANTENA SABBADINI, A. (Ed.), *op. cit.*, p. 197.

13 Ivi, p. 155.

14 MORRIS, D. *La scimmia nuda: Studio zoologico sull'animale uomo*. Milão: Bompiani, 2017. Em seu lançamento, em 1967, o livro de Desmond Morris (1926) causou furor e foi muito discutido, mas ainda é válido, em boa parte. Eis uma rápida citação: "O desenvolvimento do cérebro, que acompanhou a transformação do simples habitante da floresta em um

que ainda estamos seguindo os modelos de comportamento fixados pelos nossos antepassados. Em parte pode ser verdade, mas a evolução é um fato, de forma que não é o caso de anular, com o seu comportamento, as dezenas de milhares de anos de história humana que nos levaram a dizer o que pensamos sem precisar usar a clava. Quando nos comunicamos com os outros de forma mordaz, irônica ou agressiva, suscitamos instintivamente uma reação similar nos nossos interlocutores, e agora já não é mais um diálogo ou um debate, mas um ringue do qual não se sai mais, porque ambas as partes já tiraram seus espinhos para fora.

Guarde bem os seus espinhos, se quiser chegar a um resultado.

> "*Quem é calmo e tranquilo se torna o guia do mundo.*"[15]
>
> LAO-TZU

Começar uma discussão dizendo: "Imagino que você tenha os seus motivos para pensar assim, e quero escutá-los com atenção antes de manifestar os meus" é uma maneira para estabelecer um contato, deixar o clima mais sereno. O outro – seja quem for – se esforçará para raciocinar com você e, quando se raciocina, uma solução comum quase sempre está próxima.

Orgulhe-se da sua idade

Conheci muitos homens e mulheres em "crise de idade", tentando de forma não muito digna – e bastante inútil – recuperar os anos passados, nas atitudes e no aspecto. Porém, mudar, se tornar um pouco diferente, fora e dentro, é totalmente natural, e, de fato,

---

caçador animado por um espírito de colaboração, permitiu que esse se ocupasse de melhorias tecnológicas. Os simples lugares de habitação das tribos se tornaram vilas e cidades de grandes dimensões. A idade do machado desabrochou na idade do espaço. Que efeito teve o ganho deste verniz externo e desta aparência sobre o sistema sexual da nossa espécie? Parece se tratar de um efeito muito pequeno. Tudo aconteceu rapidamente demais e de improviso para que se pudessem manifestar progressos biológicos fundamentais" (p. 89).

15 Veja aforisticamente.com.

nada desvantajoso em tantíssimos aspectos. Por que você iria querer fugir do *panta rhei*, do qual a própria vida depende? Você não é mais profundo, mais perspicaz, mais inteligente, mais humano *agora*? Não tenha inveja dos jovens; orgulhe-se da sua idade. Você tem aquilo que nem todos têm – um passado.

> *"Àqueles que não têm em si mesmos nenhuma ajuda para viverem bem e felizes, a eles todas as idades são execráveis; ao contrário, àqueles que sabem tirar de si próprios o essencial, a eles nenhuma necessidade da natureza poderá parecer ruim. E neste gênero de coisas, a velhice é a primeira de todas: todos os homens desejam alcançá-la, mas depois se lamentam."*[16]
>
> CÍCERO

É esse passado que torna você único com as suas sugestões, a sua infância, as suas memórias, os seus cantores preferidos, as vozes que você ouviu, as palavras que lhe falaram.

Não nos mantemos por muito tempo em nenhuma posição, muito menos a idade. Além disso, você tem certeza de ter sido tão feliz assim dez, vinte, trinta anos atrás? Você já esqueceu as suas dúvidas e as suas inseguranças, a dificuldade para chegar a uma certa serenidade e solidez, tudo aquilo que desde então aprendeu às suas próprias custas? Você pode ser atraente, fascinante e carismático muito além da sua data de nascimento.

> *"Górgias de Leôncio viveu 107 anos, e nunca parou nem de estudar nem de trabalhar. E, tendo-lhe sido perguntado por que queria ficar por tanto tempo vivo, respondeu: 'Nada tenho a reprovar à velhice'."*[17]
>
> CÍCERO

16 CÍCERO. *La vecchiezza*. Ed. Narducci E. Milão: Bur, 1989, p. 139. Marco Túlio Cícero (106-43 a. C., citado nos "tipos filosóficos") foi pouco original, mas conseguiu uma fecunda síntese das doutrinas platônicas, aristotélicas e estoicas.

17 Ivi, p. 151.

Você não está competindo com seu filho ou com seu jovem colega por músculos nos peitorais, força física, olhos de águia (que certamente compensará com os seus conhecimentos, seus modos de fazer, um belo par de óculos de miopia). Não está competindo com sua nora nem com a namorada do seu filho, nem com a vendedora da loja de roupas que a olha de cima e diz, "*Talvez* esse vestido não seja para a *senhora*". Conheço algumas *senhoras* que se ofendem profundamente se alguém não as chama de "você" imediatamente, como se chamar de "senhora" fosse uma prova da disparidade cronológica; e agora? O *panta rhei*, cedo ou tarde, tomará a frente, e talvez alguém amanhã chamará de "senhora" quem nos chama hoje de "senhora", admitindo-se que o faça com uma pontinha de malignidade, e não tranquilamente, sem pensar, porque "senhoras" somos, e parecemos ser.

E agora?

Envelheça com decoro, alegria e sabedoria.

Mostre, com os seus atos e gestos, que amadurecer lhe serviu de algo.

Não tenha medo do tempo: ame-o.

> *"E todo grau alcançado é ao mesmo tempo preparação para o próximo, e o tempo não é mais um empecilho, mas o meio para realizar o possível."*[18]
>
> I Ching

Não se lamente continuamente

Não reclame de seus deveres: eles são o seu lugar no mundo. Não incomode as pessoas com o catálogo das suas desgraças, fale sobre elas apenas se lhe forem feitas perguntas precisas. Além de tudo, lamentando-se

18 WILHELM, R. (Ed.). *I Ching: Il Libro dei mutamenti*. Milão: Adephi, 1995, p. 56. O *I Ching*, obra enigmática e fascinante, é um monumento da espiritualidade oriental, provavelmente milenar em termos de conteúdo. Karl Gustav Jung escreveu uma esplêndida introdução a ele em 1949. Leitura e consulta, por experiência pessoal, são extremamente interessantes.

continuamente você faz mal para si mesmo, isso o impede de ver onde está o que é bom, você definha, regride, se autodeprime. Não só isso, as suas reclamações têm uma consequência *social* negativa. Alguns estudos americanos (Universidade da Califórnia de San Diego) afirmam que a felicidade é contagiosa: pode-se transmiti-la aos familiares, aos amigos, até aos vizinhos. Porque nós humanos somos constituídos de forma que nos sugestionamos uns aos outros, e somos levados a imitar os outros, se em uma sala mais de uma pessoa começa a bocejar, cedo ou tarde nós também bocejaremos; imagine a capacidade de propagação que se pode atribuir a estados de ânimo como tédio, descontentamento, mau humor, frustração, insatisfação. Não seja uma espécie de "causador", com a sua cara fechada. Não se surpreenda se alguém começar a evitar você para não ouvir a longa lista daquilo que não anda bem na sua vida. Se realmente quiser, lamente-se com um familiar – que já deve estar acostumado a ver o seu mau humor e provavelmente o escutará distraidamente – ou com um diário, que certamente ninguém jamais vai querer ler.

Fale com as pessoas

Os homens têm a tendência a sentir prazer na companhia de seus semelhantes. Resmungamos sobre nossos contemporâneos e os criticamos, mas os lugares desertos nos repelem e nos angustiam, a ideia de uma praça vazia nos desanima, e às vezes até preferimos ficar na fila para jantar em um restaurante cheio do que nos sentar em um dos muitos lugares livres de outro; porque *instintivamente* pensamos que, se não tem ninguém, um motivo existe, então *instintivamente* confiamos na opinião geral. Isso porque sabemos que temos frente a nós um semelhante, e não um *inimigo*. Talvez um adversário, um concorrente, um rival, mas muito raramente um verdadeiro *inimigo*. E um semelhante nosso geralmente gosta de falar, gosta do discurso comunicativo; aqueles que vão por aí com um "não me toque" escrito na cara transmitem uma impressão negativa, como se tivessem saído do círculo. Voltaire, tão mundano, dizia "a terra é cheia de gente que não merece que se lhe dirija a palavra", mas mais como piada e provocação do que por convicção; aliás, adorava conversar. É verdade que existe também a linguagem não verbal, mas "verbal" e "não verbal" são, entre si, incomensuráveis, e se praticássemos exclusivamente a linguagem "não verbal", e não como um "apoio" - geralmente de forma inconsciente –, adoraríamos ouvir uma voz; seria como um renascimento para nós.

Viver como humanos é falar, e prestar atenção nas palavras pronunciadas.

Mas viver como humanos é também *escutar*.

> *"Concentrar-se nas relações com o próximo significa sobretudo ser capaz de escutar. A maior parte das pessoas escuta os outros, ou dá conselhos, sem escutar verdadeiramente. Não leva a sério o interlocutor."*[19]
>
> ERICH FROMM

Porém, é preciso levar muito a sério o interlocutor, considerar as pessoas, perguntar a opinião delas. As pessoas esperam que você lhes dirija a palavra, aliás, o mundo está cheio de pessoas que esperam ouvir palavras de alguém.

Todo mundo tem uma história para contar.

Escute-a.

Não tenha saudades do passado

Não se pergunte: "Onde foram parar aqueles dias?".

Não se junte àqueles que falam de virtudes que desapareceram, de valores hoje inexistentes, aqueles que têm saudades das regras, das cortesias de antigamente; uma senhora, há anos, se lamentou comigo que nem as máquinas de lavar nem os aspiradores de pó funcionam tão bem como os de antigamente, porém, por questões anagráficas, tenho certeza de que se referia àqueles monumentos superpesados, lentos,

19 FROMM, E., *op. cit.*, p. 119.

barulhentos e pouco eficientes dos anos 1950, mas fato é que se tratava de eletrodomésticos *de antigamente.*

Pense que, *antigamente*, lamentava-se das virtudes, valores, regras, cortesias de um "antigamente" ainda mais antigo.

E quem conseguiria fixar a data do passado, aquele *antigamente* em que tudo ia bem?

Por isso, não tenha saudades do passado e não se afaste do futuro. Faça a sua parte para recriar os ideais que você acha que desapareceram, e você vai perceber que, na verdade, eles ainda existem.

Perceba o presente

O contato com a realidade você tem *agora*, aquilo que você tinha ontem não existe mais, aquilo de amanhã ainda não existe.

Uma última "história zen":

> Um senhor pediu a Takuan, um mestre zen, que lhe sugerisse como podia passar o tempo. Os dias lhe pareciam longos demais, enquanto desempenhava as próprias funções, e ficava sentado, orgulhoso, recebendo homenagens das pessoas. Takuan desenhou oito ideogramas chineses e os deu ao homem.
> Este dia não se repete duas vezes.
> Fragmento de tempo, grande joia.
> Este dia jamais voltará.
> Todo instante vale uma joia inestimável.[20]

Permaneça um pouco criança

As crianças não se cansam de perguntar. As crianças não se cansam de tentar. São capazes de estar ali, horas, de frente a um quebra-cabeças, procurando o lugar certo para uma pecinha, ou desmontando e montando o mesmo tijolinho de Lego. São capazes de se maravilhar,

20 SENZAKI, N.; REPS, P. (Eds.), *op. cit.*, p. 46-47.

de exultar, de chorar e de externar seus sentimentos, são autênticas. Epicuro e os estoicos fazem o convite de tomar as crianças como um modelo, porque elas vivem instintivamente com a natureza. Elas são livres para ser o que são, escolhem sempre a si mesmas.

É o que devemos fazer.

> *"Permanece de fato criança quem é verdadeiramente homem."*[21]
>
> KARL JASPERS

E enfim...

Pense.

Melhore.

Voe.

Levante a cabeça.

Seja dono da sua razão.

Viva como "um deus entre os homens", diria Epicuro.

Filosofe, mesmo porque já entendeu como se faz.

O filósofo que existe em você pensa, melhora, voa, levanta a cabeça, é dono da sua razão, vive como um deus entre os homens.

Não é um resultado *muitíssimo simples* de se obter, concordo; a chama da razão em nós não arde incessantemente em direção ao alto, às vezes desvia, até parece apagar, depois reacende. Hospedamos dentro de nós um emaranhado tão grande que nem sempre é possível nos dominar e considerar todos os aspectos de uma questão para avaliá-la profundamente.

Porém, a nossa razão nos percorre sempre, e vale a pena recorrermos a ela e segui-la.

---

21 JASPERS, K. "Trascendenza". *In*: VÁRIOS AUTORES. *La Metafisica di Jaspers e l'ermeneutica scientifico-filosofica in rapporto al problema della libertà*. Ed. Penzo G. Milão: Paravia, 1992, p. 120.

Diz-se que o filósofo francês Henri de Saint-Simon (1760-1825) ordenou ao seu criado que o acordasse todas as manhãs com estas palavras: "Levante-se, senhor conde! Hoje esperam pelo senhor grandes coisas para fazer!".

Provavelmente você não é um conde e também não tem um criado, mas pode, da mesma forma, escrever essas palavras e colá-las em algum lugar, na geladeira, no corredor, na cabeceira da cama – ou então imprimi-las no coração.

Para se lembrar que os seus dez mil passos como filósofo esperam por você, e que todos somos chamados para viver segundo a razão e a liberdade.

Depende de você, do seu comportamento.

Cada um é aquilo que escolhe ser.

Apêndice A
"Treinar" a mente no sentido filosófico

Exercícios, jogos e experimentos mentais

A vitalidade da filosofia é inexaurível; ela se presta a nos acompanhar em todos os nossos momentos, desde aqueles de relaxamento até aqueles lúdicos; um aprendizado por meio da diversão que não exige outros meios a não ser o nosso próprio cérebro, a ser treinado com exercícios, reflexões sobre o tema, simulações, experimentos mentais sobre situações concretas nas quais podemos nos encontrar. "Brincar" com a filosofia não contradiz de forma alguma a sua seriedade; o jogo é um instrumento que nos completa, dá vida à nossa razão e à faculdade de imaginar, reforça nosso empenho intelectual e produz, ao mesmo tempo, divertimento e conhecimento. E quanto mais nos referirmos a algo próximo de nós, mais a filosofia nos revelará a sua natureza "prática", sugerindo-nos que filosofar não exige esforços especiais nem uma coragem particular, mas apenas um empenho renovado para entrar nas dobras de nosso espírito e escutá-lo (talvez até sorrindo...).

Esta seção do livro contém uma miscelânea de testes, experimentos mentais, exercícios aplicativos e jogos.

Quanta filosofia já houve na sua vida?

A filosofia "implícita" que o apoiou até agora, sem que você pensasse nisso...

Você quer alguns exemplos da filosofia *implícita* que o apoiou até agora, de forma que lhe fique mais claro? Vamos olhar para trás, para alguns pontos-chave do seu passado. Sem dúvidas, você sempre seguiu uma lógica, mesmo quando jovem, ou muito jovem, uma lógica que, na sua opinião daquela época – as ideias mudam, avançam, transmutam, assim como as esperanças e as expectativas –, permitiria que você cumprisse um determinado objetivo segundo a sua escolha: "filosofia", seguramente. Não é muito importante o fato de você ter conseguido ou não: o importante aqui é perceber o *critério das suas escolhas* e entender o sentido da presença da filosofia na sua vida passada, em busca dos tijolos e das pedras com que você construiu a sua figura atual. Uma passagem fundamental para continuar nos seus cinquenta mil passos filosóficos.

1. Com catorze anos você precisou decidir se continuava ou não os estudos depois da escolaridade obrigatória. O que você esperava quando decidiu?
a) Não continuar depois da escolaridade obrigatória.
b) Inscrever-se em uma certa instituição de ensino superior.
c) Inscrever-se na universidade.

2. As suas expectativas foram frustradas ou foram confirmadas?

____

____

____

____

3. Em ambos os casos, por qual motivo, com base nos elementos que você tem? Você não fez o suficiente? O que você tinha que

ter feito e não fez? Ou então o seu "xeque-mate" foi determinado apenas por circunstâncias externas?

4. Na sua vida sentimental, você procurou, ou procura, um modelo ideal de homem ou de mulher? Vamos partir das suas primeiras experiências juvenis. Alguns afirmam que as ilusões dos jovens são a continuação das fábulas e dos mitos de infância; isso foi verdade no seu caso?

5. Já lhe aconteceu de viver uma história de amor do modo errado por causa das suas esperanças e fantasias excessivas, e de reconhecer isso mais tarde?

6. Admitir isso serviu para o seu processo de autoconhecimento, ou você recaiu no mesmo erro?

7. A cidade onde você cresceu: quais motivos o levaram a deixá-la ou a ficar ali?

8. As suas relações com os outros sempre foram marcadas por integridade, verdade e respeito?

9. Você acha que deu mais do que recebeu, ou menos?

10. Que papel tiveram os outros nas suas decisões?

11. E a tradição, o conformismo, os hábitos, uma certa fraqueza de caráter, o medo de errar?

12. Você era daqueles que "não sabem dizer não", ou que sofrem fortemente a influência externa? Se sim, sobretudo em qual período? Sabe indicar mais ou menos uma data, um ano, em que você sente ter se emancipado mais? E isso foi depois de quais circunstâncias?

13. Qual você acha que foi o peso do acaso na sua existência?

14. Se, de forma geral, você se sente insatisfeito com o andamento da sua vida, já pensou na possibilidade de ter exigido, ou estar exigindo, demais de si mesmo?

15. Qual foi, e é, para você, a importância da relação com o dinheiro?

16. Você acha que cumpriu às vezes, na sua vida, ações *completamente* desinteressadas? Quais? E por quais motivos?

17. Em quais ocasiões você conseguiu notar que o preconceito, ou a sua ansiedade de ver verificado aquilo que você esperava, ofuscou a sua racionalidade, levando você ao erro?

18. Qual seria a sua reação se fosse obrigado a reviver exatamente todos os dias da sua vida até agora vivida sem poder mudar nem uma vírgula? Alegria, horror, tédio, medo, angústia, gratidão?

19. Como você resumiria o que você já viveu, em termos racionais, em duas ou três frases? Enfim, sobre filosofia: houve o suficiente ou pouco demais?

Resolva uma dúvida ética com a ajuda de Kant

Em sua obra-prima, *Crítica da razão pura* (1781), Immanuel Kant pesquisa os fundamentos de uma moralidade que possa ser válida para os homens de todos os tempos e nacionalidades, crentes ou ateus, baseada no senso de dever que a nossa natureza de seres racionais nos impõe por meio da voz da consciência. Como guia ao comportamento, Kant propõe um "imperativo categórico" (ou um comando absoluto)[1] a ser assumido como princípio de vida, com o qual se confrontar constantemente em caso de dúvida ética. Por exemplo: "Qual é a coisa mais certa que posso fazer neste momento?". O imperativo categórico de Kant não nos dá os "conteúdos" da norma moral, mas apenas a sua "forma".

Ei-lo: "Aja como se a regra da sua ação pudesse se tornar um comando universal."

Ou: todas as vezes que estou de frente a uma dúvida moral, e não sei exatamente o que fazer, devo me perguntar: *se eu cumprisse tal ação, esta minha tal ação poderia se tornar um modelo válido para todos?*

Se a resposta for "sim", a minha escolha é a mais certa; de outra forma, não.

Para verificar a validade e a praticidade do imperativo categórico, vamos ver juntos alguns exemplos.

O concurso público

Suponhamos que eu esteja para fazer um concurso público, do qual poderia depender o meu futuro na carreira. Se me fosse oferecida a possibilidade de conhecer antecipadamente o exame, ou até de copiá-lo, eu deveria usufruir dessa possibilidade ou não?

---

1 Immanuel Kant (1724-1804), alemão, foi um outro gigante do pensamento, frequentemente comparado a Platão pela influência que exerceu. A Kant se referem até hoje muitas escolas filosóficas, chamadas, por isso, neokantianas. Ele trabalhou com a teoria do conhecimento, com ética, metafísica, política. Além das obras de Kant que aparecem na bibliografia, eu sugiro também: KANT, I. *Critica del giudizio*. Roma/Bari: Laterza, 1997; KANT, I. *Per la pace perpetua*. Milão: Feltrinelli, 2013. Em relação à fórmula do imperativo categórico, em uma obra sucessiva, a *Fundamentação da metafísica dos costumes* (1785), Kant adiciona outras duas: "Aja de forma a tratar a humanidade, seja na sua pessoa, seja na pessoa de qualquer outro, sempre como um fim e jamais como um meio"; "Seja o início e o fim da sua legislação, ou seja, seja a sua própria lei". Estes dois outros importantes imperativos também podem funcionar de forma útil como um experimento mental, ou melhor, como um verdadeiro teste.

Segundo Kant, nesse momento eu devo parar para considerar o que aconteceria se *todos* em *todos* os concursos públicos já conhecessem o tema, ou o copiassem, passando de forma brilhante na prova.

Se fosse assim, os concursos públicos já não teriam mais nenhum valor; seriam totalmente inúteis; não existiriam mais.

Conclusão? A minha razão me obriga a recusar uma possibilidade assim, porque, se a minha escolha valesse para todos, seria um desastre.

A amiga enganada

A minha melhor amiga tem um companheiro "histórico", que eu também conheço, aprecio, visito. Sei que entre eles as coisas vão bem, os dois se dão muito bem e estão pensando em comprar uma casa. Porém, por motivos de trabalho, estou em outra cidade, e por coincidência eu encontro com "ele". "Ele" está no mesmo hotel que eu, mas não apenas isso; eu o vejo abraçado a uma jovem; eles entram no mesmo quarto e, na recepção, venho a saber que se apresentaram como marido e mulher. Antes de tirar conclusões precipitadas, espero vê-los descer ao *hall*, fico escondida atrás de uma coluna, mas logo não tenho mais dúvidas: estão juntos, e se beijam. Troco de hotel antes que "ele" me veja, e, quando volto à nossa cidade, não tenho ideia do que fazer. Informo a minha amiga sobre a traição de seu companheiro? Eu me calo, finjo que nada aconteceu, mantenho o segredo para mim, falo com ele?

O imperativo categórico de Kant me constringe a questionar-me: o que aconteceria se *todos*, em *todas* as circunstâncias de engano escondido, ficassem calados, fazendo de conta que nada aconteceu?

Toda forma de lealdade faltaria; não se poderia mais nutrir nenhuma confiança em relação às pessoas que acreditamos nossas amigas; as mentiras se juntariam a mais mentiras porque, no meu caso, eu também, que sou amiga do casal, deveria fingir para ele que ignoro tudo, aumentando a espiral de mentiras. Então, à luz do imperativo categórico, não posso absolutamente me calar. Devo sim falar com minha amiga, talvez suscitando nela uma reação negativa em relação a mim, como às vezes acontece, o que, obviamente, pode me desagradar. De resto, afirma Kant, comportar-se bem é difícil, uma tarefa árdua, mas é a única que vale a pena; é uma espécie de guerra contínua, e não podem existir meios-termos.

E agora é a sua vez...

No passado meu irmão mais velho fez uma coisa bem errada comigo. Ele se apaixonou pela minha mulher e, sem eu saber, começou uma relação com ela, até que eu descobri tudo, de forma acidental, e tive um grande choque emocional. A partir desse dia, nunca mais os vi nem falei com eles. Fico sabendo, pela minha ex, que meu irmão, que agora é seu marido, está gravemente doente e expressou o desejo de me encontrar. O impulso imediato é recusar o encontro – eu sofri demais por causa deles, e com extrema dificuldade recuperei meu equilíbrio. À luz do imperativo categórico kantiano, como eu devo me comportar?

____

____

____

____

Soube que, na classe da escola primária que minha filha frequenta, entrará, no próximo ano, um menino portador de uma grave deficiência, para o qual a estrutura estabeleceu a presença de um professor de apoio. Como na mesma classe outras duas crianças portadoras de deficiência já são acompanhadas por professores de apoio, temo que o andamento didático geral sofra com isso, que minha filha não receba a atenção necessária e que a sua preparação fique falha. Fui me informar para mudá-la de classe e, se necessário, de escola (a escola na qual eu a matriculei tem uma taxa de crianças imigrantes, na minha opinião, excessiva). O que o imperativo categórico kantiano me sugere fazer?

____

____

Marcar um "mais" ou um "menos" no equilíbrio do mundo

Todos nós conhecemos a expressão "efeito borboleta" (*butterfly effect*),[2] que resume uma teoria de Edward Norton Lorenz (1917-2008), um dos maiores meteorologistas que já existiu, segundo a qual a batida das asas de uma borboleta no Brasil seria capaz de desencadear um tornado no Texas. Mas esse efeito, essa interconexão, não tange apenas à natureza - que continua como se fosse uma unidade -, mas também ao elemento humano que povoa o nosso planeta. As nossas ações individuais, por menores que sejam, na continuidade indivisa da vida, *não* são indiferentes, como já vimos,[3] mas causam e desencadeiam inúmeras outras exatamente porque todos somos partes, e modificações, de uma só realidade. Um estado presente é a evolução de um precedente; as trocas, horizontais e verticais, são contínuas e incessantes; e esse fluxo de energia humana, essa corrente sobre nossas cabeças, determina a paz e a guerra, a colaboração ou a hostilidade, a liberdade ou a submissão. É um fluxo instável por ser composto de partículas instáveis que se desprendem das nossas ações.

Uma ação "positiva" nossa, que vá a favor de alguém ou de algo (uma ideia, um sentimento, uma decisão), marca um "mais" em relação à sociedade, à comunidade, que jorra para o alto e vivifica o fluxo:

↑

2 Norton Lorenz falou disso em uma convenção da American Association for the Advancement of Sciences em 1979. Veja o artigo de MERCALLI, L. "Sull'aforisma sul battito d'ali di una farfalla in Brasile in grado, in teoria, di scatenare un tornado in Texas". *La Repubblica*, 17 abr. 2008.

3 No parágrafo "Como faço para entender qual é a escolha mais certa ou justa?".

Uma "negativa", porém, o dispersa e o torna menos forte:

↓

No caso em que a nossa ação se iguale a uma outra, chega-se a um equilíbrio:

=

(sem esquecer que "equilíbrio" frequentemente significa "estase", sob a qual a água fica pútrida, o fogo se apaga e a terra apodrece).

E eis um exemplo:

O vizinho rabugento

O seu vizinho não o cumprimenta desde que, entre vocês, aconteceu um bate-boca no qual ele levantou a voz e você ficou em silêncio. Segundo ele, a água das plantas do seu terraço, enquanto você as rega, cai nas roupas que sua mãe idosa dele coloca para secar (o seu vizinho marcou um evidente "menos" no mundo, simplesmente pelo fato de que ficou furioso e insultou você). Agora você descobre, pelo obituário, que a mãe morreu. O que você faz? Manifesta seu pesar, dando-lhe pêsames, ou não? Se você não lhe disser nada, iguala a sua ação (ele merece, ainda mais que vocês nem se cumprimentam). Se você decide dar os pêsames (por respeito à senhora, que não era responsável pela falta de educação neurótica do próprio filho), você marca um "mais", do qual, sem dúvidas, até mesmo esse pacóvio vai se lembrar.

Agora, é com você.

Exercício n. 1

Os seus pais sempre demonstraram uma clara predileção em relação à sua irmã mais nova. Nunca deixaram faltar nada para você, mas ela constantemente ganhou aquele *surplus* que a você foi negado (seja pela momentânea situação financeira, seja porque "me parece demais na sua idade"), tipo a festa dos dezoito anos, o primeiro carro de presente, a escolha da cidade universitária. Talvez porque ela seja insistente, e você, ao contrário, frente a um "não", não se abala; talvez porque ela seja persuasiva, e você, ao contrário, é bem mais serena e natural; talvez porque você tenha demonstrado que sabe se virar sozinha, e ela não. Em resumo, em nome da tranquilidade sempre engoliu tudo, e no máximo fez uma piadinha ou comentário, que, porém, não surtiram nenhum efeito. Agora a sua irmã vai se casar, e você se sente indignada porque parece que seus pais estão realmente enlouquecendo, coisa que certamente não aconteceu quando você se casou. Espontaneamente eles assumem o ônus das maiores despesas, da viagem de núpcias, do vestido, do banquete. A indignação sufoca você.

O que você faz?

Engole de novo para não estremecer a relação com seus pais (e a festa da sua irmã...) e os mantêm na (cômoda) ilusão de uma pressuposta "superioridade" sua a essas "coisas pequenas"? Ou faz suas queixas, de forma racional e composta? Fala para eles todas as suas frustrações?

Enfim, você escolhe o igual, o "mais" ou o "menos"?

Exercício n. 2

O recém-chegado no escritório quer tomar o seu lugar, é evidente. É daqueles cheios de si, sabe-tudo, porque fez um monte de especializações e os seus certificados linguísticos são inúmeros. Não se sabe quem o colocou ali, em uma posição inicial, mas já muito bem orientada para a direção da empresa. Você se sente velho e ultrapassado (talvez seja *ele* quem se pergunta quem é que colocou *você* ali). Porém, colocaram o jovem promissor na sua sala; ele provoca você, enche você de perguntas como se quisesse usá-lo para se ambientar, mesmo já se considerando um degrau acima de você. Na sua cabeça, surge uma série de epítetos pouco lisonjeiros em relação a ele.

Na realidade, o que você faz?

Você pode se trancar em um silêncio de "veterano"; fazer com que ele entenda que você não tem intenção de ser babá, e que ele que se vire sozinho; ser gentil com ele e contentá-lo o máximo possível, mesmo imaginando que daqui a não muito tempo ele vai ter uma sala só sua e vai pedir para que você lhe leve o café?

Mentiras "boas" e mentiras "más"

Mentiras existem aos montes. Todos nós dizemos mentiras, mesmo o mais sincero, todos os dias. Algumas são totalmente supérfluas, injustificadas, fúteis: "Eu encontrei a Enza", e na verdade encontrei Raffaella; por que eu disse "Enza"? Nem eu sei. Outras se devem a um excesso de fantasia, como aquelas das crianças que inventam ser filhos de um campeão esportivo ou de um mago: "Quando jovem eu fiz escalada e entrei em uma enrascada, no Vale dell'Orco" (não sei nem onde fica o Vale dell'Orco, e nunca fiz escalada). Mente-se por vaidade ("No escritório todo mundo disse que eu estava linda de *legging*"; mas só uma colega notou a *legging*, e além disso me olhou de uma forma - talvez - de aprovação, e nada mais do que isso). "Não tenho nenhum cabelo branco" (na realidade, tinjo meus cabelos desde sempre). Mente-se para impressionar ("Estudei em Nova Iorque e fiz doutorado em Harvard"; mas quando isso?). Mente-se por fraqueza, para não sofrer consequências, para esconder erros ou transgressões, para enganar, para obter algo de forma fraudulenta, para parecer diferente daquilo que se é, para ganhar méritos que não são nossos, para avançar, para passar por cima dos outros, por covardia, por servilismo. Mas mente-se também para proteger, apoiar, ajudar, não deixar que as esperanças morram, para não piorar as coisas, para oferecer um ponto de apoio e levar alguém a uma nova verdade; mente-se por boa educação e por conformismo, para ganhar a benevolência alheia.

> *"Nenhuma verdade é fácil de dizer; não se responde a todas as perguntas, pelo menos não se diz tudo a todos; existem verdades*

que é preciso manejar com infinita precaução, por meio de todo tipo de eufemismos e perífrases astutas [...] existe um tempo para cada verdade, uma lei de oportunidade que está na própria origem da iniciação; antes é cedo demais, e depois é tarde demais."[4]

VLADIMIR JANKÉLÉVITCH

Resumindo, somos todos uns Pinóquios - mesmo porque, se dissséssemos sempre, em qualquer ocasião, aquilo que nos vem à cabeça, as sociedades se esfacelariam -, mas com substanciais distinções "de base", e infinitos graus intermediários. As mentiras podem ser subdivididas, segundo os frutos esperados e do espírito com que as pronunciamos, em "boas" e "más".

Mentiras "boas"

Não influem no curso da história, mas são úteis e trazem melhoria para o indivíduo - aquelas que às vezes são definidas de "para o bem". Todavia seria bom analisá-las a fundo antes de concluir que é isso mesmo. Se o "para o bem" dá vantagem ao mentiroso, passa-se à categoria seguinte. Uma verdadeira mentira "boa" é aquela em que não existe nenhuma forma de interesse pessoal. Quando são descobertas, suscitam compreensão, gratidão e afeto.

Mentiras "más"

São calúnias, invenções difamatórias, falsidades que mancham a honra, a reputação, as finanças das pessoas. São vantajosas para o mentiroso e, se descobertas, provocam raiva, indignação e desgosto.

4 JANKÉLÉVITCH, V. *L'Ironia*. Gênova: Il Melangolo, 1987, p. 50. Vladimir Jankélévitch (1903-1985), francês, filósofo e professor, estudou sobretudo "o instante" e a sua dimensão. Muito conhecido é seu texto *A morte*, publicado na Itália pela Einaudi em 2009 (*La morte*).

Um maravilhoso exemplo de "mentira boa": o filme Adeus, Lênin! *(2003)*

O filme, de grande sucesso de bilheteria e vencedor de diversos prêmios – com os atores Daniel Brühl e Katrin Sass, dirigido por Wolfgang Becker – é ambientado na Berlim Oriental às vésperas da queda do Muro, em outubro de 1989. Conta-se a história de Christiane, uma entusiástica ativista da República Democrática Alemã, que, por ocasião do 40º aniversário da fundação da DDR, enquanto a gente, que sofre nas mãos do regime, faz manifestações na praça contra a cúpula do partido, de repente se sente mal, cai no chão e entra em coma. Christiane acorda oito meses depois, sem saber do fato de que nesse meio tempo aconteceu de tudo: o Muro caiu, junto do regime, as duas Alemanhas estão se aproximando, a civilização consumista já está se insinuando para dentro do estilo de vida da ex-República Democrática e o velho mundo em que ela tanto acreditava não existe mais, nem nos menores detalhes (tipo as marcas de alimento em caixa), destruído pela fúria ocidentalizante. Os médicos do hospital avisam aos dois filhos de Christiane, Alex e Ariane, que as precárias condições da mãe exigem que ela esteja rodeada pelo máximo de serenidade possível, sem ansiedade ou preocupação. Como o período de repouso absoluto em casa que é previsto para ela é bem longo, os dois jovens, esperando que se desenvolvam circunstâncias mais favoráveis para que possam revelar à mãe a verdade traumática, se empenham para fazer com que ela acredite que na verdade nada mudou, a DDR prospera (aliás, é muito admirada na Europa, e as pessoas estão se transferindo em massa da Berlim Ocidental para a Berlim Oriental, onde se vive melhor, à sombra do socialismo). Para fazer com que a ilusão seja completa, Alex e Ariane se empenham, junto aos seus amigos, em criar telejornais de mentira e em fazer reaparecer na despensa velhas marcas de produtos "socialistas" já desaparecidos (cenas, além de tudo, bastante divertidas), fazendo com que Christiane morra feliz, convencida de que o seu sonho político não apenas continua, mas esteja triunfando.

Antes de passar para a parte "prática", algumas considerações

Uma sinceridade "extrema" é inimiga das relações sociais; provavelmente, em alguma medida, de quando em quando uma mentira "boa" é necessária. Segundo Immanuel Kant, rigoroso e intransigente como poucos, a mentira deve, porém, *sempre ser evitada*; dizer a verdade é o dever sobre o qual se baseiam todos os outros deveres e, mesmo que possamos ter boas intenções, quando mentimos estamos sempre errados. Além do mais, arriscamos consequências imprevisíveis, que podem nos custar um preço bem alto.[5] Sem sermos tão drásticos, lembremos que as mentiras, mesmo que "úteis" no momento, não nos deixam projetar sobre elas um futuro, e efetivamente são sempre uma nota promissória em branco que pode se voltar contra nós.

E finalmente uma sugestão de Schopenhauer para "desmascarar" as mentiras:

> *"Quando vocês suspeitarem que alguém mente, finjam credulidade; então a pessoa se tornará descarada, mentirá mais despudoradamente ainda e será desmascarada."*[6]
>
> ARTHUR SCHOPENHAUER

Exercício n. 1

A. Quantas vezes você lembra de ter mentido na última semana?

____

____

____

____

5 Veja, por exemplo, KANT, I.; CONSTANT, B. *È lecito mentire?*. Milão: Archinto, 2009.

6 SCHOPENHAUER, A. *Aforismi sulla saggezza della vita, loc. cit.*, p. 96.

B. Por que mentiu, e para quem?

C. Existem pessoas que "desencadeiam" em você o gene mentiroso?

D. Existem outras pessoas para as quais você jamais mentiria?

E. Você é um "mentiroso" ocasional ou habitual?

F. Você sabe analisar as motivações dessa sua postura?

G. Você conhece algum mentiroso "crônico" (admitindo-se que não seja você...)?

H. Se você fosse o *coach* de um mentiroso crônico, qual método lhe sugeriria para superar esse vício?

I. As piores mentiras "más" da sua vida...

J. ... e as melhores "mentiras boas":

K. Imagine uma situação em que, escolhendo uma "mentira boa", você dispara um mecanismo que depois não consegue mais dominar e se volta contra você.

Exercício n. 2

Catalogue as seguintes mentiras e defina, além da sua natureza ("boas ou más"), também seu tipo (de consolação, de educação, de proteção, de conformismo, de perfídia, de inveja etc.).

Afirmações	**Verdades**	**Natureza da mentira**	**Tipo da mentira**
"Que prazer ver você!"	Não consegui atravessar a rua.		
"Você está encantadora, esplendorosa mesmo."	Meu Deus do céu, como você envelheceu...		
"Infelizmente não consegui chegar a tempo para a estreia da sua mostra, fiquei no trabalho até as 8 da noite, que dia horrível."	Eu não teria vindo nem pagando. Acho você só um protegidinho sem talento.		
"Ele é o palhaço da mulher dele, que o trai repetidamente. Por isso ele se empenha tanto no trabalho. Não tem nada mais na vida."	Isso é só uma historinha mentirosa, que eu mesmo espalhei.		

"Ele tem antecedentes penais que tenta esconder. Eu jamais lhe confiaria meu dinheiro."	É apenas um concorrente meu.		
"Estou perto de me formar, faltam apenas três provas. Tenho que conseguir até o próximo verão."	Tenho pavor que meus pais me cortem o dinheiro, porque não faço as provas há uns dois anos.		
"Ele enganou a nossa tia para que ela assinasse um testamento em favor dele e que nos excluísse da herança."	O sobrinho em questão ficou próximo à tia até os últimos momentos, nós mal nos lembrávamos dela, nunca temos tempo para essas visitas chatas aos parentes idosos.		
"É um péssimo professor e molesta as alunas."	Não tenho nenhuma prova disso. Ele me ofusca.		

O "princípio da responsabilidade" de Hans Jonas

Em sua obra-prima *O princípio da responsabilidade*,[7] Hans Jonas nos convida a não nos concentrarmos nas nossas existências, apenas no "aqui e agora". Pelo simples fato de termos nascido, e de pertencermos à humanidade, *todo o destino da humanidade* nos diz respeito, mesmo o destino de quem ainda não nasceu, de forma que até em relação a quem ainda vai chegar nos são impostos deveres, sendo o mundo um espaço comum necessário a *todos* os homens, inclusive aos do futuro. Jonas pensa que a ética adequada à civilização tecnológica, capaz de se autodestruir tanto por meio da arma atômica quanto por meio da poluição e da exaustão de recursos, deve ser exatamente uma "ética da responsabilidade", voltada à preservação do futuro, evitando, entre outras coisas, de introduzir modificações no ecossistema, das quais se ignoram os efeitos a longo prazo. Por isso ele nos propõe, depois daquele kantiano, o "seu" imperativo, categórico, que é assim: "Aja de forma que as consequências da sua ação sejam compatíveis com a permanência de uma vida autêntica na Terra".[8]

Jonas nos convida, portanto, a agir de forma que amanhã "haja" uma humanidade, esta também capaz de ser responsável em relação àqueles que virão.

Exercício n. 1

Quanto daquilo que você faz todos os dias é compatível com a futura vida humana na Terra?

____

____

____

____

7 JONAS, H. *Il principio responsabilità: Un'etica per la civiltà tecnológica*. Turim: Einaudi, 1993. Hans Jonas (1903-1993), judeu alemão, historiador das religiões e filósofo da civilização tecnológica, escreveu páginas fundamentais sobre os possíveis perigos de uma ciência não sustentada pela ética.

8 JONAS, H., *op. cit.*, p. 16.

Exercício n. 2

Você já considerou que, quando pensamos no mundo como espaço comum, devemos pensar também nos animais? Quais vínculos, segundo você, nos ligam às espécies terrestres não humanas?

Exercício n. 3

As leis, pelo menos no Ocidente, protegem os animais de estimação, mas em muitos lugares se propõem os "direitos animais"[9] (por exemplo viver, ser livres, não sofrer inutilmente). Você já ouviu falar disso? Qual seu posicionamento sobre o assunto?

Os *role-plays* da filosofia

> *"A filosofia é um jogo. Ela nos coloca em jogo, brinca conosco, nos convida a jogos de azar, a brincar com fogo, a jogar pesado, sem uma visão clara do que está em jogo."*[10]
>
> Ermanno Bencivenga

9 Para ler, caso o assunto o interesse: REGAN, T. *La mia lotta per i diritti animali*. Turim: Cosmopolis, 2005; SINGER, P. *Liberazione animale*. Milão: Il Saggiatore, 2015.

10 BENCIVENGA, E. *Parole in gioco*. Milão: Mondadori, 2010, p. 3. Ermanno Bencivenga (1950), filósofo, professor e escritor, dedica-se à lógica, ética e filosofia política.

Começo pelo filósofo Bencivegna e pelos seus livros[11] para propor a você um outro experimento mental, ou melhor, um *role-play* filosófico. Sem dúvida você sabe o que são *role-plays*: em um espaço imaginário os jogadores assumem diversos papéis, dirigidos por um "guardião", ou *gamemaster*, que propõe as linhas da história que depois vai se desenvolver. No nosso caso, é você quem conduz a sessão e prepara a situação. Em que consiste o nosso *role-play* filosófico? Em se identificar em um sujeito diferente de nós mesmos, como se se tratasse de uma vida paralela ou de uma potencialidade que já está em nós ou que gostaríamos que estivesse em nós, e de desenvolvê-la com coerência. Este exercício será uma forma de colocar à prova a sua capacidade de entrar empaticamente no lugar do outro; jogará uma luz interessante também sobre a *sua* personalidade, como se você estivesse em "condições especiais" e devesse reagir frente a problemáticas completamente não usuais; em resumo, lhe dará a oportunidade de conhecer melhor a *sua* natureza humana e de ressaltar aquilo que coloca você em dificuldade.

Simulação n. 1

A. Imagine que você pertence à geração dos *millenials*.[12] Quais são as suas aspirações e expectativas em relação à vida?

____

____

____

____

11 Sobretudo BENCIVENGA, E. *La filosofia come strumento di liberazione*. Milão: Raffaello Cortina Editore, 2010, e BENCIVENGA, E. *Giochiamo con la filosofia*. Milão: Mondadori, 1990.

12 Com a expressão "*millenial generation*" se refere, na área anglo-saxã, aos nascidos entre o começo dos anos 1980 e o início de 2000. Na área italiana – e esse é o sentido que eu também prefiro – geralmente refere-se aos nascidos em 2000 em diante, e, portanto, os muitíssimos jovens. Para sermos mais precisos, poderíamos ainda especificar que os nascidos entre 1982 e 2000 são os "*millenials* geração Y", e os nascidos depois de 2000, os "*millenials* geração Z".

B. E os seus valores? Você consegue estabelecer para eles uma escala de 1 (o seu valor menos elevado, mas sempre um valor) a 10?

Simulação n. 2

Você é um jovem estrangeiro. Quando você entra em uma loja, as pessoas se afastam e mostram constrangimento por causa do seu modo de falar, de se mover, de se vestir. O que você gostaria de dizer a eles, para explicar quem você é?

Simulação n. 3

Você tem trinta anos, é formado, especializado, mas não consegue encontrar nenhuma colocação satisfatória no trabalho, na região em que você mora. Descreva o seu sentimento de frustração, as suas esperanças frustradas, as suas ilusões perdidas, mas também a sua vontade de resgate e o que sente com a perspectiva de dever necessariamente se afastar da sua terra natal.

Simulação n. 4

Você está obcecada pelo seu ex, não consegue pensar em outra coisa. Os psicólogos sugerem, depois de um abandono, que nos concentremos em nós mesmos e que convertamos o tempo anteriormente dedicado a uma outra pessoa em um tempo "para nós", preenchendo os vazios por meio de um cuidado maior com a própria personalidade, as atividades que deixamos de lado, *hobbies*, novos projetos. Como você acha que vai se sair? O que você faria, como você se comportaria para superar a tentação de telefonar para ele novamente e de espionar a casa dele?

Simulação n. 5

Você é um senhor idoso, que ama teatro – sua diversão, sua paixão (você realmente entende do assunto). Porém, neste ano o preço dos ingressos de teatro, apesar do desconto para a terceira idade, aumentou consideravelmente, tanto que para você ficou quase proibitivo. Precisar parar de frequentar o teatro o deixa muito triste, mas você não quer pedir ajuda externa para algo que poderia ser julgado "supérfluo". O que você faz antes de desistir?

Apostar sobre Deus?

A razão, como já vimos no parágrafo "Deus existe?", não pode decidir, à luz da lógica, nem se Deus existe, nem se Deus não existe. A razão avalia as *provas*, mas, nesse caso, não existem provas: Deus, como "Tudo", foge à nossa experiência, não tem limites nem fronteiras, e a compreensão da sua natureza nos é negada. Porém, segundo Blaise Pascal, não podemos não tomar uma posição "a favor" ou "contra", porque a nossa vida, as nossas escolhas e a nossa conduta dependem, em grande parte, do fato de acreditarmos ou não. Todavia, sem provas, como faremos para decidir? Não se trataria sempre de uma espécie de salto no escuro? É um chute? Segundo Pascal, mais que um salto no escuro, se trata de um jogo de azar no qual, porém, como em qualquer outro jogo, pode-se inserir um cálculo das probabilidades e do risco. Trata-se de um célebre argumento da "aposta" ou do "jogo de azar". Uma espécie de "jogo da velha": "Nós nos encontramos na mesma condição do jogador antes de uma partida ou antes que seja virada uma carta".[13]

Analisemos e ponderemos, portanto, as duas possibilidades:

a. Arriscando, aposto na existência de Deus, e digo "Sim".

b. Arriscando, aposto na não existência de Deus, e digo "Não".

O que temos a perder ou a ganhar, se dizemos sim? O que temos a perder ou a ganhar, se dizemos não? Nos "convém" apostar sobre Deus? E por quê? As respostas de Pascal estão no Apêndice B, com as soluções dos testes.

Você e as mídias sociais

A conexão perpétua e as mídias sociais são um perigo, além de uma forma de conhecimento imediato. Assim como o modo de fazer

13 WARBURTON, N., *op. cit.*, p. 37.

comunidades e de conversar - ou, ao menos, de dar a impressão de conversar - com uma quantidade de pessoas, bem além do raio do conhecimento "físico". Entre os tantos gritos de alarme tem aquele, autoral, de George Soros:

> As mídias sociais enganam os usuários manipulando a sua atenção, direcionando-a a seus objetivos comerciais e criando um tipo de dependência dos serviços fornecidos [...] algo de potencialmente irreversível está acontecendo com a atenção humana na nossa era digital [...] as mídias sociais estão de fato induzindo as pessoas a renunciar à própria autonomia.[14]

A enorme facilidade de sermos continuamente atingidos por mensagens de várias naturezas, pessoais, familiares, profissionais, leva consigo também uma particular propensão a considerá-las "convincentes" e a deixar-nos convencer por elas, como já notava Marshall McLuhan em 1964.[15]

E você, em que ponto está? Quanto você se considera dependente das mídias sociais? O filósofo que existe em você lhe aconselha a moderação, e que você a mantenha; ou você está, então, se tornando um caso de Fomo - *Fear of missing out* -, como se chama agora a "síndrome da exclusão" que atinge a pessoa quando ela está desconectada?

Observe o seu comportamento e responda, calculando para estabelecer se o seu nível de dependência é alto, médio ou baixo.

14 SOROS, G. Milão: Sole24Ore, domingo, 18/2/2018. George Soros (1930), húngaro naturalizado estadunidense, é um dos homens mais ricos do mundo, empresário e filantropo.

15 Veja MCLUHAN, M. *Gli strumenti del comunicare*. Milão: Garzanti, 2015. A obra foi lançada na Itália pela primeira vez em 1967. Marshall McLuhan (1911-1980), canadense, filósofo e sociólogo, estudou as "mídias". São suas as seguintes expressões de uso comum: "a "a vila global", "o meio é a mensagem", a "galáxia Gutenberg".

• Se você desativa as notificações, o que acontece?[16]

1. Sou tomado por uma ansiedade inexplicável e pela compulsão de continuamente checar o que está acontecendo no celular que eu "silenciei".

2. Não acho que conseguirei algum dia desativar as notificações, tenho amigos e parentes que moram longe e muitos compromissos de trabalho; para mim é essencial estar sempre disponível.

3. Às vezes eu faço isso, geralmente nos fins de semana. No começo me dá uma sensação de desconforto, depois eu esqueço e, no fim, fico feliz de ter me "desintoxicado" um pouco.

• Se uma pessoa, sentada perto de você no restaurante ou no cinema, fica com o celular nas mãos e fica o tempo todo checando, você acha que:

1. É um neurótico.

2. É um mal-educado.

3. É alguém que espera uma notícia urgente.

• Quando você tem que fazer uma compra, para decidir:

1. Lê as avaliações sobre a coisa que você quer comprar, que estão nos *sites* de *e-commerce.*

2. Pede a opinião de outros usuários e espera que eles respondam.

3. Não compra nada que não possa ver e tocar pessoalmente.

• No telefone fixo...

1. Atende muito raramente, aliás está pensando em tirar da sua casa, porque quase exclusivamente quem liga para você são os *call centers.*

2. Atende sempre, porque pode ser uma tia que mora longe e que ainda não se converteu ao celular.

16 Veja, por exemplo, sobre o assunto, um artigo meu de 13/6/2017 para a revista *online Il libraio*: https://www.illibraio.it/disattivare-notifiche-so-cial-529746/.

3. Atende frequentemente, mesmo que a maioria das vezes sejam *call centers*, porque você não consegue se decidir sobre tirá-lo de casa. Parece-lhe quase romântico, e certamente menos danoso que o celular.

- **Você consulta o seu Facebook**

1. Pelo menos uma vez por dia.

2. Não tenho um perfil de Facebook.

3. Mais de uma vez por dia.

- **Se você tem um perfil Facebook**

1. Dá *likes* com generosidade, esperando que os amigos façam o mesmo nos seus *posts*.

2. Dá *likes* com parcimônia, porque você quer ser visto como importante e que as pessoas apreciem isso.

3. Dá *likes* só se efetivamente você gostou do *post*, ou se você compartilha o conteúdo.

- **Você e... WhatsApp: você mesmo criou...**

1. Nenhum grupo, ou só um.

2. De dois a três grupos.

3. Mais de três grupos.

- **Você e... WhatsApp: você faz parte de...**

1. Até três grupos.

2. Até dez grupos.

3. Mais de dez grupos.

- **Você e... os *emojis***

1. Você os usa para se divertir. Alguns são mesmo geniais.

2. Você os usa por causa da rapidez e da síntese,
considera-os muito úteis.

3. Você os usa para ressaltar as frases e torná-las mais incisivas; elas resolvem um problema porque você não tem muito jeito com as palavras.

• Você e... os perfis *fake* nas redes

1. Não tenho nenhum perfil "*fake*"; seria absurdo.

2. Sim, tenho uns para poder fazer meus comentários, sobretudo políticos, e não ser identificado.

3. Tenho um, mas só para limitar os acessos a quem quero.

• Você e... Instagram: quantos *stories* você vê em sequência quando se conecta?

1. Até cinco.

2. Até trinta.

3. Mais de trinta.

• E quantos *stories* você posta por dia?

1. Até cinco.

2. Até dez.

3. Mais de dez.

Paradoxos, jogos e sofismas para enfrentar sozinho

Os jogos linguísticos: os "discursos duplos"

Os sofistas eram oradores incrivelmente hábeis, especializados nos jogos linguísticos; visavam a "tornar mais forte o discurso mais fraco" por meio de distinções e argumentações muitíssimo sutis; trabalhando sobre falsas semelhanças e falsas deduções, terminavam por confundir os ouvintes e conduzi-los para onde eles queriam. Eram também exímios nos chamados "discursos contrastantes" (*antilogias*): mostravam um lado e o outro de cada questão, ou seja, todos os aspectos negativos e positivos de um mesmo assunto até tornar indiscernível uma solução. O seu objetivo era mostrar que *a mesma coisa pode parecer boa ou má, bela ou feia.*

UM JOGO SOFÍSTICO: UM "DISCURSO DUPLO" SOBRE A FIDELIDADE NO AMOR

Liste por escrito todos os motivos pelos quais é justo e correto ser fiel ao próprio parceiro; depois disso, liste todos os motivos pelos quais ser fiel pode não ser nem justo nem correto.

Os jogos linguísticos: os paradoxos e as adivinhas lógicas

Remontam aos sofistas e aos estoicos alguns famosos "paradoxos" (afirmações que contrastam a experiência comum, mas têm validade lógica), formulados com o objetivo de impulsionar ao máximo a sutileza mental e oratória.

O paradoxo de Epimênides

Epimênides, cretense, dizia que todos os cretenses são mentirosos. Mentia ou dizia a verdade?[17]

UMA VARIANTE MODERNA DO PARADOXO DE EPIMÊNIDES

De um lado de um papel está escrito: "Aquilo que está escrito do outro lado deste papel é verdadeiro". Mas do outro lado está escrito: "A afirmação do outro lado é falsa". Qual a sua conclusão?

O paradoxo do calvo

A perda de um só cabelo certamente não nos torna calvos; porém, se um homem começasse a perder um cabelo após o outro, em qual

17 Eis um comentário moderno sobre o "paradoxo de Epimênides": sites.google.com/site/epimenidecreteseclub/home/disvelamento-del-paradosso.

momento preciso pode ser definido *calvo*? Chegaremos à conclusão de que, entre um calvo e um não calvo, a diferença consiste em *um só* cabelo.

> ADIVINHA LÓGICO-MATEMÁTICA
> DE ZENÃO (SÉC. V A. C.)
>
> Por que, logicamente falando, uma flecha em movimento está parada?
> Veja a solução no fim do Apêndice B

O dilema do crocodilo

Aos estoicos, pertencentes a uma escola que durou vários séculos – a escola pegou o nome do pórtico ("*stoà*", em grego) sob o qual seus primeiros representantes se reuniam em Atenas –, a tradição atribui o chamado "dilema do crocodilo".[18]

> Um crocodilo rapta uma criança, mas promete à mãe que devolverá a criança a ela no caso em que a mãe consigo adivinhar suas intenções: ele quer devolver a criança a ela, ou não? A mãe, devastada, responde ao crocodilo: "Penso que, infelizmente, você não vai me devolver". O crocodilo, neste momento, mergulha na incerteza do dilema: "Se eu não devolver a criança, a mãe terá adivinhado o meu pensamento, e, portanto, deverei devolvê-la; se eu devolver a criança, a mãe não terá adivinhado meu pensamento, e por isso não deveria devolvê-la".

Veja a interpretação do dilema no fim do Apêndice B

A dicotomia

Na sua Academia, Platão dava aos alunos vários exercícios para reforçar a lógica e o senso crítico, a começar pelo chamado "procedimento da dicotomia", segundo o qual todo gênero pode ser dividido em

18 Veja, por exemplo, LAERZIO, D. *Vite e dottrine dei più celebri filosofi*. Ed. Reale G. Milão: Bompiani, 2005.

não mais que dois que exaurem sua extensão, cada um dos quais, por sua vez, é dividido em dois, e assim por diante. A regra é que, assumido um gênero "A", este é dividido em "B" e "C", em que nenhuma parte de "B" é contida em "C", mas a soma deles deve ser sempre "A"; em síntese, a subdivisão de um conceito em dois deve exaurir suas possibilidades até que não se possa mais subdividi-lo.

Um exemplo: animal. Dicotomia: vertebrados e invertebrados.

Outro exemplo: o gênero humano. Primeira dicotomia: homens e mulheres. Pegamos o segundo termo, "mulheres", e continuamos: "altas" e "baixas". Prosseguimos com "altas": "mais de um metro e setenta" e "mais de um metro e oitenta". Vamos adiante com o "altas com mais de um metro e setenta": "mediterrâneas e nórdicas". Ainda, com as mulheres "altas com mais de um metro e setenta mediterrâneas": "morenas e loiras"...

O exercício consiste em imaginar sempre novas subdivisões, estabelecer uma hierarquia, notar mais aspectos; operar de forma lógica permite afiar a mente e capturar sempre novos detalhes, cindindo-os em novos elementos ao classifica-los, e permite também construir um conceito em que se somam todas as identificações e as diversificações, tornando-o mais claro.

A concatenação pode ir adiante praticamente até o infinito. A dicotomia, à qual também Aristóteles se refere abundantemente no ensino cotidiano do Liceu, mantém-se sempre um jogo lógico de primeira qualidade.

JOGAR COM A DICOTOMIA

Comece da sua atividade de trabalho e do seu ambiente de referência para cindir, de dois em dois, vendo aonde isso o conduz, temas como "dinheiro", "carreira", "sucesso".

A LEITURA DO JORNAL

Escolha um artigo de jornal que não convenceu você; você sentiu ali uma base de obscuridade, talvez uma vontade de confundir ou apenas uma motivação fraca; analise frase por frase, sublinhe as incongruências e as passagens apressadas, os saltos lógicos, enfim, o que não parece claro e distinto na sua mente (e que, portanto, segundo Descartes, não é verdade). Desmonte-o em pedacinhos; e talvez até escreva uma bela carta "de filósofo" ao diretor daquele jornal.

PARADOXOS, JOGOS E SOFISMAS PARA ENFRENTAR EM COMPANHIA

O "café filosófico da família"

Pode ser relaxante (e útil) redescobrir o prazer de falar e de enfrentar, em família, temas que fogem ao discurso comum e geralmente consideramos subentendidos (e talvez não o sejam realmente). Por exemplo, você sabe interpretar o silêncio de quem está próximo a você? Conhece de verdade a opinião da sua mulher ou da sua irmã sobre a existência de Deus? Vocês já discutiram sobre a reencarnação, ou sobre o papel da "sorte" na vida dos homens? Já enfrentaram conscientemente o assunto do que se espera uns dos outros, de quais valores são mais importantes para cada um de vocês, de qual reforma no ensino escolar vocês fariam, se lhes fosse permitido decidir? Além disso, organizar e elaborar uma "filosofia da família", todos juntos, esclarecerá até mesmo os laços mais íntimos e fará com que seus componentes compreendem o trabalho mental que foi necessário para estabelecer as regras de uma boa convivência.

Os perfis filosóficos presentes "em casa"

Quantos perfis filosóficos diferentes coexistem na sua família? É uma discussão contínua, ou uma dialética contínua em que cada um acrescenta ou tira algo, para conquistar o "justo meio" de Aristóteles?

Ti esti? *O jogo do "o que é?"*

Era o típico "jogo" de Sócrates durante os seus diálogos com os discípulos ou os simples ouvintes, curiosos e bisbilhoteiros que o escutavam enquanto ele filosofava pelas ruas de Atenas (com os calçados desamarrados e a túnica empoeirada: mas Sócrates era daqueles que achavam mais importante cuidar do espírito do que do seu jeito de vestir). Sócrates partia do princípio de que o grande sábio é ignorante, porque, admitindo não saber, esforça-se para se tornar um sábio; quem acha que sabe, ao contrário, é ignorante e não sabe, mas iludindo-se de não ser não dará nem um passo para frente. Quando tinha frente a si interlocutores que *presumiam* saber (o que era a justiça, o amor, a caridade, a coragem, a virtude), Sócrates os martelava com a pergunta "o que é?" ("*ti esti?*" em grego), para mostrar as suas inconsistências.

O "O QUE É" SOCRÁTICO

Pergunta: O que é o amor?
Resposta: Um sentimento.
Pergunta: E o que é um sentimento?
Resposta: Algo que vem da alma.
Pergunta: E o que é a alma?
Resposta: Algo de interior.
Pergunta: E o que você quer dizer com algo de exterior?
E assim poderia continuar para sempre...

A busca do conceito socrático

Para o grande Sócrates, a verdade não é tanto uma questão pessoal, mas coletiva; chegamos a ela muito melhor quando estamos em várias pessoas a buscá-la por meio de uma mediação das várias opiniões para chegar ao "conceito".

O CONCEITO SOCRÁTICO

Em um grupo de pessoas, escolham de comum acordo um tema e, um por vez, digam o seu (por exemplo, a liberdade, a instrução, a justiça, a imigração, as emergências da economia) e tomem nota (em uma folha: será necessário ter presentes as várias opiniões para isolar suas conexões e formular um resumo final). Depois, tomem a palavra novamente, uma ou duas vezes mais; alguém deverá ter a tarefa de sintetizar as várias opiniões em não mais de dez ou doze linhas, eliminando as repetições; lerá em voz alta e... Surpresa incrível!
Você terá – vocês terão – a prova do quanto se raciocina melhor em companhia.

O jogo da presença-ausência

As nossas faculdades de observação, de comparação e de transformação verbal de um juízo mudam incrivelmente conforme estamos ou não na presença do ser humano sobre o qual temos que nos expressar.

Junto aos seus familiares ou amigos, identifique uma pessoa que todos conhecem – e que não esteja entre vocês – e, um por um, descrevam (tomando nota) as características físicas, morais e intelectuais.
Refaçam a mesma coisa em outra ocasião (talvez convidando a "cobaia" involuntária a um jantar), e a diferença entre uma descrição frente a frente e uma na ausência da pessoa vai surpreender você... E, naturalmente, também vai estimular a sua busca.
Por que isso ocorre? O que é que fez o seu juízo mudar?

Os jantares "temáticos", ou seja, as "Disputationes"

Uma ocasião convivial – como, aliás, acontecia com os antigos – é geralmente propícia à conversa, às escaramuças de brincadeira, a um bom raciocínio e aos bons discursos (especialmente se a companhia é agradável). Por que, então, não organizar os "jantares temáticos", convidando para a sua casa – talvez no jardim ou no terraço, durante o verão – um grupo de amigos ou colegas para um desafio sobre um tema, acordado anteriormente ou até sorteado entre várias propostas, de forma a colocar à prova as convicções, a eloquência e a habilidade "sofística" de todos? Em poucas palavras: uma "recepção com um toque a mais". Antes de começar, ditem as regras: cada um dos "concorrentes" falará por meio de raciocínios bem comunicados e compreensíveis, ou seja, filosóficos, e esperará por sua vez para replicar. Os assuntos podem ser os mais variados: se são melhores as férias no mar ou no campo, e onde, por exemplo; e por que não tentar – dependendo dos ouvintes – temas mais comprometedores, como o conceito de família, a existência de Deus, as disparidades de gênero, os preconceitos no ambiente de trabalho e assim por diante? O "vencedor" será aquele que – por votos – tiver levado os outros para o seu lado, ou seja, o mais convincente.

[illegible]

Apêndice B
As soluções dos testes

Solução do teste sobre a inveja

A: 1 ★★ 2 ☆ 3 ★
B: 1 ☆ 2 ★★ 3 ★
C: 1 ★ 2 ★★ 3 ☆
D: 1 ★★ 2 ★ 3 ☆
E: 1 ★★ 2 ☆ 3 ★

Conte quantas estrelinhas pretas você totalizou e descubra o quanto você é invejoso:

De 0 a 1: não invejoso;

De 2 a 6: bastante invejoso;

De 7 a 10: muito invejoso.

Os comentários sobre o *trolley problem*, ou o dilema do bonde

O ânimo do motorista do bonde – ao qual, além disso, no experimento mental de Ruth Foot, foi concedido pouquíssimo tempo para decidir – será precipitado no desespero no momento da escolha (mesmo porque eu inseri a variante da "menina solitária", uma das tantas variantes do *trolley problem*). Carlos David Navarrete, um psicólogo da universidade de Michigan, propôs uma versão "virtual" do dilema a um número bem elevado de pessoas, e teve esse resultado: em 90% dos casos os participantes preferiram sacrificar uma vida do que cinco vidas, ou seja, acionaram o botão. Navarrete concluiu que os seres humanos sentem uma aversão instintiva a fazer mal aos outros, e que a reação racional mais comum é a do "mal menor". Por isso, se você decidiu apertar o botão, isso significa que você é permeado por um utilitarismo "saudável" e um pragmatismo, e olhou para o "hoje": cinco vidas *em ato* são preservadas em vez de uma só vida, porque de cinco existências, no sentido lógico, pode depender o destino de um maior número de pessoas do que de uma só existência. Se, ao contrário, você escolheu a menina, apoiou um deslocamento natural em relação à infância, sua inocência e seu direito de chegar à idade adulta, e você olhou mais para o "amanhã". O que, de um lado, manifesta uma aguda sensibilidade, e de outro, também uma ponta de onipotência: como se faz para estabelecer qual vida é mais importante do que a outra?

Com tudo isso, eu pessoalmente escolheria salvar a menina.

Soluções dos testes de autoanálise filosófica

Depois de transcrever as letras correspondentes a cada uma das suas respostas, confronte-as com os esquemas a seguir para atribuir a eles o tipo filosófico. Some os vários tipos e prepare um tipo de classificação. Um tipo que tenha obtido a maioria absoluta é forte indício de uma posição filosófica já bem clara. Se você não tiver uma maioria esmagadora de respostas relativas ao mesmo perfil, aconselho você a considerar com atenção os seus resultados antes de se considerar um "eclético". Esta última categoria é de fato relativa, mais do que por outras razões, a uma variedade de respostas em número mais ou menos equivalente, não por um "meio a meio", ou a um "três" mais "três" mais "dois". Nesse caso, seria melhor verificar o pensamento de *cada um* dos seus mestres, porque isso colorirá o seu *identikit* em todos os seus elementos e aspectos e assim você obterá um quadro mais articulado do seu real posicionamento filosófico.

Um exemplo?
4 respostas de platônico
2 de existencialista
2 de espiritualista

não fazem um eclético, mas uma pessoa de base "platônica", tingida pelo existencialismo e pelo espiritualismo. Pelo menos *duas* respostas referentes ao mesmo tipo filosófico marcam pelo menos uma matiz que deve ser levada em consideração. Exclusivamente se as diferenças forem mínimas, é provável que você seja um eclético. Sem medo: é uma disposição mental tão extensa que merece uma discussão própria.

De qualquer forma, já estamos no caminho para entender qual é o seu hábito mental principal, e de onde bate o vento da sua filosofia!

A sua filosofia

A classificação e o "grupo" em que você vai entrar DEVEM servir a você como elemento e instrumento para seguir individualmente na pesquisa e para cumprir os outros cinquenta mil passos.

1. Homem/humanidade

A: cético
B: espiritualista
C: mestre da suspeita
D: materialista
E: aristotélico
F: existencialista
G: pragmático
H: platônico

2. Amor

A: pragmático
B: platônico
C: espiritualista
D: aristotélico
E: existencialista
F: materialista
G: cético
H: mestre da suspeita

3. Moral

A: materialista
B: cético
C: existencialista
D: mestre da suspeita
E: aristotélico
F: pragmático
G: platônico
H: espiritualista

4. O sentido da vida

A: mestre da suspeita
B: existencialista
C: pragmático
D: materialista
E: espiritualista
F: cético
G: aristotélico
H: platônico

5. Mal/dor

A: espiritualista
B: existencialista

C: platônico
D: materialista
E: cético
F: mestre da suspeita
G: aristotélico
H: pragmático

6. Liberdade

A: mestre da suspeita
B: pragmático
C: aristotélico
D: materialista
E: existencialista
F: espiritualista
G: cético
H: platônico

7. Verdade

A: platônico
B: pragmático
C: aristotélico
D: cético
E: espiritualista
F: mestre da suspeita
G: materialista
H: existencialista

8. Felicidade

A: pragmático
B: cético
C: aristotélico
D: materialista
E: platônico

F: mestre da suspeita
G: espiritualista
H: existencialista

SOLUÇÕES DO TESTE "QUANTA FILOSOFIA JÁ HOUVE NA SUA VIDA?"

Eis uma simples chave de interpretação das suas respostas

Veja bem. Este exercício não é voltado para uma definição do seu caráter, nem para uma classificação em "tipos psicológicos" como pretendem Jung e outros. Estamos ainda no campo da autoanálise filosófica, por isso o objetivo é só o de tentar medir, de forma empírica e aproximativa, a presença da filosofia, consciente ou inconsciente, na sua existência; se, enfim, a racionalidade foi em você uma nota característica ou, ao contrário, se ficou no nível de um processo latente ou se você recorreu a ela apenas parcialmente: circule com um lápis ou uma canetinha vermelha todas as palavras usadas por você que são relativas, ao menos de forma ampla, aos seguintes termos ou adjetivos:

alternativa, aparente, apropriado, causa, coerente, congruente, conveniente, convincente, dilema, efeito, exame, juízo, justo, ideia, legítimo, lógico, oportuno, projeto, razão, razoável, seleção, sensato, específico, válido, vontade.

Faça novamente, com um lápis ou uma canetinha azul ou preta, com as palavras relativas aos seguintes termos ou adjetivos:

ansiedade, absurdo, desejo, efeito, feeling, *imagem, impressão, impulso, indiferente, injustificável, inoportuno, intenção, inacreditável, preferência, recordação, sensação, sentimento, semelhança, esperança, pretensão, vontade.*

Uma maior presença de vermelho mostra, pelo menos, os seus esforços; muito azul, ou preto, que o seu critério de avaliação não passou frequentemente pelo crivo da razão; mais ou menos metade/metade, uma contradição muitíssimo difusa, aliás universal, mesmo porque se a filosofia, como dizia Heráclito, é "uma vida de despertos", nenhum homem pode ficar desperto tempo demais... Nem mesmo os "filósofos profissionais".

"Apostar sobre Deus?" Porque "Deus é um risco": As respostas de Pascal

> Consideremos as probabilidades de ganho e de perda.
>
> A) Se apostamos que Deus existe, e Deus não existe, temos a perder apenas essa vida e seus prazeres, que, de qualquer forma, acabariam. Se apostamos que Deus existe, e ele existe, perdemos um pouco de liberdade, um pouco de prazer, mas, em compensação, ganhamos uma beatitude eterna. Em síntese, apostando que Deus existe, se vencermos ganhamos tudo, e se perdermos, perdemos algo que perderíamos de qualquer forma.
>
> B) Se apostamos que Deus não existe, e Deus não existe, teremos ganhado um pouco de liberdade, um pouco de prazeres de uma vida que, de qualquer forma, vai acabar. Mas se apostamos que Deus não existe, e ele existe, perdemos a vida eterna, ou seja, algo infinito. Em síntese, apostando que Deus não existe, se vencermos, vencemos algo que teríamos perdido; se perdermos, perdemos tudo.

Pascal nos mostra, portanto, que é muito mais racional apostar na existência de Deus.

> Isto remove qualquer incerteza [...] precisamos dar tudo [...] a nossa oferta possui uma força infinita, quando temos de arriscar o finito em um jogo em que as probabilidades de ganho e de perda são iguais, e há um infinito a ser ganho.[1]

1 PASCAL, B., *op. cit.*, p. 202-203.

AS SOLUÇÕES DO TESTE "VOCÊ E AS MÍDIAS SOCIAIS"

Verifique, para cada pergunta, se a sua resposta corresponde ao nível alto, médio ou baixo de dependência das mídias sociais. Veja qual é o nível prevalente para descobrir em que ponto você se coloca.

LEGENDA: M = MÉDIO; A = ALTO; B = BAIXO

• Se você desativa as notificações, o que acontece?
1: A; 2: M; 3: B.

• Se uma pessoa, sentada perto de você no restaurante ou no cinema, fica com o celular nas mãos e fica o tempo todo checando, você acha que:
1: M; 2: B; 3: A.

• Quando você tem que fazer uma compra, para decidir:
1: M; 2: A; 3: B.

• No telefone fixo...
1: A; 2: B; 3: M.

• Você consulta o seu Facebook...
1: M; 2: B; 3: A.

• Se você tem um perfil no Facebook...
1: A; 2: M; 3: B.

• Você e... WhatsApp: você mesmo criou...
1: B; 2: M; 3: A.

• Você e... WhatsApp: você faz parte de...
1: B; 2: M; 3: A.

• Você e... os *emojis*
1: B; 2: M; 3: A.

• Você e... os perfis *fake* nas redes
1: B; 2: A; 3: M.

- Você e... Instagram: quantos *stories* você vê em sequência quando se conecta?
1: B; 2: M; 3: A.

- E quantos *stories* você posta por dia?
1: B; 2: M; 3: A.

A flecha de Zenão

Por que, logicamente falando, uma flecha em movimento está parada? Porque, se a pudéssemos parar em todos os instantes durante seu movimento, veríamos que, em cada instante, a flecha ocupa um determinado espaço; assim, se ocupa um espaço, está em repouso; mas repouso + repouso + repouso não pode, do ponto de vista lógico, dar o movimento.

O dilema do crocodilo

Em ambos os casos, o crocodilo cairia em contradição. Por isso, sempre logicamente falando, não se poderia propender nem a uma escolha, nem a outra.

Bibliografia e leituras sugeridas

Para uma informação introdutória à história da filosofia – em todo caso também muito rica, documentada e eficaz –, para quem quiser iniciar seus estudos do começo, ou para quem deseje retomá-los de forma autônoma depois dos anos de escola, pode-se recorrer a um dos tantos cursos difundidos na Itália, geralmente excelentes.

De presença universal, hoje já quase um "clássico", é o Abbagnano-Fornero, com seus três volumes, publicados para Paravia em muitas edições, nas quais muda o título, mas não a disposição e a divulgação dos conteúdos. Uma das últimas edições se intitula *Con-filosofare*. Por experiência pessoal, eu os acho muito claros – o que, com a filosofia, não é uma coisa óbvia –, bem feitos, atraentes e atualizados: *Storia della filosofia*, de Bartolomeo-Magni, publicado pela Atlas, e *Il nuovo pensiero plurale*, de Ruffaldi-Carelli-Nicola, publicado pela Loescher (estes também publicados em muitas edições).

Introduções gerais de leitura acessível

BENCIVENGA, E. *La scomparsa del pensiero: Perché non possiamo rinunciare a ragionare con la nosta testa*. Milão: Feltrinelli, 2017.

_______. *La filosofia in trentadue favole*. Milão: Mondadori, 1997.

DELEUZE, G.; GUATTARI, F. *Che cos'è la filosofia?*. Turim: Einaudi, 2002.

DROIT, R. P. *La filosofia spiegata a mia figlia*. Milão: Archinto, 2005

HOLLIS, M. *Introduzione alla filosofía*. Bolonha: Il Mulino, 1994.

MASSARENTI, A. *Il filosofo tascabile. Dai presocratici a Wittgenstein: 44 ritratti per una storia del pensiero in miniatura*. Milão: Guanda, 2009.

NAGEL, T. *Una brevissima introduzione alla filosofia*. Milão: Il Saggiatore, 2014.

RUSSELL, B. *Storia della filosofia occidentale*. Milão: Mondadori, 1977.

SAUTET, M. *Socrate al caffè: Come la filosofia può insegnarci, con semplicità* e *soddisfazione, a capire noi e il mondo*. Milão: Tea, 2007.

SAVATER, F. *Etica per un figlio*. Roma/Bari: Laterza, 2007.

_______. *Le domande della vita*: Roma/Bari: Laterza, 2001.

SCRUTON, R. *Guida filosofica per tipi intelligenti*. Milão: Raffaello Cortina, 1998.

VECA, S. *Il giardino delle idee: Quattri passi nel mondo della filosofía*. Milão: Frassinelli, 2004.

VISENTIN, M. *Il lungo viaggio della filosofia dai presocratici a oggi*. Milão: Vallardi, 2014.

WARBURTON, N. *Il primo libro di filosofia*. Turim: Einaudi, 2007.

Para saber mais sobre:

Filosofia antiga

HADOT, P. *Che cos'è la filosofia antica?*. Turim: Einaudi, 1998.

KERFERD, G. B. *I sofisti*. Bolonha: Il Mulino, 1997.

REALE, G. *Storia della filosofia greca e romana*. Milão: Bompiani, 2004, 10 vols.

VEGETTI, M. *L'etica degli antichi*. Roma/Bari: Laterza, 1989.

Filosofia medieval

ALESSIO, F. *Filosofia medievale*. Bolonha: Zanichelli, 1992.

FUMAGALLI, M.; BROCCHIERI, B.; PARODI, M. *Storia della filosofia medievale: Da Boezio a Wyclif*. Roma/Bari: Laterza, 2012.

GILSON, E. *La filosofia nel Medioevo*. Florença: Sansoni, 1983.

_______. *Lo spirito della filosofia medievale*. Bréscia: Morcelliana, 1983.

ROVIGHI, S. V. *Dalla patristica al XIV secolo*. Milão: Vita e Pensiero, 2006.

Filosofia moderna

CASSIRER, E. *Storia della filosofia moderna*. Roma: Pigreco, 2016, 4 vols.

MORI, M. *Storia della filosofia moderna*. Roma/Bari: Laterza, 2005.

POSSENTI V. *Il realismo e la fine della filosofia moderna*. Roma: Armando, 2016.

VANNI ROVIGHI, S. *Storia della filosofia moderna: Dalla rivoluzione scientifica a Hegel*. Bréscia: La Scuola, 2006.

Filosofia contemporânea

DI GIOVANNI, P. *La storia della filosofia nell'età contemporanea*, Milão: Franco Angeli, 2013.

FLORIDI, G.; TERRAVECCHIA, G. P. *Le parole della filosofia contemporánea*. Roma: Carocci, 2009.

LAPLANCHE, J.; PONTALIS, J. B. *Encicloledia della psicoanalisi*. Roma/Bari: Laterza, 1981.

PANIKKAR, R. *Pluralismo e interculturalità*. Milão: Jacabook, 2000.

Práticas filosóficas e autoajuda

ACHENBACH, G. B. *Saper vivere*. Milão: Apogeo, 2013.

_______. *La consulenza filosófica: La filosofia come opportunità* di vita. Milão: Feltrinelli, 2009.

BELLA, A. *Socrate in giardino: Passeggiate filosofiche tra gli alberi*. Milão: Ponte alle Grazie, 2014.

GALIMBERTI, U. *Opere*. Milão: Feltrinelli, 2017, vol. XVI (*La casa di psiche. Dalla psicoanalisi alla pratica filosofica*).

MARINOFF, L. *Platone è meglio del Prozac*. Milão: Piemme, 2017.

POLLASTRI, N. *Consulente filosofico cercasi*. Milão: Apogeo, 2007.

_______. *Il pensiero e la vita: Guida alla consulenza e alle pratiche filosofiche*. Milão: Apogeo, 2004.

RAABE, P. B. *Teoria e pratica della consulenza filosofica*. Milão: Apogeo, 2013.

Filosofia e espiritualidade oriental

Testes, comentários e introduções

CONFÚCIO. *Confucio: La vita, il pensiero*. Curadoria D. Leslie. Milão: Edizioni Accademia, 1973.

CONFÚCIO. *Massime di saggezza*. Roma: Newton Compton, 2016.

LAO TZU. *Tao Te Ching: Una guida all'interpretazione del libro fondamentale del taoísmo*. Ed. A. Shantena Sabbadini. Milão: Feltrinelli, 2012.

PASQUALOTTO, G. *Estetica del vuoto: Arte e meditazione nelle culture d'Oriente*. Veneza: Marsilio, 2001.

PELLISSERO, A. *La filosofia indiana*. Bréscia: La Scuola, 2016.

SENZAKI N. E.; REPS, P. (Eds.). *Centouno storie zen*. Milão: Adelphi, 2017.

VÁRIOS AUTORES. "Testi confuciani". *Classici delle religioni*. Turim: UTET, 1977, seção I.

WATTS, A.V. *La via dello Zen*. Milão: Feltrinelli, 2013.

WILHELM, R. (Ed.). *I Ching: Il libro dei mutamenti*. Milão: Adelphi, 1995.

YU, D. *La vita felice secondo Confucio*. Milão: Longanesi, 2009.

Obras dos filósofos não compreendidos nos "tipos filosóficos" e de cujos estudos críticos foram tiradas referências presentes no livro (se não de outra forma especificada)

Agostinho (Santo Agostinho)

AURÉLIO, A. *Confessioni*. Ed. Luigi Alici. Turim: Sei, 1992.

Barth K.

BARTH, K. *Filosofia e teologia*. Bréscia: Morcelliana, 2010.

_______. *Dio e il niente*. Bréscia: Morcelliana, 2000.

Bloch E.

BLOCH, E. *Lo spirito dell'utopia*. Milão: Bur, 2009.

VÁRIOS AUTORES. *Ernst Bloch: L'oscurità dell'attimo vissuto*. Milão: Franco Angeli, 1986.

Cícero

CÍCERO. *Stoici antichi*. Ed. M. Isnardi Parente. Turim: Utet, 1989, vol. I.

NARDUCCI, E. *Introduzione a Cicerone*. Roma/Bari: Laterza, 2005.

Descartes

CRAPULLI, G. *Introduzione a Descartes*. Roma/Bari: Laterza, 2013.

DESCARTES, R. *Meditazioni metafisiche: Testo latino a fronte*. Roma/Bari: Laterza, 2010.

GARIN, E. *Vita e opere di Cartesio*. Roma/Bari: Laterza, 2014.

SCARAVELLI, L. *Scritti su Cartesio*. Milão: Franco Angeli, 2007.

Epicuro

EPICURO. *Opere, Frammenti, Testimonianze*. Ed. E. Bignone. Roma/Bari: Laterza, 1986.

Epíteto

EPÍTETO. *Le diatribe*. Ed. R. Laurenti. Roma/Bari: Laterza, 1960.

Fichte J. G. A.

FICHTE, J. G. A. *Dottrina della scienza*. Roma/Bari: Laterza, 1993.

FICHTE, J. G. A. *La missione del dotto*. Milão: Mursia, 1987.

Heráclito

GIANNANTONI, G. (Ed.). *I presocratici: Testimonianze e frammenti*. Roma/Bari: Laterza, 1983.

TRABATTONI, F. (Ed.). *Eraclito, I frammenti*. Milão: Marcos y Marcos, 1991.

Jung C. e Adler A.

ADLER, A. *Prassi e teoria della psicologia individuale*. Roma: Newton Compton, 1970.

JUNG, C. *Gli archetipi e l'inconscio coletivo*. Turim: Boringhieri, 1980.

VEGETTI FINZI, S. *Storia della psicoanalisi: Autori opere teorie (1895--1985)*. Milão: Mondadori, 1986.

Jonas H.

JONAS, H. *Scienza come esperienza personale: Autobiografia intellettuale.* Bréscia: Morcelliana, 1992.

PRIERI A. *H. Jonas: Il diritto del futuro e la responsabilità dell'uomo verso l'uomo.* Florença: Atheneum, 1998.

Kant I.

KANT, I. *Critica della ragione pratica.* Roma/Bari: Laterza, 1997.

______. *Fondazione della metafisica dei costumi.* Roma/Bari: Laterza, 1997.

HÖFFE, O. *Immanule Kant.* Bolonha: Il Mulino, 1986.

MARTINETTI, P. *Kant.* Milão: Feltrinelli, 1968.

Popper K. R.

BORGHINI, A. *Karl Popper: Politica e società.* Milão: Franco Angeli, 2000.

CORVI, R. *Invito al pensiero di Karl Popper.* Milão: Mursia, 1993.

MOTTERLINI, M. *Popper.* Milão: Il Saggiatore, 1997.

Protágoras

GIANNANTONI, G. *I presocratici: Testimonianze e frammenti.* Roma/Bari: Laterza, 1981.

REALE, G. *I presocratici: Testo greco a fronte.* Milão: Bompiani, 2006.

Sêneca

SÊNECA. *Operette morali.* Ed. Del Re R. Bolonha: Zanichelli, 1971.

Spinoza

SANGIACOMO, A. (Ed.). *Spinoza: Tutte le opere. Testi originali a fronte.* Milão: Bompiani, 2010.

LEITURAS ACONSELHADAS COM BASE NOS "TIPOS FILOSÓFICOS"

PLATÔNICO

Algumas introduções gerais

ADORNO, F. *Introduzione a Platone*. Roma/Bari: Laterza, 2008.
FERRARI, F. *I miti di Platone*. Milão: Bur, 2006.
REALE, G. *Invito a Platone*. Bréscia: La Scuola, 2016.
REALE, G. (Ed.). *Platone, Tutti gli scritti*. Mição: Bompiani, 2000.
ROSS, D. *Platone e la teoria delle idee*. Bolonha: il Mulino, 2001.
VEGETTI, M. *Quindici lezioni su Platone*. Turim: Einaudi, 2014.

Se preferir ler diretamente as obras, não perca principalmente:

PLATÃO. *Repubblica*. Milão: Bur, 2007.
_______. *Timeo*. Turim: Einaudi, 2003.
_______. *Apologia di Socrate*. Milão: Bompiani, 2000.
_______. *Fedro*. Roma/Bari: Laterza, 1998.
_______. *Simposio*. Roma/Bari: Laterza, 1996.

As edições das obras individuais de Platão são inumeráveis, continuamente reimpressas e de todos os preços. Inumeráveis também são as edições eletrônicas, assim como para muitos dos filósofos a seguir.

ARISTOTÉLICO

Algumas introduções gerais

BARNES, J. *Aristotele*. Turim: Einaudi, 2002.
BERTI, E. *Le ragioni di Aristotele*. Roma/Bari: Laterza, 1989.
BERTI, E. *Guida ad Aristotele*. Roma/Bari: Laterza, 2004.
HEIDEGGER, M. *Concetti fondamentali della filosofia aristotélica*. Milão: Adelphi, 2017.
NATALI, C. *Aristotele*. Roma: Carocci, 2014.
ZANATTA, M. *Introduzione alla filosofia di Aristotele*. Milão: Rizzoli, 2010.

**Se preferir ler diretamente as obras,
não perca principalmente:**

ARISTÓTELES. *Metafisica*. Milão: Bompiani, 2004.

_______. *L'anima*. Milão: Bompiani, 2001.

_______. *Etica nicomachea*. Milão: Bompiani, 2000.

_______. *La poética*. Milão: Bur, 1987.

ESPIRITUALISTA

Algumas introduções gerais

ANTISERI, D. *Come leggere Pascal*. Milão: Bompiani, 2005.

DELEUZE, G. *Il bergsonismo*. Milão: Feltrinelli, 1983.

PESSINA, A. *Introduzione a Bergson*. Roma/Bari: Laterza, 2005.

Se preferir ler diretamente as obras, não perca principalmente:

BERGSON, H. *Materia e memoria: Saggio sulla relazione tra il corpo e lo spirito*. Roma/Bari: Laterza, 2009.

_______. *L'energia spirituale*. Milão: Raffaello Cortina, 2008.

_______. *Saggio sui dati immediati della coscienza*. Milão: Raffaello Cortina, 2001.

LEQUIER, J. *Opere*. Bréscia: Morcelliana, 2008.

PASCAL, B. *Pensieri e altri scritti*. Milão: Mondadori, 2004.

_______. *Frammenti*. Milão: Bur, 1994.

MATERIALISTA

Algumas obras gerais

BURY, J. *Storia della libertà di pensiero*. Nápoles: Immanenza edizioni, 2017.

MERKER, N. *Karl Marx: Vita e opere*. Roma/Bari: Laterza, 2011.

NIZAN, P. *I materialisti dell'antichità*. Nápoles: Immanenza edizioni, 2017.

Se preferir ler diretamente as obras, não perca principalmente:

DAWKINS, R. *L'illusione di Dio*. Milão: Mondadori, 2006.

DIDEROT, D. *Lettera sui ciechi per quelli che ci vedono*. Florença: La Nuova Italia, 1999.

D'HOLBACH, P. H. T. *Il buon senso*. Milão: Garzanti, 2005.

FEUERBACH, L. *L'essenza della religione*. Roma/Bari: Laterza, 2006.

ONFRAY, M. *Cosmo: Un'ontologia materialista*. Milão: Ponte alle Grazie, 2015.

________. *L'arte di gioire: Per un materialismo hedonista*. Roma: Fazi, 2009.

CÉTICO

Algumas introduções gerais

COLIVA, A. *Dubbio, paradosso e conoscenza*. Roma/Bari: Laterza, 2012.

DAL PRA, M. *Lo scetticismo greco*. Roma/Bari: Laterza, 1989.

LOM, P. *Scetticismo*. Milão: Editrice bibliografica, 1998.

POPKIN, R. H. *Storia dello scetticismo*. Milão: Bruno Mondadori, 2008.

REALE, G. *Il dubbio di Pirrone: Ipotesi sullo scetticismo*. Pádua: Il Prato, 2008.

RENSI, G. *Apologia dello scetticismo*. Milão: La vita felice, 2011.

RUSSO, A (Ed.). *Scettici antichi*. Turim: UTET, 1978.

Se preferir ler diretamente as obras, não perca principalmente:

DE MONTAIGNE, M. *Saggi*. Milão: Bompiani, 2014.

HUME, D. *Ricerca sull'intelletto umano*. Roma/Bari: Laterza, 2008.

MESTRE DA SUSPEITA

Algumas introduções gerais

ARENDT, H. *Marx e la tradizione del pensiero politico occidentale*. Milão: Raffaello Cortina, 2016.

GALIMBERTI, U. *Psichiatria e fenomenologia*. Milão: Feltrinelli, 1991.

HOUELLEBECQ, M. *In presenza di Schopenhauer*. Milão: La nave di Teseo, 2017.

MASINI, F. *Lo scriba del caos: Interpretazioni di Nietzsche*. Bolonha: Il Mulino, 1978.

RICOEUR, P. *Saggi scelti*. Milão: Franco Angeli, 2008.

SULLOWAY, F. J. *Freud biologo della psiche*. Milão: Feltrinelli, 1981.

Se preferir ler diretamente as obras, não perca principalmente:

FREUD, S. *Psicopatologia della vita quotidiana.* Roma: Newton Compton, 2014.

______. *Il disagio della civiltà e altri saggi.* Turim: Bollati Boringhieri, 2012.

______. *Opere.* Ed. C. L. Musatti. Turim: Bollati Boringhieri, 2000-2003, vol. XII.

FREUD, S. *Filosofia e psicoanalisi.* Ed. S. Moravia. Florença: La Nuova Italia, 1993.

MARX, K.; ENGELS, F. *Manifesto del partito comunista.* Roma/Bari: Laterza, 2005.

MARX, K. *Manoscritti economico-filosofici.* Turim: Einaudi, 2004.

NIETZSCHE, F. *Così parlò Zarathustra.* Roma: Newton Compton, 2014.

______. *Opere.* Ed. G. Colli e M. Montinari. Milão: Adelphi, 1977.

SCHOPENHAUER, A. *L'arte di conoscere se stessi.* Milão: Adelphi, 2003.

______. *Aforismi sulla saggezza della vita.* Milão: Mondadori, 1997.

______. "Aforismi sulla saggezza della vita". *Parerga e paralipomena.* Milão: Adelphi, 1999, 2 vols.

______. *L'arte di essere felici esposta in cinquanta massime.* Milão: Adelphi, 1997.

EXISTENCIALISTA

Algumas introduções gerais

ABBAGNANO, N. *Introduzione all'esistenzialismo.* Milão: Mondadori, 1982.

CANTILLO, G. *Introduzione a Karl Jaspers.* Roma/Bari: Laterza, 2001.

COHEN-SOLAL, A. *Sartre.* Milão: Il Saggiatore, 1986.

HERSCH, J. *Essere e forma.* Milão: Bruno Mondadori, 2008.

MORAVIA, S. *Introduzione a Sartre.* Roma/Bari: Laterza, 1973.

PENZO, G. *Dialettica e fede in Karl Jaspers.* Bolonha: Patron, 1981.

PRINI, P. *Storia dell'esistenzialismo da Kierkegaard a oggi.* Milão: Studium, 1989.

ROVATTI, P. A. "Esistenzialismo". *In:* VÁRIOS AUTORES. *La filosofia.* Milão: Garzanti, 1996, vol. IV.

SPERA, S. *Introduzione a Kierkegaard*. Roma/Bari: Laterza, 1986.

WALDENFELS, B. *Fenomelogia dell'estraneo*. Milão: Raffaello Cortina, 2008.

Se preferir ler diretamente as obras, não perca principalmente:

CAMUS, A. *Il mito di Sisifo*. Milão: Bompiani, 2001.

JASPERS, K. *Filosofia dell'esistenza*. Roma/Bari: Laterza, 2006.

_____. *Della verità: Logica filosofica. Testo tedesco a fronte*. Ed. D'Angelo D. Milão: Bompiani, 2015.

KIERKEGAARD, S. *Aut-Aut*. Milão: Mondadori, 2016.

_____. *Diario del seduttore*. Roma: Newton Compton, 1993.

_____. *Diario*. Milão: Rizzoli, 1988.

SARTRE, J. P. *L'esistenzialismo è un umanismo*. Milão: Mursia, 2016.

_____. *L'essere e il nulla*. Milão: Il Saggiatore, 2014.

PRAGMÁTICO

Algumas introduções gerais

CALCATERRA, M. R. *Pragmatismo: I valori dell'esperienza*. Roma: Carocci, 2003.

GRANESE, A. *Introduzione a Dewey*. Roma/Bari: Laterza, 1973.

GUARNERI, P. *Introduzione a James*. Roma/Bari: Laterza, 1985.

SINI, C. *Il pragmatismo americano*. Roma/Bari: Laterza, 1972.

Se preferir ler diretamente as obras, não perca principalmente:

JAMES, W. *L'importanza degli individui*. Parma: Diabasis, 2016.

PEIRCE C. S. *Opere*. Milão: Bompiani, 2003.

_____. "Il fissarsi della credenza". *Le leggi dell'ipotesi*. Ed. introd. M. A. Bonfantini, R. Grazia e G. Proni. Milão: Bompiani, 1984.

ECLÉTICO

Algumas introduções gerais

CIPOLLA, C. *Perché non possiamo non essere eclettici: Il sapere sociale nella web society*. Milão: Franco Angeli, 2013.

LÈVY, P. *L'intelligenza collettiva: Per un'antropologia del cyberspazio*. Milão: Feltrinelli, 1996.

REALE, G. *Storia della filosofia greca e romana*. Milão: Bompiani, 2004, vol. VI (*Scetticismo, eclettismo, neoaristotelismo e neostoicismo*).

Sitegrafia

Muitas edições eletrônicas de obras filosóficas estão disponíveis gratuitamente em *sites* especializados, em que há também reflexões, estudos críticos, debates e iniciativas.

Entre os sites de filosofia mais importantes:

Biblio.net: www.biblio-net.com/
CyberPhilo: www.cyberphilo.org/
Comunicazione filosófica: www.sfi.it/259/comunicazione-filosofica.html
Culturologia: www.cultureducazione.it/culturologia.htm
Dizionario di filosofia: www.filosofia.it/pagine/siti_f.htm.
Enciclopedia Multimediale delle Scienze Filosofiche – Rai: www.emsf.rai.it/
Etica e politica: www.units.it/etica
Filosofia.it – il portale italiano di filosofia: www.filosofia.it/
Filosofico: www.filosofico.net
Il Giardino dei Pensieri: www.ilgiardinodeipensieri.eu/
Il Diogene: www.ildiogene.it
Monastero Zen: www.monasterozen.it/
Ousia: www.ousia.it
Pensiero Filosofico: www.pensierofilosofico.it
Portale filosofía: www.portalefilosofia.com/
Res cogitans: www.rescogitans.it
SOS Philosophie: sos.philosophie.free.fr/
SWIF. Società Filosofica Italiana (SFI): www.sfi.it
Zenhome: www.zenhome.it

As citações e os aforismas para os quais não forneci referências bibliográficas são de domínio público e estão presentes em sites como:

aforismi.meglio.it
aforisticamente.com

frasicelebri.it frasi.net
letteralmente.net
pensieriparole.it
wikiquote.org

Esta obra foi composta em sistema CTcP
Capa: Supremo 250 g – Miolo: Polén Soft 70 g
Impressão e acabamento
Gráfica e Editora Santuário